从政治到哲学的运动

《尼各马可伦理学》解读

思想與社會 Logos & Polis 研究系列

从政治到哲学的运动

《尼各马可伦理学》解读

陈斯一 著

上海三联书店

总　序

　　λόγος 和 πόλις 是古代希腊人理解人的自然的两个出发点。人要活着，就必须生活在一个共同体中；在共同体中，人不仅能活下来，还能活得好；而在所有共同体中，城邦最重要，因为城邦规定的不是一时的好处，而是人整个生活的好坏；人只有在城邦这个政治共同体中才有可能成全人的天性。在这个意义上，人是政治的动物。然而，所有人天性上都想要知道，学习对他们来说是最快乐的事情；所以，人要活得好，不仅要过得好，还要看到这种好；人要知道他的生活是不是好的，为什么是好的，要讲出好的道理；于是，政治共同体对人的整个生活的规定，必然指向这种生活方式的根基和目的，要求理解包括人在内的整个自然秩序的本原。在这个意义上，人是讲理的动物。自从古代希腊以来，人生活的基本共同体经历了从"城邦"（πόλις）到"社会"（societas）与现代"国家"（stato）的不同形式；伴随这种转变，人理解和表达自身生活的理性也先后面对"自然"（φύσις）、"上帝"（deus）与"我思"（cogito）的不同困难。然而，思想与社会，作为人的根本处境的双重规定，始终是人的幸福生活不可逃避的问题。

　　不过，在希腊人看来，人的这种命运，并非所有人的命运。野蛮人，不仅没有真正意义上的政治共同体，更重要的是，他们不能正确地说话，讲不出他们生活的道理。政治和理性作为人的处境的双重规定，通过特殊的政治生活与其道理之间的内在关联和微妙张力，恰恰构成了西方传统的根本动力，是西方的历史命运。当西方的历史命运成为现代性的传统，这个共同体为自己生活讲出的道理，逐渐要求越来越多的社会在它的道理面前衡量他们生活的好坏。幻想包容越来越多的社会的思想，注定是越来越少的生活。在将越来越多的生活变成尾随者时，自身也成了尾随者。西方的现代性传统，在思想和社会上，面临着摧毁自身传统的危险。现代中国在思想和社会上的困境，正是现代性的根本问题。

对于中国人来说，现代性的处境意味着我们必须正视渗透在我们自己的思想与社会中的这一西方历史命运。现代中国人的生活同时担负着西方历史命运的外来危险和自身历史传统的内在困难。一旦我们惧怕正视自己的命运带来的不安，到别人的命运中去寻求安全，或者当我们躲进自己的历史，回避我们的现在要面对的危险，听不见自己传统令人困扰的问题，在我们手中，两个传统就同时荒废了。社会敌视思想，思想蔑视社会，好还是不好，成了我们活着无法面对的问题。如果我们不想尾随西方的历史命运，让它成为我们的未来，我们就必须让它成为我们造就自己历史命运的传统；如果我们不想窒息自身的历史传统，让它只停留在我们的过去，我们就需要借助另一个传统，思考我们自身的困难，面对我们现在的危机，从而造就中国人的历史命运。

"维天之命，於穆不已。"任何活的思想，都必定是在这个社会的生活中仍然活着的，仍然说话的传统。《思想与社会》丛书的使命，就是召唤我们的两个传统，让它们重新开口说话，用我们的话来说，面对我们说话，为我们说话。传统是希腊的鬼魂，要靠活的血来喂养，才能说话。否则海伦的美也不过是沉默的幻影。而中国思想的任务，就是用我们的血气，滋养我们的传统，让它们重新讲出我们生活的道理。"终始惟一，时乃日新。"只有日新的传统，才有止于至善的生活。《思想与社会》丛书，是正在形成的现代中国传统的一部分，它要造就活的思想，和活着的中国人一起思考，为什么中国人的生活是好的生活。

目录

前 言

　　本书是对于亚里士多德的《尼各马可伦理学》的一份系统解读,同时,我们也希望以这部伦理学著作为切入点,窥视亚里士多德思想的整体架构。鉴于上述两个目标的可取性和可行性在现当代研究界备受争议,我们不妨就在前言中简要谈谈本书试图完成这两个任务的具体方式。

　　首先需要说明的是"系统解读"这一提法。我们认为,对一部哲学著作的系统解读并不以它自身的系统性为前提。一本从表面上看不成体系的书,完全可能留给解释者虽然零散但是充足的线索,来挖掘和还原作者未曾用明确的字句展现给读者的深层系统,而解释者是否能够成功地实现深层系统的重构,取决于他/她对于文本的结构性线索的收集和安排、分析和整合是否能够形成一套令人信服的融贯解释。同时,无论是一本书的系统性还是一份解释的系统性,都不必落实于每一处文本细节,不必做到百分之百的前后一致。哲学著作不同于推理小说之处在于,其深度和高度并不取决于所有论证环节的严丝合缝。事实上,哲学研究的精确性往往体现为精确地还原研究对象的模糊性,而在忠实再现人性的内在张力、人类实践生活的复杂和微妙这方面,亚里士多德的伦理学可谓哲学史上的典范。

　　在我们看来,《尼各马可伦理学》正是一本从表面和细节上看不成体系,但是在宏观布局和内在理路方面具备深层系统性的书。和精心打磨的柏拉图对话录不同,亚里士多德传世的著作大多是课堂讲稿的记录,《尼各马可伦理学》也不例外。因此,从细节上看,许多章节在切近语境和全书整体中的位置和作用都是不甚明朗的。例如，第一卷第3章是一段明显的跑题，亚里士多德在第四章的开头声称跑题结束、回到正题，但是他没讲几句就又开始跑题了，以至于在第五章的开头，他不得不再次声称要从跑题处返回正题。为什么会有这两次跑题？它们的关系何在？为什么它们出现在第一卷第三章和第四章？对于这些以及这类问题的回答恐怕是见仁见智的，或许正确答案就是亚里士多德备课不充分，讲课缺乏条理，而讲稿的记录者和编辑者又不敢大幅修正老师的讲授次序。

本书对于《尼各马可伦理学》的解读将不涉及这类文本细节，而是尽可能着眼于全书的整体思路，并且在系统解读的指引下，对那些具有结构性意义的核心文本进行分析。然而，亚里士多德在宏观布局方面的前后不一似乎丝毫不亚于他在细节方面的冗余枝蔓，其中最显著的问题是第一卷（以及整个前六卷的大部分）和第十卷对于幸福的阐发截然不同。此外还可提及：第三卷和第七卷对于节制的界定存在重要差异；第六卷除了顺应前文的思路而讨论实践智慧之外，还讨论了许多其他的理智能力，其中包括看似与伦理生活无关的技艺制作；第七卷和第十卷关于快乐给出了两份大体方向一致但关键细节有别的探讨，而这两份探讨又看似毫无理由地被第八、九卷对于友爱的阐述隔开。与细节方面的问题一样，对于这些宏观问题的解释也是见仁见智的，但是和细节问题不同的是，这类宏观问题不太可能统统源自哲学家的大意疏忽，或是讲稿记录者与编辑者的盲目跟从或任意武断。事实上，这些大问题因为涉及卷章布局的疑难、重要观点的前后变化、主要学说的内在张力、中心思路的走向而恰恰是一份系统解释应该着力处理的极其宝贵的结构性线索。在很大程度上，对于全书深层系统的把握就取决于对于上述问题的合理而融贯的回答。

在接下来的章节中，我们将论证，《尼各马可伦理学》第一卷和第十卷对于幸福的不同阐发是对于人类的政治本性与哲学本性的固有张力的忠实再现，而全书的整体思路可以表述为从政治到哲学的一场"论述运动"。这场运动的转折点发生在第六卷和第七卷之间。前六卷全面探讨了德性的本质和分类、对各种具体的伦理德性和理智德性进行了分析,从而详尽呈现了幸福生活的结构和样态。作为关键的节点和过渡,第六卷不仅阐述了实践智慧,而且阐述了哲学智慧,并且在卷末明确交代了后者高于前者的主张,而看似与伦理生活和伦理研究无关的技艺制作,实际上为亚里士多德理解实践智慧和哲学智慧提供了理论范式,伦理学和政治学的"实践之路"与自然哲学和形而上学的"智慧之路"分别是从技艺制作的不同要素出发建构而成的。第七卷作为"新的开端"延续和完成了第六卷已经出现的从政治到自然的视野拓展,将德性置于从兽性到神性的道德谱系加以观察,并且通过分析理性和欲望相冲突的不自制现象,反过来提出了对于节制的更高要求。这一更高境界的节制实现了理性和欲望的完全弥合,从而为接下来的几卷对于快乐和友爱的主题探讨提供了人性基础:无论是将至高的快乐和至善联系甚至等同起来的观点,还是关于友爱源于自爱的主张,都以理欲完全融合的更高节制为道德前提。最后,正是通过第七卷和第十卷被远远隔开的两次对于快乐的探讨的差异(具体而言,是用以界定快乐的实现活动概念的差异),至善的实质悄然实现了从宽泛意义上的良好实践到哲学沉思的过渡。而在我们看来,第八、九卷对于友爱的系统阐述实际上是从友爱的角度出发,对于人类生活的各个层次与属人之善的各种表现再次进行了全面的梳理,因此,这两卷是自成一体的。不仅如此,我们还认为,亚里士多德心目中最高层次的友爱同时满足了人类的政治本性和哲学本性,既是自我德性的最高超的提升,也是自我和他者的最完美的结合——正是在这里,我们能够看到《尼各马可伦理学》从政治到哲学的论述运动的最高潮。

对于《尼各马可伦理学》的宏观布局问题的上述解读构成了本书的写作思路。让我们再次强调:对于这些问题的解释是见仁见智的,我们并不声称本书完成的系统重构是对于亚氏伦理学的唯一正确的理解。但是,任何一份成功的系统解释都必须基于对于上述问题的合理而融贯的回答。

本书的第二个目标是以对于《尼各马可伦理学》的系统解读为切

入点，窥视亚里士多德思想的整体架构。我们之所以用"窥视"这个词，是因为本书如此有限的篇幅根本无法容纳对于亚里士多德的逻辑学、自然哲学、形而上学中的任何问题的任何实质处理。现当代研究界的主流倾向是强调亚里士多德科学体系中各个分支之间的独立性，尤其是实践科学针对理论科学的独立性（这在很大程度上是因为，许多试图复兴"德性伦理"的现代学者虽然承认亚里士多德在伦理学方面取得的成就，但是难以接受他的宇宙论和自然科学），本书的写作也将在一定程度上顺应这一倾向，这一点主要体现为我们将根据《尼各马可伦理学》自身的理路来重构其深层的伦理学系统。然而，我们坚持认为，虽然亚里士多德并未在伦理学中直接运用他关于实体、形式、实现活动等概念的理论命题，但是其伦理学在核心思路和整体结构方面确实以他关于实体与属性、形式与质料、现实和潜在的哲学思想为基础。为了不影响本书主体部分紧贴伦理学文本的写作方式，我们将伦理学与理论哲学在亚里士多德思想中的关系问题作为"附录一"补充在正文之后，而在本书主体部分的行文中，仅仅在关键的节点处简要提及亚里士多德的理论哲学（特别是他的"形式-质料"理论和"现实-潜在"理论）对于其伦理学的结构性影响。例如，在第一章，我们提出第一卷和第十卷之间的政治-哲学张力在幸福论的层面反映了亚氏形而上学中形式与实现活动的张力；在第二、三章，我们以道德形质论为解释框架重构亚里士多德的实践德性体系；在第四章，我们认为理性和欲望完全融合的更高节制是在德性的现实运用中真正实现了道德实体的完善形式；在第五章对最高层次的友爱的解读中，我们指出德性友爱的实质是两个具备完善道德形式的人在共同的卓越活动中实现最高程度的分享。不过，需要指出的是，本书对于《尼各马可伦理学》的系统解读并不依赖于我们在亚里士多德的伦理学和理论哲学之间发现的上述联系。在这个意义上，本书的第二个目标在很大程度上是一种附带的尝试，而并不构成研究的主旨。至于上面提及的种种联系是否成立以及是否有助于我们理解《尼各马可伦理学》的概念体系、核心思路和整体结构，我们留给读者来判断。

　　本书还附上了解读柏拉图《吕西斯》的一篇论文作为第二则附录。《吕西斯》包含柏拉图对于爱的全面理解,其核心问题——爱应该存在于需要彼此的不相似者还是分享彼此的相似者之间——是理解《尼各马可伦理学》第八、九卷的友爱类型学的重要线索。不仅如此,柏拉图关于友爱和爱欲的不同理路的分析深刻地揭示了人类政治本性和哲学本性的复杂关系与结构性冲突。因此,研读这篇对话不仅有助于我们理解柏拉图关于爱的哲学,而且能够让我们更加深入地理解亚里士多德伦理学所观察到的人性张力。在某种意义上,《尼各马可伦理学》关于哲学友谊的论述,作为全书的最高潮,正是亚里士多德调和爱欲与友爱、人类政治本性和哲学本性的理论尝试。要判断亚里士多德的努力是否成功,我们仍然需要回到柏拉图的原初洞察。因此,本书用"附录二"结束,以呼应第五章末尾的结论。

一、 幸福

1.1 目的概念的双重意涵

古希腊道德是"幸福的道德"（morality of happiness）。[①] 何谓"幸福"（εὐδαιμονία）？这是亚里士多德在《尼各马可伦理学》中探讨的根本问题。在他看来，幸福就是人类生活的至善，而伦理学的论述正是从关于"善"（ἀγαθόν）的一则看似极为质朴的观察开始的："每一种技艺与探究，类似的，每一种行动与选择，都似乎指向了某种善（ἀγαθοῦ），因此，人们正确地宣称所有事物都以善（τἀγαθόν）为目的"（NE 1094a1 - 3）。[②] 善和"目的"（τέλος）的等同是亚氏伦理学的根本前提，幸福作为至善就是人类生活的最高目的，因此，追问什么是幸福，就是追问什么是人类生活的最高目的。在 NE I.7，亚里士多德提出了著名的"活动论证"[③]，基于对人的"本质活动"（ἔργον）的说明，他指

---

① J. Annas, *The Morality of Happiness*, Oxford University Press, 1995.

② 这句引文的末尾并未使用"目的"（τέλος）一词，我们译为"所有事物都以善为目的"，但是更加字面的翻译应该是"所有事物都追求善"。不过，亚里士多德紧接着就说"在目的（τελῶν）之中存在某种差别……"，可见他已经将"善"和"目的"等同起来了。对这句话的分析，参考 S. Broadie, *Ethics with Aristotle*, Oxford University Press, 1991, pp. 8 - 11. NE I 的第一句是《尼各马可伦理学》的一个开端，而亚里士多德在 NE VII 的开头声称要从"另一个开端"出发。这两个开端的区别和联系是我们理解《尼各马可伦理学》的整体结构和论述方向的重要线索，见本书第四章第四节的分析。

③ 研究界传统上将希腊语ἔργον翻译为"功能"（function），我们认为这个译法带有很强的误导性，容易让读者认为ἔργον是某种工具性的事物。我们将ἔργον译为"本质活动"，因为它在亚里士多德思想中指的是揭示事物之存在本质、令事物是其所是的 （转下页）

出：幸福或者"属人的善（τò ἀνθρώπινον ἀγαθόν）就是灵魂的符合德性（κατ' ἀρετήν）的实现活动（ἐνέργεια），如果有多种德性，就是符合最好的和最具目的性的（ἀρίστην καὶ τελειοτάτην）德性的实现活动"（NE 1098a16－18, cf. 1097a22－24,1097a28－30）。① 活动论证将幸福定义为符合德性的实现活动，从而规定了《尼各马可伦理学》的主体内容：从第二到六卷，亚里士多德探讨了德性的本质和分类、对各种具体的伦理德性和理智德性进行了分析，详尽呈现了幸福生活的结构和样态。然而，虽然前六卷的论述覆盖了所有的人类德性，但是《尼各马可伦理学》并未止于第六卷。除了补充讨论与德性密切相关的自制与不自制现象（NE VII. 1－10）以及作为幸福生活内在组成部分的友爱（NE VIII-IX）和快乐（NE VII. 11－14 和 X. 1－5）之外，更加重要的是，在 NE I.7 提出对于幸福的初步定义之后，亚里士多德直到 NE X.6 才正式回到幸福的主题（尽管 NE VI 的末尾对此亦有涉及，参阅 NE 1144a3－6），并于 NE X.7－8 给出了他关于幸福的最终论述。

许多学者认为，《尼各马可伦理学》第一卷和第十卷的幸福观念并不一致，第一卷对于幸福的论述带有强烈的政治色彩，而第十卷则将最高的幸福明确等同于哲学沉思。另一些学者则指出，NE I.7 的活动论证已经暗含了 NE X.7－8 的最终结论，这集中体现为该论证的结论中"最好的和最具目的性的德性"这个表述，因为只有哲学智慧才是"最好的和最具目的性的德性"。前一派学者自然无法同意这种解读，认为"最好的和最具目的性的德性"并不限于哲学智慧，而是包括

（接上页）目的性活动（cf. *Meta*. 1050a21－23），参见 S. Clark, *Aristotle's Man*: *Speculations upon Aristotelian Anthropology*, Oxford University Press, 1975, pp. 15－17。

① Broadie 认为应该区分幸福和幸福生活，虽然前者就等同于符合德性的实践活动，但是后者还包括必要的外在善（Broadie, *Ethics with Aristotle*, pp. 50－54）。关于亚里士多德对内在善和外在善之关系的理解，可参考纳斯鲍姆（M. Nussbaum）的经典研究：M. Nussbaum, *The Fragility of Goodness*: *Luck and Ethics in Greek Tragedy and Philosophy*, Cambridge University Press, 2001, p. 235 ff.。不过，本章的任务限于研究亚里士多德关于幸福作为内在善的论述，而不考虑外在善的问题。

了所有的人类德性。由此看来,双方的争执最终归结于对亚里士多德所谓"最好的和最具目的性的德性"这个表述的理解。①

我们的中译"最好的和最具目的性的"的原文是 τὴν ἀρίστην καὶ τελειοτάτην,其中,καί的用法是解释性的,可以翻译为"即",也就是说,所谓"最好的"德性,指的就是"最具目的性的"德性。我们已经指出,在亚里士多德看来,幸福作为至善所需要的德性就是能够实现生活最高目的的德性,这种德性就是 τελειοτάτη 的德性。τελειοτάτη 是形容词 τέλειος 的阴性最高级,而 τέλειος 又从名词 τέλος 衍生而来。为了不在翻译中预设对于这几个概念的实质理解,我们采用了尽可能贴近字面的译法,将 τέλος、τέλειος、τελειοτάτη 分别译为"目的"、"目的性的"、"最具目的性的"(除非语境不允许如此字面的翻译)。这样看来,对于"最具目的性的"德性的理解自然取决于我们对于"目的"的理解。在研究界关于亚里士多德幸福论的争论中,一些学者认为"最具目的性的"德性是某种"最终极"的德性,另一些学者则认为是"最整全"的德性系统,事实上,这两种解释争执的根源就在于"目的"概念自身的模糊性:τέλος 既可以指"终点"(end)、"终极"(ultimate),也可以指"整全"(completion)、"完善"(perfection)。虽然这两方面意涵在许多情况中是交叉重叠的,但是二者的侧重毕竟不同。②

我们认为,古希腊目的观念的上述两种意涵其实体现了人类在实践或反思中构建生活秩序的两种不同方式,而《尼各马可伦理学》的幸福论在总体架构上的内在张力,就根源于第一卷和第十卷采用了或者侧重于不同的方式来理解人类生活,从而提出了两种不同的幸福:政治生活的幸福和哲学生活的幸福(为方便起见,我们将这两种幸福命

---

① 现代学界关于该问题的研究汗牛充栋,这里仅列举具有代表性的两例:J. Cooper, *Reason and Human Good in Aristotle*, Harvard University Press, 1975, pp. 144 – 180; D. Keyt, *Nature and Justice*: *Studies in the Ethical and Political Philosophy of Plato and Aristotle*, Peeters, 2016, pp. 73 – 99。

② 参阅 *Meta.* 1021b31 – 2a1;[美]伯格(R. Burger):《尼各马可伦理学义疏:亚里士多德与苏格拉底的对话》,柯小刚译,华夏出版社,2011年,第43—49页。

名为"政治幸福"和"哲学幸福"）。① 具体而言，如果强调目的概念的"整全"和"完善"的意涵，那么人类生活秩序将呈现为由许多部分构成的整体，其中，某些部分并非只具有手段性的价值，而是包括了不同方面和不同种类的内在善好；幸福不是这些善好中的任何一个，而是对于它们的最完整的统合性安排。这种由从部分到整体的横向扩展所得出的至善就是政治幸福，因为只有政治幸福（即，符合实践德性的政治活动）才能为生活提供完善的总体形式，从而满足了目的概念的整全性要求。相较而言，如果强调目的概念的"终点"和"终极"的意涵，那么人类生活秩序将呈现为从手段到目标的链条。我们做甲是为了乙，做乙是为了丙，做丙又是为了丁……以此类推，直至止于至善这个最终极的目标；一切其他人类活动都是（或者能够被用作）实现这个目标的手段。这种从手段到目标的纵向延伸最终指向了哲学幸福，因为只有构成这种幸福的沉思才是完全以自身为目的的、不能在任何意义上被用作手段的活动，从而满足了目的概念的终极性要求。进一步讲，横向扩展的理路不仅包括个人生活中部分和整体的关系，而且包括每个人将他的自我作为一个部分与他人结合为更大的整体。在亚里士多德看来，这种自我和他人的联合正是人之为人的政治本性的基本表达，而城邦作为最完善的共同体是人类政治本性的充分实现。相较而言，纵向延伸的理路则要求每个人回到自我最基本的趋乐避苦的欲望。② 就其自身而言，这种欲望是低于人的政治本性的，因为它是人和其他动物共享的灵魂要素；然而，恰恰是从

---

① 关于"围绕一个目的"（πρός τι τέλος）为生活构建统一秩序的必要性，参阅 *EE* 1214b6 - 11；另见 S. Salkever 对于亚里士多德人性论的准确概括："人类作为生命体的独特性在于面临生活陷入松散混乱的威胁，而我们最大的需要（尽管这事实上往往并非我们最强的欲望）就是实现我们根据某种理性计划来生活的能力"（S. Salkever, *Finding the Mean：Theory and Practice in Aristotelian Political Philosophy*, Princeton University Press，2006，p. 19）。

② 我们将在第二章第二节详尽分析亚里士多德理解的灵魂结构，特别是他对于欲望的三分：欲求、血气、希望（和选择）。所谓趋乐避苦的欲望，指的是欲求，它最直接的表达是对于食色之乐的追求；血气在本质上是一种政治性的欲望，只有在人与人的关系中才能实现；希望是对于善的理性欲望。第七卷和第十卷对于快乐的系统讨论将逐步证明，最高的善就是或者包含最高的快乐，而这就是哲学沉思的快乐。因此，相比于政治性的血气，人性中最低的欲求和最高的希望其实有着更加密切的关系。

这个在某种意义上低于人性的起点出发,人才可能沿着快乐和痛苦的自然秩序上升到在某种意义上高于人性的哲学生活。

　　我们之所以略显机械地采用"横向"和"纵向"的表述来分析亚里士多德的人性论和幸福论,是因为在我们看来,这两个方向性的思路清晰地反映了古希腊哲学对于人性和生活的结构性把握及其内在张力,对此,最形象的表达是柏拉图的《会饮》。[①] 在这篇关于爱欲的对话中,阿里斯多芬和苏格拉底(或者蒂欧提玛)的爱欲赞辞非常明确地展现了横向理路和纵向理路的区别。在前者看来,人最深的欲望是找到自己的另一半,以恢复完整的自然,这其实是对于人类政治本性的最纯粹的展现;而后者阐述的"爱的阶梯"则勾勒出从身体爱欲到哲学爱欲的上升之路。不仅如此,双方也有意识地回应对方的观点:在阿里斯多芬讲述的神话中,原本完整的人类正是因为企图"上升"的骄傲才招致神的惩罚,被劈成两半;而在苏格拉底看来,"善好"而非"属己之物"才是爱欲应有的对象。[②] 人对于善好的爱欲揭示出自身处于缺乏和完满之间的本性,而唯有在无知中追求智慧的哲学生活,才是这种人类本性的充分成全。在我们看来,亚里士多德的《尼各马可伦理学》以更加系统的方式进一步挖掘和阐述了柏拉图在《会饮》中洞察到的人性张力,而这就集中体现为第一卷和第十卷的幸福论张力。同时,亚里士多德也试图给出一种调和的解决,这体现为全书从第一卷的政治幸福到第十卷的哲学幸福的循序渐进的"运动"(本书第二至四章将全面重构这场伦理学论述的运动)[③],并且最终落实为第八、九卷对于

---

① 参阅附录二。

② 萨克森豪斯(A. Saxonhouse)认为,阿里斯多芬对圆球人的批评是在暗指苏格拉底的自足和骄傲,苏格拉底是"最接近古代圆球人的人"。参见[美]萨克森豪斯:《惧怕差异:古希腊思想中政治科学的诞生》,曹聪译,华夏出版社,2010年,第196—197页。K. Dover 则指出,柏拉图借阿里斯多芬之口讲出的爱欲神话表达了和他自己的爱欲理解完全对立的观念,参见 K. Dover, "Aristophanes' Speech in Plato's *Symposium*", *Journal of Hellenics*, 86(1966), pp. 47 - 48。

③ 关于《尼各马可伦理学》从政治到哲学的整体思路,参考 H. Jaffa, *Thomism and Aristotelianism: A Study of the Commentary by Thomas Aquinas on the Nicomachean Ethic*, Literary Licensing, LLC, 2011, pp. 142 - 143；A. Tessitore, *Reading Aristotle's Ethics: Virtue, Rhetoric and Political Philosophy*, State University of New （转下页）

友爱的探讨(本书的最后一章将会论证,亚里士多德心目中最高层次的友爱同时满足了人类的政治本性和哲学本性,既是自我德性的最高超的提升,也是自我和他者的最完美的结合)。

作为本书的起点,本章的主体部分旨在论证,《尼各马可伦理学》第一卷和第十卷在幸福论方面的不一致根源于上述两种构建生活秩序的理路之间的张力。[①] 具体而言,我们认为 *NE* I.1-2 和 *NE* I.7 的前半章(即,活动论证之前的部分)关于人类生活的目的结构的分析和 *NE* VII.11-14 和 *NE* X.1-5 对于快乐问题的系统讨论,分别为第一卷和第十卷对于幸福的不同规定做出了重要的理论准备,而正是在这两部分准备性的文本中,我们能够最清楚地辨析出目的概念的两种意涵和构建生活秩序的两种理路。进一步讲,在我们看来,分属《尼各马可伦理学》首尾两卷的横向和纵向理路背后的形而上学基础分别是亚里士多德的"形式-质料"理论和"现实-潜在"理论。因此,亚氏人性论和幸福论的内部张力实际上是其形而上学的结构性张力在伦理学领域的呈现。[②]

1.2 政治作为生活的整全视野

在 *NE* I.1-2 和 *NE* I.7 的前半部分(至 *NE* 1097b21),亚里士多德对人类生活的各种活动和目的进行了分析,构建了一套以目的结构为框架的生活秩序,并以此为基础探讨人类至善的形式特征,为活动论证对于幸福的实质定义做好了理论准备。[③]

(接上页)York Press, 1996, pp.6-7; cf. Broadie, *Ethics with Aristotle*, pp.412-414。

① Cf. W. Hardie, *Aristotle's Ethical Theory*, Oxford University Press, 1980, pp.23,333. Hardie 准确地指出,亚里士多德关于幸福的论述"在周全计划和至高目的之间摇摆不定","在理解公民的道德世界的同时拥护对于真理的哲学探求"。

② 参阅附录一。比较伯格:《尼各马可伦理学义疏》,第 312 页注释 2。伯格认为,亚氏人性论和幸福论的内部张力在伦理学的领域展现了"潜藏在全部《形而上学》计划中"的研究存在之为存在的普遍形而上学和研究至高的神性存在的特殊形而上学之间的张力。

③ 参见 T. Tuozzo, "The Function of Human Beings and the Rationality of the Universe: Aristotle and Zeno on Parts and Wholes", *Phoenix*, 50(1996)2, pp.146-161; R. Barney, "Aristotle's Argument for a Human Function", *Oxford Studies in Ancient Philosophy*, 34 (2008), pp.293-322。Tuozzo 和 Barney 都非常重视 *NE* I.1-2 和 *NE* I.7 的前半章为活动论证提供的理论准备,我们在本节的分析也颇受上述两篇论文的影响。

在 *NE* I.1 的开篇将"善好"等同于"目的"之后,亚里士多德指出,存在两种不同的目的:"有些是活动(ἐνέργειαι),另一些是活动之外的某种产品(παρ᾽ αὐτὰς ἔργα τινά)"(*NE* 1094a4 - 5)。这个看似简单的区分对于亚氏伦理学的整体架构来说极为重要,因为它与实践(πρᾶξις)和制作(ποίησις)之分密切相关。事实上,此处区分的前一种目的可称作"实践性目的"(practical end),它就等同于良好的实践活动本身,而后一种目的可称作"制作性目的"(productive end),它并非制作活动之过程,而是这种过程所要制造的产品。根据这个区分,哲学沉思无疑是一种实践,因为它不制造任何产品,其目的完全在沉思活动自身之中;相比之下,道德行动则兼具实践和制作的双重色彩,因为它既具有内在的高贵价值,又往往旨在实现外在的效用。① 亚里士多德接着说,指向不同目的的不同人类活动构成了某种等级秩序:"医术的目的是健康,造船术的目的是船只,战术的目的是胜利,经济学的目的是财富。当许多这类活动从属于某个单一能力(μίαν τινὰ δύναμιν)的时候,例如,马勒制作术和其他马具的制作术都从属于骑术,骑术和所有的军事行动又从属于战术,以此类推,另一些活动从属于其他活动,在所有这些活动中,统领性活动的目的都比从属性活动的目的更值得追求(τὰ τῶν ἀρχιτεκτονικῶν τέλη πάντων ἐστὶν αἱρετώτερα τῶν ὑπ᾽ αὐτά),因为后者是为了(χάριν)前者才被追求的"(*NE* 1094a8 - 16)。可见,在 *NE* I.1 的初步讨论中,诸人类活动和目的构成生活秩序的方式,一方面是许多活动从属于一个更高的活动,

---

① 关于实践和制作的区分,参阅 *NE* VI. 4 - 5;*EE* 1216b17 - 23;比较 D. Charles, "Aristotle: Ontology and Moral Reasoning", *Oxford Studies in Ancient Philosophy*, 4 (1986), pp. 121 - 143. Charles 认为实践和制作必须是不同的事件,而不能是同一事件的不同方面;他援引 *Meta.* 1050a30 - b2 作为支持,此处亚里士多德提出,目的在自身之外的制作活动发生于产品之中,而目的在自身之中的实践活动发生于主体内部。Charles 认为,"发生于不同地方的事件不可能相同"。然而,亚里士多德在 *Phys.* 202a13 - 21 明确指出,当一物推动另一物,只有被推动者经历了运动(制作活动),推动者所进行的是实现活动(实践活动),但是被推动者的运动和推动者的实现活动是同一个现实事件(包括制作和实践两个方面)。Cf. C. Korsgaard, *Creating the Kingdom of Ends*, Cambridge University Press, 1996, pp. 236 - 238.

后者将前者的局部目的统合为一个总体目的(骑术统合各种马具制作术,战术统合各种军事行动),另一方面是不同的活动之间构成手段和目标的关系,后者将前者的目的用作工具来为自身的目的服务(骑术利用马具实现骑行,战术利用骑兵的骑行实现战斗的胜利)。前一个方面体现了目的概念的整全性,以从部分到整体的横向扩展来构建生活秩序,后一个方面体现了目的概念的终极性,以从手段到目标的纵向延伸来构建生活秩序。虽然这两条理路是相互交织的,但是从"某个单一能力"(μίαν τινὰ δύναμιν)和"统领性活动"(ἀρχιτεκτονικῶν)这样的表述可以看出,亚里士多德在 NE 1094a8 - 16 的讲法更加侧重以整全性为核心、"合多于一"的横向理路。紧跟在上述引文之后,亚里士多德在 NE I.1 的结尾处提出一条补充说明,进一步确证了我们的观察:"至于行动的目的是活动自身,还是外在于活动的其他某物(就像上文谈到的那样),这一点是无关紧要的。"(NE 1094a16 - 18)这句话呼应了 NE 1094a4 - 5 的区分,其用意在于指出,不仅制作性目的服从 NE 1094a8 - 16 所揭示的等级秩序,实践性目的亦然。我们很快会看到,亚里斯多德在第十卷系统论证了哲学沉思是最严格意义上的实践性目的。因此,如果我们严肃对待 NE 1094a16 - 18 的补充,就应该承认,在第一卷的语境中,虽然包括哲学沉思在内的实践性目的不能被用作实现其他目的的手段,但是所有局部的实践性目的都必须服从"某个单一能力"对于众多人类活动的"统领",而亚里士多德在第一卷的主要目标就是论证:唯有政治活动才具备这种全局统领性。[①]

在 NE I.2 的开头,亚里士多德看似是从构建生活秩序的纵向理路入手,提出全部人类活动的"手段-目标之链"必须止于一个"因自身之故而被追求"(δι' αὐτὸ βουλόμεθα)的终极目的,这个终极目的就是生活的

---

① 比较伯格:《尼各马可伦理学义疏》,第 23 页注释 1。伯格准确地指出,"当一种 energeia 以其本身为目的的时候,它似乎会拒绝归属到一个较大的等级系列中去"。然而,她错误地认为亚里士多德唯有将实现活动理解为工具性的产品才能论证"城邦把技艺的多样性统摄到一个秩序化整体中去"。我们认为,亚里士多德此处其实是从强调目的整全性的政治视角出发,提出无论一项活动是目的性的还是工具性的(哪怕它是终极目的性的),只要它在人类生活的视野之中是局部的,就应该服从政治对于生活整体秩序的安排。

"至善"(τὸ ἄριστον)(NE 1094a18－22)。然而,他并没有将至善直接等同于哲学沉思,而是提出,以至善为对象的"知识或能力"是"最具权威和最为统领性的(τῆς κυριωτάτης καὶ μάλιστα ἀρχιτεκτονικῆς),而政治(πολιτική)就是如此"(NE 1094a26－28)。① 这是因为政治活动统合安排城邦所需要的所有其他技艺、知识和能力,其目的"囊括(περιέχοι)所有其他活动的目的";在这个意义上,政治活动所关涉的是"属人的善"(τἀνθρώπινον ἀγαθόν)(NE 1094b6－7)。显然,政治活动之所以能够在诸多人类活动中脱颖而出,成为"最具权威和最为统领性的",是因为其总体性视野囊括了包括哲学沉思在内的一切人类活动和目的。正是出于对于生活整全视野的强调,亚里士多德以城邦之善高于个人之善的主张结束了 NE I.2 的讨论:"尽管属人的善对于个人和城邦来说是一样的,但是城邦之善的获取和保存要显得更伟大、更完善(τελειότερον)。即便只有一个人得到这种善也是可取的,一个民族或城邦得到它就更高贵、更神圣了。"(NE 1094b7－10)②

亚里士多德关于目的结构、生活秩序和属人之善的讨论自 NE I.3 起被打断,直到 NE I.7 才重新回到这个话题。在简要回顾了 NE I.1－2 的讨论之后(NE 1097a15－24),亚里士多德首先将我们追求的事物(也就是人类活动的目的)分为三种:第一,"只为了他物而被追求的事物";第二,"既为了自身也为了他物而被追求的事物";第三,"只为了自身而被追求的事物"(NE 1097a25－b6)。从表面上看,这三种事物的区分构成了手段和目标的链条,其中前两种是实现第三种

---

① 亚里士多德提出,如果不存在一种"因自身之故而被追求"的终极目的,我们的欲望就将陷入手段与目标的无限循环,从而是空幻的(NE 1094a20－21)。比较 Plato, Euthydemus 292d-e,此处柏拉图借苏格拉底之口提出"王政技艺"(βασιλικὴ τέχνη)的目的是让人"成为好的",而所谓"成为好的"指的就是获得让其他人也在同样的意义上"成为好的"的能力,以此类推,以至无穷。这样看来,王政技艺的形式规定揭示出道德教育是政治统治的根本任务(cf. Pol. 1277b7－13)。既然如此,那么政治的幸福确实是一种手段与目标的无限但并非空幻的循环。Cf. Broadie, *Ethics with Aristotle*, pp. 205－207.

② 需要注意的是,NE I.2 并未将"因自身之故而被追求"的至善等同于政治,而只是说政治是"关于"至善的"知识或能力"。

的工具。但事实上，只有第一种事物才是以财富为代表的"工具性事物"(τὰ ὄργανα)（*NE* 1097a27）。第二种事物包括荣誉、快乐、理性和德性，亚里士多德指出，我们追求它们既是为了它们自身的缘故，也是为了幸福的缘故，"因为我们认为，通过它们(διὰ τούτων)我们便可获得幸福"（*NE* 1097b2 - 5）。第三种事物就是幸福，我们追求幸福永远只是为了幸福自身，而绝不可能是为了任何其他事物，这一点在亚里士多德看来是毋庸置疑的。① 但是他也清楚地知道，不同的人对于幸福的理解是不同的，有人认为幸福是享乐的生活，有人认为幸福是基于德性而获取荣誉的政治生活，还有人认为幸福是专注于理性的哲学生活（*NE* 1095b17 - 19）。显然，这三种对于幸福的实质理解对应于 *NE* 1097a25 - b6 所区分的第二种事物（快乐、荣誉和德性、理性），因此，第二和第三种事物并非构成了手段和目标的关系，而是更接近部分和整体的关系。这一点在 *NE* I.7 接下来的论述中获得了充分的确证：亚里士多德指出，"目的性的善(τέλειον ἀγαθόν)似乎是自足的(αὐτάρκες)"，这种自足"指的不是一个孤独的人过孤独的生活"，而是一种与亲人、朋友、同城公民共同实现的政治性的自足生活，因为"人就自然而言是政治性的(φύσει πολιτικὸν ὁ ἄνθρωπος。*NE* 1097b6 - 11)，这意味着每个人都需要将自己作为部分和他人结合为更大的整体，而城邦就是这种结合的充分实现。进一步讲，幸福的自足性体现

---

① 这一点并不是不证自明的：我们完全可能为了克服与对抗人类本性中根深蒂固的陷入不幸的倾向和可能性而不得不孜孜不倦地追求幸福。比较 Plato, *Lysis* 220e；参考 D. Bolotin, *Plato's Dialogue on Friendship*：*An Interpretation of the* Lysis, *with a New Translation*, Cornell University Press, 1977, pp. 171 - 176, 224 - 225。在第七卷关于快乐的讨论中，亚里士多德其实触及到了这种可能性。为了解释身体性的快乐为何显得值得追求，他给出的理由是这种快乐能够消除相应的痛苦(*NE* 1154a26 ff.)。为了消除痛苦而追求快乐和为了避免不幸而追求幸福，这两种现象的人性基础在结构上是类似的。由此可见，亚里士多德并没有认识到柏拉图在 *Lysis* 220e 揭示的人性现象。进一步讲，《尼各马可伦理学》第七卷接近结尾处关于"易于激动者"的讨论揭示出，甚至连带来最高快乐、实现终极幸福的哲学活动也在人性的缺陷和痛苦中有其根源。见第四章第四节结尾处的讨论；参考 Tessitore, *Reading Aristotle's Ethics*, pp. 61 - 62, 69 - 70；盖拉（M. Guerra）："亚里士多德论快乐与政治哲学——读《尼各马可伦理学》卷七"，刘宇译，见《城邦与自然——亚里士多德与现代性》，刘小枫编，华夏出版社，2010 年，第 161—162 页。

为它"仅凭自身（μονούμενον）就让生活值得追求而无所缺乏（μηδενὸς ἐνδεᾶ）"（NE 1097b14 - 16）。最后，也是最重要的一点在于，幸福作为"最值得追求的善"不能和其他类型的善"相提并论"（συναριθμουμένην），因为"如果它能够和其他善相提并论，那么哪怕再给它增添最小的一点善，它都明显会变得更值得追求"，而这就违背了幸福作为"最值得追求的善"的根本规定（NE 1097b16 - 21，cf. 1172b26 - 35）。① 亚里士多德对于幸福能够与其他善"相提并论"的否定，揭示出幸福作为自足的善占据着比其他善更高的层次。换句话说，幸福不是任何一种具体的善或目的，甚至不是最终极的具体目的，而是统合了所有具体目的的无所缺乏的至善整体。从这个意义上讲，实现幸福生活的德性必然是全部人类德性的完整系统，而非任何一种具体的德性，这也意味着第一卷得出的幸福不是哲学幸福，而是政治幸福，因为和政治的实践德性相比，哲学智慧仅仅是"德性之整体（τῆς ὅλης ἀρετῆς）的一个部分（μέρος）"（NE 1144a5，cf. 1153a20）。②

综上所述，如果我们将 NE I.1 - 2 和 NE I.7 前半章放在一起加以考察就容易发现，亚里士多德在《尼各马可伦理学》第一卷中关于目的结构、生活秩序和属人之善的讨论所给出的幸福的形式规定展现了以目的概念建构生活秩序的两条理路的交织，但是整个论述的重心无疑更加偏向以整全性为核心的横向扩展理路。以此为基础，活动论证延续和发展了从部分到整体的思路，从人类灵魂的自然结构出发规定了人的政治本性。该论证大体上可以分为四个步骤：第一，亚里士多德提出，对于任何一种具有本质活动的事物而言，属于它的善好都和它特有的本质活动密切相关（NE 1097b22 - 28）。第二，他通过两个类比论证来说明人确实具备某种专属于自身的本质活动（NE

---

① 此处我们译为"相提并论"的分词συναριθμουμένην源自动词ἀριθμέω（"算数"，"算作"）加上前缀συν-（"一起"）的变体，其字面的含义是："将某事物与其他事物算作同类的，放在同一个层面考虑"。

② 参见 N. Sherman, *The Fabric of Character*：*Aristotle's Theory of Virtue*，Oxford University Press，1995，p.95，n. 48；我们将在第三章第六节论证，实践德性也包括使得哲学生活得以可能的"爱智慧"之德，因此政治幸福在这个意义上包括了哲学幸福。

1097b28 – 33）。第三，他根据人类灵魂的自然结构提出人特有的本质活动是实践理性和欲望的某种互动（*NE* 1097b33 – 8a7）。① 第四，他基于这种本质活动将幸福定义为以符合"最具目的性"的德性的方式来完成实践理性和欲望的互动所构成的实践活动（*NE* 1098a7 – 18）。②

让我们从第一个步骤开始分析：

> 正如对于笛子演奏家，雕刻家，或者任何一种匠师来说，以及对于普遍而言所有具有某种本质活动或者行为（ἔργον τι καὶ πρᾶξις）的事物来说，善（τἀγαθόν）和"做得好"（τὸ εὖ）似乎都在于其本质活动（ἐν τῷ ἔργῳ），对于人类来说看起来也是如此，如果人也具有某种本质活动的话。（*NE* 1097b25 – 28）

根据活动论证接下来的讲法，我们已经将上述引文中的 ἔργον 一词译为"本质活动"，但是这个词其实既可以指活动本身，也可以指活动所带来的产品。我们已经看到，亚里士多德在 *NE* 1094a4 – 5 区分了实践性目的和制作性目的，前者是活动自身之善，后者是活动之外的产品之善，而"对于具有某种外在于自身之目的的行为而言，产品（ἔργα）自然地好于实现活动（ἐνεργειῶν）"（*NE* 1094a5 – 6）。演奏笛子、雕刻塑像等技艺活动都属于"具有某种外在于自身之目的的行为"，因此，笛子曲和塑像"自然地好于"演奏活动和雕刻活动（虽然演奏笛子这件事的活动和产品在时间上是重合的，但是二者并不等同），这意味着属于笛子演奏家和雕刻家的善好其实分别在于笛子曲和塑

---

① 根据亚里士多德在 *NE* VI.1 – 2 对于实践理性和科学理性的区分，只有实践理性才能和欲望发生互动。因此，活动论证提及的"理性"指的应该是实践理性。

② 在这四个步骤中，第一步是整个论证的根本前提，但是这一前提并未在伦理学的语境中获得任何实质的说明，它实际上取自亚里士多德形而上学的目的论原则；同时，第四步的最终结论是前三个步骤的逻辑后果，其中唯有"最具目的性"这个限定语是存在争议的（在本章开头，我们已经就这一点进行了初步讨论）。由此可见，活动论证的关键环节是第二和第三个步骤，一旦完成这两项论证，亚里士多德就能够将人类列入"具有本质活动的事物"之列，从而将"善好存在于本质活动"这个形而上学原则运用于伦理学对于人类至善的探讨。

像。相比之下,哲学沉思不产生任何外在于自身的目的,因此,哲学家的善好就在于沉思活动本身。亚里士多德从技艺活动的例子出发来说明人之为人的ἔργον,最终却将人的ἔργον定义为某种实现活动本身,而非这种实现活动所带来的产品或后果,这意味着《尼各马可伦理学》对于人的ἔργον、从而对于人类幸福的论证从一开始就存在某种模糊性。[①] 我们已经提到,是道德实践,而非哲学沉思,才具备这种居于实践与制作、活动与产品之间的模糊性。

接着,亚里士多德转入活动论证的第二个步骤:

> 那么,是否木匠和皮革匠具有某种本质活动或者实践(ἔργα τινὰ καὶ πράξεις),人却没有,难道人天生就无所事事(ἀργὸν πέφυκεν)?或者,是否正如眼睛、手、足和身体的各个部分显然都有某种本质活动(ἔργον),我们应该认为人也同样具有某种额外于(παρά)所有这些活动的本质活动(ἔργον)?(NE 1097b28-33)

应该注意的是,第二个步骤中两个类比的选择不是任意的,而是在"人"身上区隔出某个明显具有本质活动的方面或者部分,进而再反推出"人"作为一个整体也应该具有某种本质活动。第一个类比从人作为匠师具有特定的本质活动出发,推论出人作为人也应该具有某种特定的本质活动。我们在上一节已经讨论了 NE I.1-2 对于技艺的分析,概括地说,每种匠师所具有的技艺负责实现人类生活的某个局部目的,而不同的技艺相互关联,构成层层秩序,最终由政治进行全局性的统合,这种全局性统合所实现的才是人之为人的整体目的。因此,第一个类比的实质是从人类活动的局部方面横向扩展为人之为人的生活整体。类似地,第

---

① 比较伯格:《尼各马可伦理学义疏》,第22页:"在任何情况下,在第七章里被视为人类卓越特性的 ergon,就其自身而言都是灵魂的 energeia,而不是 energeia 须臣服其下的一个制成品"。然而,如果一种实现活动的产品是另一种实现活动,那么这种产品似乎也能够满足活动论证对于人类本质活动的最终刻画。比较 Meta. 1050a17-19:"当学生展现出实现活动(ἐνεργοῦντα)的时候,老师就认为自己的目的实现了,而自然就是如此"。Cf. Broadie, Ethics with Aristotle, pp.43-46.

二个类比将同一理路运用于人作为一个自然有机体的结构：正如眼睛和手足等身体器官具有各自的本质活动，人作为一个有机整体也应该具有某种本质活动。这一主张符合亚里士多德对生物体的基本理解："正如身体的每一个部分都是为了某种目的（ἕνεκά του），而这个目的是某种实践（πρᾶξίς τις），显然，作为一个整体的身体（τὸ σύνολον σῶμα）也是为了某种复杂多样的实践（πράξεώς τινος ἕνεκα πολυμεροῦς）而构成的。"①将上述引文与 NE 1097b28－33 对勘即可发现，生命体作为一个有机整体的本质活动是某种"复杂多样的实践"，这种实践并非不同器官的本质活动的简单加总，而是额外于（παρά）所有局部活动之总和的更高层面的本质活动，也就是特定生命体将它所有器官的本质活动组织和安排为一种"活"（ζῆν）的总体形式的方式，这种总体性的生活方式才是属于这种生命体的本质活动，我们不妨称之为它的"活法"。在亚里士多德看来，和所有生命体一样，人之为人的本质活动也是人类生活的总体形式，而这种总体生活形式就是为人的各种局部目的提供整全视野的政治活动。政治是人类独特的活法，人就自然而言是政治的动物。②

综上所述，活动论证的第二个步骤延续和发展了 NE I.1－2 和 NE I.7 前半部分建构人类生活秩序的总体思路，以横向扩展的方式从两种不同的局部活动（技艺在生活中的局部活动和器官在生命中的局部活动）出发得出人之为人的整体活动，从而论证了人类确实具有某种属于自身的本质活动。③ 以此为前提，活动论证转入第三个步骤：

① PA 645b15－17.虽然生物学探讨的是动物身体的活动，而伦理学探讨的是人类灵魂的活动，但是根据亚里士多德对自然实体的形质论理解，灵魂和身体其实构成了形式和质料的统一体，绝大多数生命活动是灵魂和身体共同参与的结果。在这方面，唯一的例外是人类灵魂中最高的沉思理智。这种理智是人身上的神性，它突破了灵魂和身体的形质论统一，因此，其实现活动也超越了以这种统一为人性基础的政治幸福，而指向了人性向神性上升的哲学幸福。Cf. NE 1178a9 ff.；Hardie, Aristotle's Ethical Theory, pp. 71－83, 345－355.
② 参见 Pol. 1253a1－3；李猛：《自然社会：自然法与现代道德世界的形成》，生活·读书·新知三联书店，2015 年，第 45—47 页；比较[美]阿伦特（H. Arendt）：《人的境况》，王寅丽译，上海人民出版社，2017 年，第 22—23 页。我们不同意阿伦特将亚里士多德意义上的政治与人的"生物性的生命过程"完全割裂开来的观点。
③ 伯格正确地指出，第二个步骤所包含的两个类比的"共同点是一种整体和部分的结构"，见伯格：《尼各马可伦理学义疏》，第 51 页。

> 我们在寻找的是人类特有的本质活动（τὸ ἴδιον）……（也就是）灵魂的有理性（λόγον）部分的某种实践活动（πρακτική），它的一部分在服从理性的意义上（ὡς ἐπιπειθὲς λόγῳ）具有理性，另一部分在拥有理性并且从事思考的意义上（ὡς ἔχον καὶ διανοούμενον）具有理性。（NE 1097b34 – 8a5）

亚里士多德提出活动论证所要探讨的是人类特有的本质活动。"特有"（ἴδιον）这个形容词有"专属"的含义，某物特有的本质活动就是专属于该物、将该物与其他事物区分开来的本质活动。上文对第二个步骤的分析已经得出，政治既是人类生活的全局统合，也是人类作为一个生命体的独特活法。第三个步骤则进一步揭示了政治本性在人类灵魂中的自然基础：和其他动物不同，人类灵魂具有理性；和神不同，人类灵魂具有欲望。因此，人类特有的本质活动既不是纯粹的欲望，也不是纯粹的理性，而是欲望和理性的某种互动，正是这种互动构成了伦理学意义上的"实践活动"（πρακτική）。① 亚里士多德在 NE VI.2 指出，"选择（προαίρεσις）是实践的本原"，而选择"要么是欲望的理智（ὀρεκτικὸς νοῦς），要么是理性的欲望（ὄρεξις διανοητική），这样的一种本原（ἀρχή）就是人"（NE 1139a31 – b5）。将活动论证的第三个步骤同 NE VI.2 的上述引文对勘，我们不难发现，亚里士多德将人类的本质活动界定为由理性和欲望的互动所构成的实践活动，其理论实

---

① 比较 NE 1102a28 – 32，亚里士多德提醒我们注意，灵魂的非理性部分和理性部分（在 NE I.7 和 NE I.13 的语境中，二者指的就是欲望和实践理性）的区分或许并非存在论意义上的实际区分，而只是逻格斯意义上的理论区分，就像曲线的凹面和凸面之分一样。然而，在 NE VI.1 对于科学理性和思虑理性（实践理性是思虑理性的一种）的区分中，亚里士多德并未做出类似的提醒。我们认为，这意味着欲望和实践理性的区分更多是理论性的，而实践理性和科学理性的区分则是实实在在的。相应地，伦理德性和实践智慧（作为欲望和实践理性各自的德性）只是同一种实践德性的两个方面，二者能够并且应该实现完全的统一，但是在实践德性和作为科学理性之最高德性的哲学智慧之间却存在不可消除的张力。

质就是将人特有的自然本性理解为进行选择的能力。① 当然，人既可以选择过一种接近兽性的享乐生活（NE 1118b1－4），也可以选择过一种接近神性的沉思生活（NE 1177b26－8a8），但无论是低于人性的身体享乐还是高于人性的理智沉思，都必须在由选择所开启的实践生活的整体图景中加以展开，这个实践生活的整体图景才真正体现了人之为人的本质活动。

我们已经指出，活动论证的第二和第三个步骤是该论证的实质环节，只要这两个步骤得以成立，第四步结论也就必然成立：幸福或者"属人的善就是灵魂的符合德性的实现活动，如果有多种德性，就是符合最好的和*最具目的性*的德性的实现活动"（NE 1098a16－18）。我们很难设想最终结论与得出该结论的论证步骤所依照的是不同的思路，因此，活动论证提出的所谓"最具目的性的德性"指的应该是最整全的德性系统，而非最终极的具体德性。这意味着活动论证对于幸福的实质定义符合第一卷的整体论证倾向，将卓越的政治实践活动规定为属于人类的至善（cf. NE 1099a24－31）。②

我们反复提出 NE I.1－2 和 NE I.7 建构生活秩序的思路侧重于从部分到整体的横向扩展，从形而上学的角度来讲，这种理路的基础正是亚里士多德的形质论学说。③ 活动论证揭示出人类的本质活动

①　Salkever, *Finding the Mean*, pp. 69－70; cf. Clark, *Aristotle's Man*, pp. 21－22; Broadie, *Ethics with Aristotle*, pp. 36－37.

②　然而，亚里士多德在 NE 1099a24－31 用了另一种表述："幸福是最好的、最高贵的、最令人快乐的……所有这些都属于最好的实现活动，而我们就称这些实现活动，或者其中最好的一种，为幸福"。Broadie 正确地指出，虽然这里的说法暗示某项单一的实现活动是至善，但是即便如此，这也并不意味着亚里士多德已经在指涉哲学幸福，因为作为单一活动的至善也可能指统摄所有伦理德性的实践智慧的运作。见 Broadie, *Ethics with Aristotle*, p. 39。

③　特别参阅 *Phys.* 188b8－21，在这段文本中，亚里士多德尝试从我们熟悉的对立现象（比如黑与白的对立）出发来阐述形式和缺乏的对立，而他为形式概念提供的最初几个例子包括和声（ἁρμονία）、秩序（τάξις）和复合（σύνθεσις）。我们认为，不同的部分构成一个有序整体的现象为形质论提供了最原初和最素朴的经验基础，反过来讲，形质论的思维方式也可以被视作是对于部分-整体关系的一种理论抽象。关于形质论视野中的德性概念，参阅附录一。

在于实践理性和欲望的互动，NE Ⅵ.2 进一步提出这种互动产生了选择，而选择是实践的本原。对于亚里士多德来说，本原概念和形式概念内在相关。自然实体和技艺产品的生成都是特定质料被赋予特定形式的过程，实践生活的构建也与此类似。与人作为匠师或者哲学家的存在方式不同，作为道德主体（moral agent）或道德实体（moral substance）的人并不试图研究或制作某个他物（或者作为他物的自身）的实体形式，而是致力于建构自身作为自身的生活形式。相对于让人作为一种自然实体得以"活着"（ζῆν）的灵魂或生命本原而言，卓越的实践生活整体是让人作为一种道德实体能够"活得好"（εὖ ζῆν）的"道德形式"。① 进一步讲，道德形式包括每个人内部的伦理形式和不同人联合为城邦共同体的政治形式。所谓伦理形式，指的是人的各种欲望之间以及欲望和理性之间的健康秩序，表现为符合实践德性的感受和行动；所谓政治形式，指的是城邦良好的社会结构和法律秩序，表现为全体公民符合正义、充满友爱的共同生活。这种具有丰富道德意涵的共同生活就是"政体"（πολιτεία）的古典意涵："人们以不同的方式和手段追求幸福，从而创造了不同的生活方式和不同的政体。"② 在亚里士多德看来，唯有在以良好政体为形式的城邦之中，人才可能实现人之为人的幸福——如果有谁自然地就是"非城邦的"（ἄπολις），那么他要么是高于人的神，要么是低于人的野兽。③

1.3 幸福与快乐

亚里士多德认为，"既为了自身也为了他物而被追求的事物"包括快乐、荣誉、德性和理性，我们已经指出，这些事物构成了幸福生活的组成部分或具体表现，"通过它们我们便可获得幸福"（NE 1097b5）。

---

① 关于"道德形式"，参见 J. Stewart，*Notes on the Nicomachean Ethics of Aristotle*（vol. 1），Clarendon Press，1892，pp. 94 - 97；比较 C. Korsgaard，*The Sources of Normativity*，Cambridge University Press，1996，pp. 1 - 5；Sherman，*The Fabric of Character*，p. 75 ff.。

② *Pol.* 1328a41 - b2.

③ *Pol.* 1253a3 - 4，27 - 29.

在 NE I.5，亚氏区分了人们对于幸福的三种具体理解：有人认为幸福是追求感官快乐的享乐生活，有人认为幸福是争取荣誉的政治生活，还有人认为幸福是专注于理性沉思的哲学生活（NE 1095b17－19）。对于第一种和第三种生活，亚里士多德未在此处展开详尽阐述，而是重点分析了第二种生活："那些体面的、热衷实践的人们认为幸福就是荣誉（τιμήν），因为这大体上就是政治生活（πολιτικοῦ βίου）的目的（τέλος）。"（NE 1095b22－23）从 NE I.1－2 和 NE 1.7 的论述来看，亚里士多德在第一卷中将幸福等同于符合德性的政治实践活动，这基本符合"那些体面的、热衷实践的人们"的幸福观念，这类人正是《尼各马可伦理学》的主要听众，我们不妨在宽泛的意义上称他们为"政治家"。① 然而，政治家对于幸福的日常理解还未能完全满足亚里士多德在第一卷中给出的幸福定义：首先，荣誉取决于授予者，而非接受者，但是幸福应该是内在属己的；其次，这类人追求荣誉其实是为了确认自身的德性，因而德性比荣誉更称得上是政治生活的目的和政治的幸福；最后，仅仅拥有德性是不够的，幸福的实现还需要德性的现实运用（NE 1095b23－6a2）。容易看出，NE I.5 对于追求荣誉的政治生活的批评，已经为 NE I.7 对于以德性实践为实质的政治幸福的阐述做好了准备。但是从另一个角度来看，NE I.5 未能详尽讨论的快乐生活和沉思生活却恰恰不存在荣誉生活的上述困难：首先，快乐和沉思显然都是内在属己的善；其次，快乐和沉思都以自身为目的（cf. NE 1172b20－23，1174a6－8，1174b23 ff.），其价值无需共同体的外在确认；最后，快乐和沉思都和实现活动密切相关（这是本章接下来论述的重点）。虽然第一卷对于幸福的阐述在本质上是政治性的，但是亚里士多德将政治家对于幸福的日常理解提升至伦理学对于幸福的哲学理解的具体方式，却已经使得真正称得上幸福的政治生活在形式结构上更加接近快乐生活和沉思生活。

虽然 NE I.5 提及的"快乐"指的是低下的感官享乐，但是亚里士

---

① H. Joachim, *Aristotle*, *The Nicomachean Ethics*, Clarendon Press, 1955, p.18.

多德在《尼各马可伦理学》全书中还反复运用了一种更加宽泛的快乐概念。在 *NE* I.8,亚里士多德详尽论述了幸福生活同时也是最快乐的生活(*NE* 1099a7 ff.)。在 *NE* II.3,他更是用整整一章的篇幅来讨论德性与快乐的内在关系。不过,亚里士多德对于快乐最完整的论述出现于 *NE* VII.11 - 14 和 *NE* X.1 - 5。第一卷的核心是活动论证,而在 *NE* X.5 的最后一段,也就是在《尼各马可伦理学》对于快乐问题的系统论述的结尾处,亚里士多德给出了一个围绕快乐概念展开、在结构上与活动论证极为相似的论证,我们不妨称之为"快乐论证":

> 正如每一种动物都具有本质活动(ἔργον),每一种动物似乎也都有其专属的快乐(ἡδονὴ οἰκεία),也就是相应于其实现活动(ἐνέργειαν)的快乐……说同类动物具有相同的快乐是不错的,但是至少对于人类而言,不同的人追求的快乐差别是相当大的,因为同样的事物让一些人感到愉快,让另一些人感到痛苦……然而,在所有这类事情上,对于一个好人而言显得如此的似乎就真的如此(εἶναι τὸ φαινόμενον τῷ σπουδαίῳ)……德性和好人就其自身而言是每样事物的尺度(μέτρον)……快乐紧随(ἕπονται)实现活动,如果完美至福的人具有一种或者多种实现活动,那么完善(τελειοῦσαι)这些实现活动的快乐就应该在严格的意义上被称作属人的快乐,而其他快乐,和其他实现活动一样,只在次要的或者更弱的意义上是属人的快乐。(*NE* 1176a3 - 29)

从表面上看,快乐论证比活动论证更加强调人们在相关问题方面的争议:活动论证直接规定了人类的本质活动是实践理性和欲望的互动,而快乐论证却未能明确回答究竟什么是专属于人类的快乐。然而,实践理性和欲望的互动,或者选择,只是对于人类本质活动的描述性刻画。在具体的实践中,每个人选择的对象都是"对他而言显得善好"的事物,不同人在这方面的差别与人们在追求快乐方面的差别同样巨大,而在善好的显现方面,亚里士多德也同样将好人(σπουδαῖος)

视作正确选择的尺度（NE 1113a29 – 33）。① 如此看来，活动论证基于人类的本质活动将幸福或者"属人的善"定义为符合德性的实现活动，而快乐论证试图从符合德性的实现活动出发确定"属人的快乐"，并且二者都将好人理解为善好和快乐的实质标准。快乐论证在结论处关于"一种或者多种实现活动"的假设更是完全平行于活动论证的结论关于"一种或多种德性"的假设。紧跟在快乐论证之后的就是 NE X. 6 – 8 关于幸福问题的再次探讨和最终论断，由此可见，正如 NE I. 1 – 2 和 NE I. 7 前半部分是第一卷对于幸福的初步定义的准备，以快乐论证结束的 NE VII. 11 – 14 和 NE X. 1 – 5 作为一个整体也为第十卷对于幸福的重新定义做好了准备。

在下文对于 NE VII. 11 – 14 和 NE X. 1 – 5 的解读中，我们将会发现，正是这两处讨论将快乐与实现活动、实现活动与哲学沉思紧密联系起来，并且用从手段到目标的纵向延伸理路取代了从部分到整体的横向扩展理路，建构了一种以终极目的为至高点的生活秩序，而正是以这种新的生活秩序为前提，NE X. 6 – 8 最终论证了哲学幸福相对政治幸福的优越性。

1. 4　哲学作为生活的终极目的

在 NE VII. 11，亚里士多德列出三种关于快乐与善好之关系的意见：有些人认为没有任何快乐在任何意义上是好的，快乐与善好是完全不同的两种事物；另一些人认为有一些快乐是好的，但是大多数快乐是坏的；还有一些人认为即便所有快乐都是好的，快乐也不可能是至善（NE 1152b8 – 12）。亚里士多德大体上同意第二种意见，他不仅认为快乐有好有坏，而且认为最好的快乐要么就是至善，要么和至善密切相关。为了逐步论证这一观点，亚里士多德首先需要驳斥上述第一种和第三种意见。我们很快发现，这两种意见分享了同一个哲学性

---

① 虽然 NE 1113a29 – 33 谈到的是希望，而非选择，但是根据亚里士多德对于欲望的分类，选择和希望其实没有本质区别，二者都是理性欲望。我们将在第二章第二节详尽分析希望和选择的关系。

的理由:"所有的快乐都是朝向自然的可感生成(γένεσις),没有任何生成与目的(τέλεσιν)是同一类事物,例如,建造房子的过程和房子不是同一类事物"(NE 1152b13 - 15);"快乐不是目的(τέλος),而是生成(γένεσις)"(NE 1152b22 - 23)。① 在亚里士多德看来,善好是生活的目的,属人的至善或幸福就是人类生活的最高目的,这种最高目的一定是一种实现活动(ἐνέργεια),而非一种生成(γένεσις),因为生成只是实现目的的手段,而实现活动才是目的本身。如果快乐真的是一种生成,或者仅仅和生成相关,那么它就确实不可能是善好,更不可能是至善了。因此,亚里士多德在接下来的 NE VII. 12 集中讨论了快乐和生成、快乐和实现活动的关系。为了将快乐与生成严格区分开来、和实现活动紧密联系起来,他提出了以下两个论证:

> 由于善好既包括实现活动(ἐνέργεια),也包括品质(ἕξις),让我们回归自然品质(τὴν φυσικὴν ἕξιν)的过程只在偶性的意义上(κατὰ συμβεβηκός)是快乐的,而发生在欲求中的实现活动(ἐνέργεια)其实属于那些留存(ὑπολοίπου)于自然状态的品质,事实上,存在根本不包含痛苦和欲求的快乐,比如沉思的快乐,在这种情形中,自然没有任何缺乏(τῆς φύσεως οὐκ ἐνδεοῦς οὔσης)。(NE 1152b33 - 3a2)
>
> 并不必然存在另外某种比快乐更好的事物,像那些提出"目的比生成更好"(τὸ τέλος τῆς γενέσεως)的人说的那样。因为快乐并非生成,也并非所有快乐都涉及生成,毋宁说快乐是实现活动和目的(ἐνέργειαι καὶ τέλος),它并不发生于我们获得能力的过程,而是发生于我们对于能力的使用中。也并非所有快乐都有某种异于自身(ἕτερον)的目的,只有那些导向自然的完善(εἰς τὴν τελέωσιν ἀγομένων τῆς φύσεως)的快乐才是如此。这就

---

① Cf. Plato, *Philebus* 42c-d; *Timaeus* 64a - 65b; Hardie, *Aristotle's Ethical Theory*, pp. 301 - 302.

是为什么我们不应该说快乐是可感的生成，而应该说它是自然品质的实现活动；它不是"可感的"，而是"无碍的"。（NE 1153a7 - 15）

我们认为，NE 1152b33 - 3a2 和 NE 1153a7 - 15 共同构成了一个完整的论证，其主要目的在于区分两种快乐，我们不妨称之为"偶性快乐"和"本质快乐"，前者和手段性的生成过程相关，后者和目的性的实现活动相关。① 亚里士多德提出，偶性快乐发生于自然品质的回复或完善的可感过程之中，而本质快乐发生于健全的自然品质的无碍使用之中。那么，什么叫做自然品质的回复或完善？以饮食的快乐为例：饮食是一种从饥渴到饱足的生成过程。亚里士多德认为，我们之所以能够感受到饮食的快乐，从根本上讲是因为通过饮食，我们原本处于缺乏状态的某种品质得以回复到正常的自然状态。因此，饮食的快乐基于自然的回复。再如，学习是一种从无知到有知的生成过程，我们之所以能够从中感受到快乐，从根本上讲是因为通过这一过程，我们原来的理性品质获得了进一步的完善。在这个意义上，学习的快乐基于自然的完善。无论是饮食的快乐还是学习的快乐，都是基于回复或完善的生成过程，故而都是偶性快乐。② 亚里士多德进一步指出，饮食和学习的生成之所以能够发生，前提在于我们身上仍然"留存"（ὑπολοίπου）着某种处于自然状态的不带缺乏的品质。这种品质对于

---

① 在 NE 1154b15 - 20，亚里士多德将快乐分为偶性意义上的快乐（κατὰ συμβεβηκὸς ἡδέα）和出于自然的快乐（φύσει ἡδέα），前者和治疗过程（ἰατρεύεσθαι）相关，后者和健康活动（πρᾶξιν）相关。我们认为，亚里士多德在此处用"治疗过程"和"健康活动"为例所要说明的就是生成和实现活动的区分，而二者所对应的快乐就是我们说的偶性快乐和本质快乐。

② 关于偶性快乐与"回复"或"补足"过程（ἀναπλήρωσις）的关系，见 NE 1173b7 - 15。虽然亚里士多德在 NE 1173b15 - 20 提出学习的快乐是不包括痛苦和缺乏，故而也不涉及回复或补足的，但是我们认为，这并不意味着学习的快乐是一种本质快乐，因为学习作为一种完善过程显然是一种生成，而非实现活动。当然，学习的过程同时也是学习能力的运用，正如进食的过程同时也是消化功能的运用，而在这两种运用中存在本质快乐。

饮食来说是消化系统,对于学习来说是理解能力。在饮食和学习的生成过程之中,消化系统和理解能力的运转并非一种生成,而是一种实现活动,因为这种运转不是"我们获得能力的过程",而是"我们对于能力的使用"。在亚里士多德看来,健全的自然能力或品质的无碍使用就其自身而言是一种目的(尽管它可能同时也是实现其他目的的手段),因此,它所带给我们的快乐是本质快乐,也就是真正意义上的快乐。在我们采用的例子中,偶性快乐和本质快乐的关系可以用以下图示来表达(横箭头"→"代表生成,竖箭头"↑"代表实现活动):

饮食: 自然的回复　　　　　　**学习: 自然的完善**

饥饿　　→　　饱足　　　　　　无知　　→　　有知

（偶性快乐）　　　　　　　　　（偶性快乐）

　　↑（本质快乐）　　　　　　　　↑（本质快乐）

健康的消化系统　　　　　　　良好的理解能力

　　这两个例子可以向两个方向进一步延伸:一方面,如果我们的消化系统出了问题,我们就很难正常进食并感受相应的快乐。这时候我们需要的是治疗,也就是在更为基本的层次进行自然的回复,这种回复的前提在于我们的免疫系统仍然处于健全的自然状态;另一方面,当我们学会了一定层面的知识,便可以基于这些知识带给我们的更好的理解能力去学习更高层面的知识,从而实现理性自然的进一步完善,并获得更高层次的理智快乐。这两个延伸的例子可以用以下图示来表达(横箭头"→"代表生成,竖箭头"↑"代表实现活动):

治疗: 自然的回复

疾病　　→　　健康

（偶性快乐）

　　↑（本质快乐）

正常的免疫系统

进一步学习：自然的完善

更高层次的无知 → 更高层次的有知

（偶性快乐）

↑（本质快乐）

更好的理解能力

　　事实上，在亚里士多德看来，人类生活从最起码的自我保存和"食色性也"到最高层次的政治行动和哲学探究，都是由上述两幅图示所呈现的偶性快乐和本质快乐的嵌套结构层层建构起来的，这个环环相扣的"快乐秩序"所反映正是生活本身的秩序。与第一卷偏重从局部目的到整体目的的横向扩展来建构生活秩序的方式不同，第七卷对于快乐的讨论更加强调从手段到目标的纵向延伸理路。上述图示中的例子就可以联结为一条完整的手段-目的之链：我们治疗胃病是为了正常进食，填饱肚子是为了读书学习，读书学习是为了获得知识，获得知识最终是为了哲学沉思，而哲学沉思就是生活的终极目的，就是至善或者幸福。

　　进一步讲，如果说第一卷以政治为整全视野的生活秩序以"形式-质料"的形而上学理论为基础，那么以哲学为终极目的的生活秩序就是以"现实-潜在"的形而上学理论为基础。在《论灵魂》II.5 的一个著名段落中，亚里士多德以三种不同意义上的"知者"为例阐述了从潜在到现实的形而上学秩序：首先，任何一个（正常）人都是知者，因为他有学习知识的能力（δύναμις）；其次，有知识但是没有在运用知识的人是知者，因为他有运用知识的能力（δύναμις）；最后，正在运用知识的人"在现实的和最恰切的意义上"（ἐντελεχείᾳ ὢν καὶ κυρίως）是知者。[1] 为方便起见，我们不妨称这三种知者为"知者甲"、"知者乙"、"知者丙"。关于知者甲和知者乙，亚里士多德接着说：

　　　　前两个人都是潜在意义上的知者（κατὰ δύναμιν ἐπιστήμονες），

---

[1]　DA 417a22 - 29.

其中一个变成现实意义上的知者是通过学习来反复实现对立品质的转变,另一个则是通过另一种方式,从不在实现活动的状态(μὴ ἐνεργεῖν)进入实现活动的状态(τὸ ἐνεργεῖν)。此外,被作用(τὸ πάσχειν)的意义不是单纯的,它一方面可以指对立面的一方对另一方的某种毁灭(φθορά),另一方面可以指现实存在对于潜在存在的保存(σωτηρία)。①

以知者丙运用知识的实现活动为标准,知者甲和知者乙都是潜在意义上的知者(研究界常常将甲和乙的潜能分别称作"一级潜能"和"二级潜能")。从知者甲到知者乙的转变是一种生成,而任何生成都涉及对立面的转化(从无知到有知),也就是涉及对立面的一方对另一方的毁灭。相比之下,从知者乙到知者丙的转变就是能力的运用和实现活动的开端,这一转变不涉及对立面的转化和毁灭,反而是作为现实性的实现活动对于作为潜在性的品质能力的保存和成全。显然,*DA* 417a22 - b4 对于潜在和现实的区分可以与 *NE* VII.12 对于两种快乐的分析对勘。一方面,*NE* VII.12 将 *DA* 417a22 - b4 提供的形而上学秩序运用于伦理学围绕快乐概念所构建的生活秩序;另一方面,*DA* 417a22 - b4 的讨论揭示了 *NE* VII.12 将两种快乐分配给生成变化和实现活动的深层理由:生成变化之所以只能带给我们偶性快乐,是因为它充满了对立面的转化和毁灭,包含着缺乏和痛苦,而实现活动之所以能够带给我们本质快乐,是因为它保存了相应的品质或能力,成全了这种品质或能力所指向的目的。

基于生成和实现活动的形而上学秩序,亚里士多德指出,在诸如饮食和学习的情形中,我们其实同时经历了生成和实现活动这两种性质迥异的事件,也同时感受到了生成带来的偶性快乐和实现活动带来的本质快乐。他所批评的那种将快乐等同于生成的观点,其错误的根

---

① *DA* 417a30 - b4. Cf. M. Burnyeat, "'De Anima' II 5", *Phronesis*, 47(2002)1, pp. 28 - 90; R. Heinaman, "Actuality, Potentiality and 'De Anima II. 5'", *Phronesis*, 52 (2007)2, pp. 139 - 187.

源正是在于没有理解生成和实现活动的形而上学区分，从而没有看到快乐现象的全面结构，把生成带来的偶性快乐当成了唯一的快乐，殊不知真正的本质快乐其实发生于更深层次的实现活动。

我们已经看到，亚里士多德在第一卷将幸福定义为灵魂的符合德性的实现活动，而第七卷对于快乐的分析则揭示出，当符合德性的实现活动不受阻碍地进行时，我们就能够感受到最高程度的本质快乐，而这就是属于幸福生活的快乐。因此，快乐不仅可以是善好，而且可以是至善："即便有些快乐是卑劣的，这也不妨碍至善(τἄριστόν)是某种快乐……如果每一种品质都有无碍的活动(ἐνέργειαι)，那么不管是所有的品质还是其中的某种品质的无碍活动构成了幸福，这种活动都是最值得追求的，而它就是快乐。"(NE 1153b7 - 12, cf. 1175a5 - 6, 20 - 21)以这种方式，第七卷关于快乐的讨论已经为第十卷对于哲学生活是最高幸福的证明做好了铺垫。①

第十卷对快乐的讨论同样始于对关于快乐的各种意见的分析(NE X.1 - 3)，亚里士多德再次批判了那种将快乐等同于生成的观点(NE X.3)，并且再次将快乐和实现活动紧密联系起来(NE X.4)。经由 NE VII.12 的澄清，亚里士多德在 NE X.3 - 4 已经不再强调偶性快乐和本质快乐的区别，而将论述的重点转为进一步分析本质快乐的形而上学属性。因此，若无特殊说明，我们在本节使用的快乐概念指的是本质快乐。

---

① 亚里士多德在第七卷将快乐等同于实现活动，在第十卷却提出"快乐跟随(ἕπεται)实现活动"、"快乐完成(τελειοῖ)每种实现活动"(NE 1175a5 - 6, 20 - 21)。我们认为，这两种不同的提法其实没有实质的伦理差异，因此我们不作细致分辨。关于第七卷和第十卷讨论快乐问题的不同视角，参见 G. Owen, "Aristotelian Pleasures", *Proceedings of the Aristotelian Society*, 72(1972)1, pp. 135 - 152；Broadie, *Ethics with Aristotle*, pp. 331 - 339。Owen 提出，亚里士多德在第七卷探讨的是"什么是享乐的对象"，而在第十卷探讨的是"什么是享乐"。Broadie 同意 Owen 的提法，但是她指出，享乐的对象和对于该对象的享乐是不可分的，二者其实是实现活动的不同层次。以观看为例，我们享受的对象是观看的活动，而我们的享受就是这一活动内在包含的对于自身愉悦性的反身性确认(reflective affirmation)。在这个意义上，第七卷和第十卷讨论快乐问题的真正差异并不在于论述的视角，而在于二者界定的快乐-实现活动的具体内容。我们很快会发现，第十卷提出了更加严格的实现活动概念，从而阐述了一种更加纯粹的快乐。

NE X. 3 延续了 NE VII. 12 的思路,将真正的快乐和生成划清界限,但是在用语上,NE X. 3 的讨论在继续使用"生成"的同时,又引入了"运动"(κίνησις),而且更为强调"目的性":"他们认为善是目的性的(τέλειόν),运动(κινήσεις)和生成是非目的性的(ἀτελεῖς),并且试图证明快乐是一种运动(κίνησιν)和生成"(NE 1173a29 – 31)。不仅如此,NE X. 3 还提出了全新的论证来说明快乐和运动的区别。亚里士多德指出,一切运动都是有快慢的,而快乐却没有快慢,"我们能够快速地变得快乐(ἡσθῆναι),正如我们能够快速地变得生气,但是我们不可能快速地享受快乐(ἥδεσθαι)"(NE 1173a34 – b1)。事实上,这个关于快慢的论证已经为 NE X. 4 的核心思想做好了铺垫:运动之所以有快慢,根本原因在于一切运动都具有一个外在于自身的目的,实现这个目的的过程有快有慢;快乐之所以没有快慢,根本原因在于它不具有任何外在目的,而是已经处于目的被实现的状态。在 NE VII. 12,快乐已经被等同于目的性的实现活动,但是显然并非所有(NE VII. 12 意义上的)实现活动都是没有快慢之分的,而这从根本上是因为并非所有(NE VII. 12 意义上的)实现活动都是目的完全在自身之中的。在上一节使用的例子中,无论是营养灵魂的免疫和消化功能,还是理性灵魂的理解和学习能力,其实现活动都既实现了某种内在目的(健全品质的无碍运作),又指向了某种外在于自身的目的(免疫功能的运作是为了恢复健康,消化功能的运作是为了实现饱足,学习能力的运作是为了获取知识),而我们实现这些外在目的的过程当然是有快慢之分的。相比之下,NE X. 3 提出快乐没有快慢,并强调这一现象说明了快乐的终极目的性,其实已经将快乐和 NE VII. 12 意义上的实现活动相分离,揭示了二者不同的形而上学性质,从而为 NE X. 4 探讨一种更为狭义的实现活动做好了准备。NE X. 4 对于快乐的分析在表面上仍然延续着生成运动和实现活动的区分,但是这一章所采用的实现活动概念已经和 NE VII. 12 的非常不同了。亚里士多德从视觉的例子出发展开讨论:

> 看(ὅρασις)似乎在任何时刻都是目的性的(τελεία),它不缺乏

(ἐνδεής)任何后续生成的部分来完善自身的形式(εἶδος)。快乐似乎也是如此，因为它是一个整体(ὅλον)，没有任何时刻的快乐需要更长时间的生成才能完善其形式(εἶδος)。(*NE* 1174a14 – 19)

此处亚里士多德用"看"的例子想要表达的显然是我们出于享受视觉能力本身而去"看"的情形，正如他在《形而上学》的开头所言："即便不考虑诸感官的用处，我们也喜爱它们本身，这又尤其以视觉感官为甚。"①在将快乐和视觉进行类比之后，亚里士多德紧接着提出，快乐不是运动，因为"所有运动都在时间之中(ἐν χρόνῳ)，并且朝向某个目的的(τέλους)，例如建造房子，唯有当它制作出它所追求的东西时它才是完善的(τελεία)，也就是说，只有在全部时间中或者在最后一刻它才是完善的。而在任何部分及其相应的时间中，运动都是不完善的(ἀτελεῖς)，它的部分与整体、各部分之间在形式上(εἴδει)是不同的"(*NE* 1174a19 – 23)。相比之下，"快乐的形式(εἶδος)在任何时候都是完善的(τέλειον)，因此快乐和运动显然是不同的。快乐是某种整体和完善的事物(ὅλων τι καὶ τελείων)，这一点也能够从以下事实看出：如果不在时间之中(μὴ ἐν χρόνῳ)，运动就是不可能的，但是快乐却可能，因为它在此刻就是一个整体(ἐν τῷ νῦν ὅλον τι)"(*NE* 1174b5 – 9)。显然，*NE* X. 4 对于快乐的目的性或完善性(τελεία)的理解完全瓦解了横向理路的前提，那就是部分和整体的区分：和享用自身的视觉一样，快乐的每个部分都是整体，它根本就不可分(cf. *NE* 1174b10 – 12)。② 虽然在上述引文中，亚里士多德并未使用实现活动这一概念来阐述快乐，但无论是 *NE* X. 3 对于快乐没有速度这一现象的强调，还是 *NE* X. 4 对于视觉和快乐的类比以及关于快乐在每一刻都是完善整体的论断，甚至包括 *NE* X. 3 – 4

---

① *Meta.* 980a22 – 24.

② 对比活动论证的末尾对于幸福的实现需要"完整人生"(βίῳ τελείῳ)的强调(*NE* 1098a18 – 20)。亚里士多德经常将"部分-整体"关系与"质料-形式(实体)"关系并举(cf. *Meta.* 1019a1 ff.)。此处，亚里士多德说快乐的形式没有整体和部分之别，实际上揭示了纯粹的实现活动概念对于形质论框架的突破。

倾向于使用"运动"而非"生成"的语言,都让我们很自然地联想到《形而上学》IX.6 区分运动和实现活动的著名段落:

> 目的(τέλος)在自身之中的活动是实践(πρᾶξις),例如,"正在看"和"已经看","正在知"和"已经知","正在思"和"已经思"是一同(ἅμα)成立的,但是"正在学习"和"已经学会","正在治疗"和"已经治好"却不是。"正在活得好"和"已经活得好","正在幸福"和"已经幸福"是一同(ἅμα)成立的……我们应该称一类事情为运动(κινήσεις),称另一类为实现活动(ἐνεργείας)。①

显然,NE X.4 的快乐概念完全符合这段引文对于实现活动的要求。相比之下,NE VII.12 的快乐概念却无法满足这一要求。建造房子的活动按照 NE VII.12 的标准应该算作实现活动,而非生成,因为它不是能力的回复或完善过程,而是对于能力的使用,它所在的形而上学层次对应于《论灵魂》II.5 的知者丙。在《物理学》III.3,亚里士多德特别指出,虽然运动的推动者和被推动者分享了同一个现实(ἐνέργεια),但是只有被推动者才经历了运动,推动者所进行的是实现活动。② 正因为如此,"喜欢建筑术的"(φιλοικοδόμος)匠师才可能享受造房子的快乐(NE 1175a34 – 35),而且按照 NE VII.12 的区分,这种快乐应该是一种本质快乐,而非偶性快乐。③ 然而,在 NE X.4,亚里士多德主张快乐不仅是"自然品质的不受阻碍的实现活动",而且进‧

---

① *Meta.* 1048b22 – 28.

② *Phys.* 202a13 – 21; cf. *DA* 417a17 – 18, b8 – 9.

③ Cf. D. Bostock, "Pleasure and Activity in Aristotle's Ethics", *Phronesis*, 33(1988)3, pp.251 – 272; Broadie, *Ethics with Aristotle*, pp.344 – 345. Bostock 错误地认为造房子的快乐是偶性快乐,这是他将第十卷过于严格的快乐标准投射到第七卷所造成的。Broadie 提出,当建筑师的目的在于造房子的活动本身,而不在于房子,这时候造房子对他而言就是一种严格意义上的实现活动。然而,亚里士多德应该不会同意这种观点。在他看来,喜欢建筑术的匠师所享受的是"运用他的技艺造出房子",而不仅仅是"运用他的技艺",因为技艺制作的目的必然在自身之外。在亚里士多德的世界中,"完全为了造房子而造房子"只能是一种反常的人性现象,源自于对技艺制作之性质的根本误解。

步认为只有目的完全在自身之中的实现活动才能满足快乐具有的"形式在每一刻都完善"的形而上学要求。由此可见，在 *NE* VII.12 和 *NE* X.4，亚里士多德采用了两套区分生成运动和实现活动的标准：*NE* VII.12 采用的标准取自《论灵魂》II.5，认为实现活动区别于生成运动的标志在于它不涉及对立面的转化和毁灭，而是现实对于潜在的保存和成全；*NE* X.4 采用的标准则取自《形而上学》IX.6，认为实现活动区别于生成运动的标志在于它没有任何外在的目的，其形式在每个时刻都是完善的整体。①

我们已经看到，亚里士多德在《形而上学》IX.6 将目的完全在自身之中的实现活动界定为严格意义上的实践（πρᾶξις），而在《政治学》VII.3，他更是明确地提出："实践生活（πρακτικόν）并不必然和他人相关，像某些人认为的那样，也并非只有那些着眼于行动之后果的思考才是实践的；事实上，那些以自身为目的（αὐτοτελεῖς）且为自身之故（αὑτῶν ἕνεκεν）而从事的沉思和思考才是更加实践的。"②《形而上学》IX.6 和《政治学》VII.3 对于实践概念的界定将实践与制作之分推到了极端，按照这一界定，只有视觉或者沉思这类活动才构成了严格意义上的实践性目的，而一切伦理、道德、政治行动和技艺活动一样，都只能算作与自身的目的相分离的制作活动。由此可见，*NE* VII.11 - 14 和 *NE* X.1 - 5 关于快乐的论述的理论意义就在于将实现活动的意涵逐步狭义化，以至最终符合一种全新的、甚至完全非伦理的实践概念，因为唯有以这种实践概念为基础，亚里士多德才能在 *NE* X.6 - 8 成功论证哲学沉思是实践生活的至善。③

---

① 参阅附录一；另比较 Burnyeat，"Kinesis vs. Energeia：A Much-Read Passage in［but Not of］Aristotle's Metaphysics"，*Oxford Studies in Ancient Philosophy*，34（2008），pp. 219 - 292。Burnyeat 仅仅基于 1174a14 - b14 没有提及ἐνέργεια这个词便否认该段落和《形而上学》IX.6 的关系，我们不同意这样的解释原则。

② *Pol*. 1325b16 - 21.

③ 伽达默尔从另一个角度指出，"实践自身是全包容（all-inclusive）的人类特征，因此，即便是理论活动也必须被理解为是一种最高的实践"（H.-G. Gadamer，*The Idea of the Good in Platonic-Aristotelian Philosophy*，trans. P. Smith，Yale University Press，1986，p.175）。

在正式论证哲学幸福才是最高的幸福之前,亚里士多德首先回顾了第一卷对于幸福的各项规定:幸福不是品质,而是活动;幸福以自身为目的,不以他物为目的;幸福是自足而无所缺乏的(*NE* 1176a33 - b6)。接着,他特别重申了"以自身为目的"这一规定:"那些就自身而言值得追求的事物,除了实现活动之外,我们从不从中追求任何结果。符合德性的实践似乎就是如此,因为高贵而严肃的实践自身就是值得追求的。"(*NE* 1176b6 - 9)在 *NE* X. 6 的余下部分,亚里士多德转而驳斥了那种认为消遣娱乐是至善的错误观点,这种观点的产生正是由于人们错误地认为消遣娱乐是一种以自身为目的的活动(*NE* 1176b9 - 10)。亚里士多德指出,消遣娱乐其实是为了提供休息、恢复精力,从而让我们能够更好地从事那些严肃的实践活动,因此,它实际上是一种手段性的活动(*NE* 1176b33 - 35)。从 *NE* X. 6 开头的回顾和接下来的讨论可以看出,经由 *NE* VII. 11 - 14 和 *NE* X. 1 - 5 的准备,第十卷对于幸福的探究看似以第一卷对于幸福的规定为前提,实际上已经完全采用了基于手段和目标的链条、寻找终极目的的纵向理路,而完全放弃了在第一卷的论述中占据主导地位的建构整全生活视野的横向理路。① 这一点在 *NE* X. 7 - 8 关于哲学幸福高于政治幸福的论述中体现得更加明显,因为亚里士多德给出的篇幅最长并且居于中心地位的一则论证,正是以"目的在自身之中"为至善的标准②:

---

① 如果横向理路也在考虑范围之内,那么消遣娱乐是至善的错误观点是不可能产生的(cf. *NE* 1176b10 - 11)。

② *NE* X. 7 关于哲学沉思是最高幸福的论述可以分为两个部分:亚里士多德首先给出了五个理由,然后以大致相反的顺序重述了这些理由。整个论证的结构如下:哲学沉思是最好的(*NE* 1177a19 - 21),是最连续的(*NE* 1177a21 - 22),是最快乐的(*NE* 1177a22 - 27),是最自足的(*NE* 1177a27 - b1),是唯一目的完全在自身之中的(*NE* 1177b1 - 15,16 - 20),有专属于自身的快乐(*NE* 1177b20 - 21),是自足、有闲暇、不劳累的(*NE* 1177b21 - 22),至善者具备的其他所有属性都与这种活动有关(*NE* 1177b22 - 24);而在上述结构中,最后一个被提出(*NE* 1177b1 - 15)和第一个被重述(*NE* 1177b16 - 20)的理由是"哲学沉思是唯一完全以自身为目的的实现活动"。因此,这个理由处于整个论证的中心位置。此外,也只有在对这个理由的阐述中,亚里士多德才明确对比了哲学活动和政治活动。Cf. J. Cooper, *Reason and Emotion*, Princeton University Press, 1998, pp. 222 - 224; Broadie, *Ethics with Aristotle*, p. 421.

只有这种活动才是因自身之故（δι' αὐτήν）而被爱的，因为它除了沉思之外（παρὰ τὸ θεωρῆσαι）不产生任何东西，而我们从实践行动中总是或多或少地寻求行动之外（παρὰ τὴν πρᾶξιν）的东西。而且幸福似乎在于闲暇，因为我们忙碌是为了获得闲暇，作战是为了获得和平。实践德性（πρακτικῶν ἀρετῶν）的实现活动展现于政治和军事行动，而人们认为这些活动是没有闲暇的。军事行动是完全没有闲暇的……政治家的行动也是如此，它在自身之外还追求统治权力和荣誉，至少追求政治家自己和公民的幸福，而这是异于（ἑτέραν）政治行动的，我们也显然将它作为异于（ἑτέραν）政治行动的东西来追求。（NE 1177b1－15）

这段引文对于军事和政治行动的提及，以及对战争与和平、忙碌与闲暇的比较，将我们带回 NE I.1 对于目的结构和生活秩序的分析。彼处的例子止于军事行动，而且更加强调整体目的对于局部目的的统合（骑术统合各种马具制作术，战术统合各种军事行动），正是沿着这一理路，亚里士多德在 NE I.2 提出政治是全面安排属人之善的能力。而在 NE X.7 新的理路中，我们似乎可以用手段和目标的关系将 NE I.1－2 的生活秩序补全：马具制作术生产的马具是为了服务于骑术，骑术的活动是为了服务于战术，战术取得的胜利是为了和平，而在和平的生活中，忙碌的政治行动最终是为了闲暇的哲学沉思（cf. NE 1145a9），只有在哲学沉思中，人类的终极目的才得以真正实现。在这个意义上，唯有哲学幸福才是"完美（τελεία）的幸福"（NE 1177b24－25）。① 在第一卷（特别是 NE I.7 的前半章）对于幸福的形式规定中，

---

① 进一步讲，如果从第十卷的视角反观《尼各马可伦理学》对于实践德性的论述，我们就能更清楚地看到，实践德性之所以能够在幸福生活中占据一席之地，也正是因为它在指向外在的目的同时也具有"以自身为目的"的维度。在 NE II.4 对于德性实践的规定中，最核心的要点就是道德主体"必须为其自身之故（δι' αὐτά）而选择它"（NE 1105a32, 1144a19－20）。比较 Sherman, *The Fabric of Character*, pp. 113－117, Sherman 正确地指出，坏人的道德行动不可能完全以自身为目的，内在目的性是区分道德善恶的最终指标。然而，如果说政治生活毕竟接受了"以自身为目的"这个源自于哲学生 （转下页）

"以自身为目的"的终极性只是其中的一项规定,另一项规定是自足性。第十卷对于哲学幸福的阐述将终极性的规定推到了极端,同时也重新阐释了自足性。*NE* I.7 特别强调自足"指的不是一个孤独的人过孤独的生活",而是一种与亲人、朋友、同城公民共同实现的政治性的自足,因为"人就自然而言是政治性的"(*NE* 1097b6 - 11)。而在 *NE* X.7,亚里士多德却说:"所谓自足性(αὐτάρκεια)在最高的程度上属于沉思生活,这是因为,虽然有智慧的人和正义者以及其他所有人一样需要生活必需品,但是在这类事物供应充足的前提下,正义者还需要对别人、同别人一起来做正义的事,节制者、勇敢者和具有其他实践德性的人也一样,而有智慧的人却仅凭自己(καθ' αὑτόν)就能够沉思,他越是有智慧就越是如此。有同道(συνεργούς)或许是更好的,但是无论如何,他是最自足的。"(*NE* 1177a27 - b1)哲学沉思在实现生活终极目的的同时,也造就了一种异常孤独的自足生活,这种生活似乎要求人在向神性靠近的过程中摆脱人与人的政治关联,甚至将实现这种摆脱的程度与智慧的水平直接相关联。① 然而,上述引文的末尾却为哲学家的政治本性留下了余地:有同道一起过哲学生活是更好的。② 如果我们严肃对待这句简单的结语,那就应该认为,亚里士多德心目中最好的生活既不是局限于实践的政治生活,也不是孤独的哲学

(接上页)活的终极善之标准的渗透从而成为幸福的重要维度的话,那么前者也就不可能完全"沦为"后者的手段。参见伯格:《尼各马可伦理学义疏》,第 310 页:"幸福的头衔被赋予了沉思,因为它是唯一不因他物之故而被选择的事物,*而不是因为所有其他事物都因它之故而被选择*。"(斜体系笔者所加)从另一个角度看,完全以自身为目的的哲学生活恰恰因此而不具备培育和维持自身的能力,从而在根本上仰赖于良好的政治实践所创造的内在和外在条件。关于政治和哲学的关系,亚里士多德在第六卷的末尾给出了更加复杂和微妙的论述,见第三章第六节的讨论。

① 哲学家为获得生活必需品而与他人发生的关联是低于政治的;而且,相比于实践德性的需要来说,哲学家为完成其本质活动所需要的生活必需品也是最少的(*NE* 1178a23 ff. ,1178b33 ff.)。

② 我们译为"同道"的词συνεργούς的字面含义是"共同(συν-)执行活动(ἔργον)的人",这正是亚里士多德所理解的"朋友"。在伦理德性的领域中,在个人卓越方面达到最高自足性的是大度,而在描画大度者的时候,亚里士多德同样为友爱留有余地:"他无法围绕他人生活,除非是他的朋友"(*NE* 1124b31 - 5a1)。

生活,而是一种共同爱智和沉思的友爱,这种友爱也是政治幸福和哲学幸福的完美结合。我们将在本书的最后一章论证,亚里士多德在第八、九卷关于这种至高友爱的论述才是《尼各马可伦理学》全书的真正高潮。

1.5　政治与哲学：人性的内在张力

在 *NE* X. 7 论证了哲学沉思才是人类的最高幸福之后,亚里士多德在 *NE* X. 8 回到了政治幸福,称之为"次要的幸福"(*NE* 1178a9)。政治的德性"属于我们的复合本性(σύνθετον),而复合本性的德性是人的德性(ἀνθρωπικαί),符合这种德性的生活和幸福也是如此;但理智的德性是分离的(κεχωρισμένη)"(*NE* 1178a20 – 22)。这句简短而富含深意的话揭示了政治和哲学的根本区别:所谓复合本性的德性,就是人之为人的政治德性;所谓分离理智的德性,就是哲学沉思的德性,它是一种居于人性内部却又超越复合人性的单纯的神性。正如阿德金斯(A. Adkins)准确指出的,亚里士多德一方面将灵魂理解为身体的形式,将人理解为灵魂和身体的形质复合物,另一方面又提出让沉思得以可能的、灵魂中最高的主动理智是一种可以与身体相分离的不朽实体,这一灵魂论张力与《尼各马可伦理学》的幸福论张力密切相关。[①] 本章对于亚里士多德同时持有的两种幸福观念及其背后各自的理路的比较分析旨在表明,选择作为实践理性和欲望的互动是人类灵魂作为一种实体形式的枢纽,而哲学沉思是人类所能企及的最高的实现活动。内在于亚氏幸福论的实践和沉思、政治和哲学的人性张力,以最尖锐的方式暴露了其哲学体系中"形式-质料"学说和"现实-潜

---

① 关于"复合本性",见 *NE* 1177b28 – 29,1178a19 – 21;关于"单纯本性",见 *NE* 1154b20 – 31;关于理智(νοῦς),我们将在第三章第五节指出,亚里士多德将理智区分为理论理智和实践理智,后者是实践智慧的一种表现,而他在第十卷中反复提到的从事哲学沉思的理智是理论理智。相关讨论,参考 A. Adkins, "Theoria versus Praxis in the Nicomachean Ethics and the Republic", *Classical Philology*, 73(1978)4, pp. 307 – 308; cf. Cooper, *Reason and Human Good in Aristotle*, pp. 168 – 177; Hardie, *Aristotle's Ethical Theory*, pp. 71 – 83,345 – 355; Jaffa, *Thomism and Aristotelianism*, pp. 148 – 150。

在"学说之间的结构性张力。

我们看到,在《尼各马可伦理学》的整体架构中,正是对于快乐的讨论将政治和哲学这两种人类可能性联结在一起。在亚里士多德看来,政治是人类区别于神和野兽的生活方式,而他对于快乐讨论则从两个方向离开了纯粹属人的领域,展了人性所隶属的更加广阔的自然秩序。在 *NE* II.3 关于德性和快乐之关系的初步探讨中,亚里士多德区分了三种值得追求的事物:快乐、高贵、善好,随即指出:"快乐伴随所有值得追求的事物,因为高贵和善好也显得是快乐的"(*NE* 1104b30 – 5a1)①;而在 *NE* III.10 分析节制的时候,亚里士多德将快乐分为身体的快乐、荣誉的快乐、学习的快乐(*NE* 1117b28 – 29)。我们认为,以上两组区分大体上对应于 *NE* I.5 提到的三种生活方式:感官的生活、政治的生活、沉思的生活。② 虽然从横向视野的角度看来,追求荣誉和高贵(二者应该是实践德性的表征和目的)的政治生活为人性提供了最为整全的安排,但是在纵向秩序的意义上,其实是快乐与善好的关联为人性展开了囊括所有生活层次的自然谱系,因为正是快乐在善好秩序中的不断升华使得人从兽性的感官生活上升到人性的政治生活,又从人性的政治生活上升到神性的哲学生活。③ 亚里士多德在 *NE* I.2 说实现一个城邦的善要比实现一个人的善"更神圣"(θειότερον,*NE* 1094b10),而发人深思的是,他恰恰在思考人类与野兽都追求快乐这一事实的时候,才提及存在于一切自然中的神性:"所有的野兽和人类都追求快乐,这一事实确实说明快乐在某种意义上就是至善……因为一切事物就自然而言都包含了某种神性(θεῖον)"

---

① 亚里士多德在 *NE* 1104b30 – 5a1 提出的三种值得追求的事物是快乐、高贵和"用处"(τὸ συμφέρον),但是正如 Cooper 正确地指出的,这里所谓的"用处"其实就等同于"善好",见 Cooper, *Reason and Emotion*, pp. 265 – 266。

② Broadie 认为,亚里士多德对生活方式的区分基于不同生活所追求的"中心善",也就是"让生活中所有其他善变得有意义的善",这种善是"幸福生活的实质形式"(substantial from of the happy life)。参见 Broadie, *Ethics with Aristotle*, pp. 26 – 28。

③ D. Schaefer, "Wisdom & Morality: Aristotle's Account of Akrasia", *Polity*, 21(1988) 2, p.245. Schaefer 准确地观察到《尼各马可伦理学》关于从感官快乐到沉思快乐的连续上升的论述与《会饮》的"爱的阶梯"是异曲同工的。

（*NE* 1153b25 - 32）；"或许，即便在低等动物中也存在某种比它们自身更强大（κρεῖττον）的自然之善（φυσικὸν ἀγαθόν）追求着专属于它们的善（τοῦ οἰκείου ἀγαθοῦ）。"（*NE* 1173a4 - 5）这两句话表明，每一个自然实体要想追求属于自身的善，就必须依靠比自身更强大的自然之善，而这种自然之善恰恰就栖居于每一个自然实体自身之中，是它内在包含的神性。① 在这个意义上，"自然"不仅是实体的内在本原，而且是一种不断抵达和超越实体最高边界的本原。这一点对于"人的自然"同样适用，甚至尤其适用：理智就是人类身上的神性，沉思就是神的实现活动（ἡ τοῦ θεοῦ ἐνέργεια），这种活动比人更强大（κρείττων），以至于"我们能够过这种生活并非就我们是人而言，而是就我们自身具备某种神性（θεῖόν τι ἐν αὐτῷ ὑπάρχει）而言……我们不应该听从某些人的建议，说我们既然是人，就应该只想人的事情；既然是有朽者，就应该只想有朽者的事情，而是应该尽可能地追求不朽，用尽全力按照我们身上最好的部分来生活，这个部分虽然很小，但是其力量和荣耀远胜过其他的一切。而且这个部分似乎就是每个人自身，如果它是人身上权威性的和更好的（κύριον καὶ ἄμεινον）部分的话"（*NE* 1177a12 - 18，1177b26 - 8a8，1178b20 - 23）。②

在 *NE* VI. 2，亚里士多德说实践理性和欲望互动所产生的选择是实践的本原，"这样的一种本原就是人"；而在 *NE* X. 7，他又说从事哲

---

① 伯格：《尼各马可伦理学义疏》，第 242 页："神性在跨越所有动物的对快乐的追求中显示自身，即使或恰恰因为每种其他快乐来源都以某种方式仿效但缺乏在 *theōria* 的 *energeia* 中才有的快乐的最纯粹形式"。关于万物对于神性的模仿，见 Burnyeat 更为充分的概括："在亚里士多德的宇宙中，所有的自然都模仿神。神是作为目的因而充当万物的第一推动者的。从最基本的物质元素（土、气、火、水）开始，它们永不止息的相互转化就是它们在对于永恒第一因的模仿中保持稳定的方式。接着是植物、动物这些生命体的恒常的繁衍生息。最终，正因为神的沉思生活是宇宙中最好的、最快乐的存在方式，所以对于我们人类来说认知活动也是最快乐的，这不仅包括理智沉思，还包括觉醒、感知、期待和回忆等神不具备的状态"（M. Burnyeat, *Aristotle's Divine Intellect*, Marquette University Press, 2008, p. 42）。另比较 Broadie, *Ethics with Aristotle*, pp. 404 - 405。

② 亚里士多德在 *NE* 1178a3 说从事哲学沉思的理智是灵魂"权威性的"（κύριον）部分；而在 *NE* 1094a26 - 27，他曾提出政治是"最具权威（κυριωτάτης）的"人类活动。Cf. Cooper, *Reason and Human Good in Aristotle*, pp. 174 - 175.

学沉思的理智作为人身上的神性才是"每个人自身"。那么,人的本质究竟体现为实践的选择,还是体现为沉思的理智? 选择所展开的整体生活图景是人作为政治动物的生活形式(εἶδος),而哲学沉思作为神性理智的运作则是人所能从事的最高的实现活动(ἐνέργεια),前者是人的复合本性,是人身上形式和质料、灵魂和身体、理性和欲望的结合,而后者是人的单纯本性,是超越形质、身心、理欲之结合的分离理智。在亚里士多德看来,人性既是复合的又是单纯的,这就意味着人性既是政治的又是哲学的,这两方面缺一不可。在这个意义上,《尼各马可伦理学》第一卷和第十卷之间的幸福论张力,以及背后的人性论张力和更深层的形质论张力,与其说暴露了亚里士多德哲学体系的内在矛盾,不如说揭示了人性自身,乃至于存在本身的某种内在矛盾。①

在这个意义上,《尼各马可伦理学》的主体部分对于人类德性的系统论述就是对于人性内部张力的全面呈现。基于人类灵魂的自然结构,亚里士多德在 NE I.13 的末尾将属人的德性分为两大类:"一些德性是理智的(διανοητικάς),另一些是伦理的(ἠθικάς)",前者包括哲学智慧(σοφία)和实践智慧(φρόνησις),是人类理性的德性;后者包括勇敢、节制、大度、正义等,是人类欲望的德性(NE 1103a3 - 7, cf. 1097b34 - 8a5,1102b28 - 3a3)。NE II-VI 是对于全部人类德性的系统论述,其中,NE II-V 阐述了伦理德性的本质和各种具体的伦理德性,NE VI 阐述了实践智慧和哲学智慧的本质和复杂关系。可以说,NE II-VI 构成了一个完整的论述,甚至 NE VI 的末尾也已经论及哲学智慧何以高于实践智慧。然而,总体来说,NE II-VI 论述的重心是实践的政治生活,而非沉思的哲学生活;NE VI 对于哲学智慧的论述

---

① 在这个意义上,亚里士多德的哲学并不缺乏悲剧气质,其学说内部的结构性张力是古希腊文明独有的悲剧洞察力在哲学领域的展现。在他们研究《安提戈涅》的专著中,Oudemans 和 Lardinois 准确概括了古希腊宇宙论的特征:"在希腊人眼中,宇宙不仅是被明确区分开来的不同实体所构成的秩序,而且是不同力量相互冲突的战场。每一个实体都既有其界限,也有超越其界限的能力"。参见 C. Oudemans and A. Lardinois, *Tragic Ambiguity*: *Anthropology*, *Philosophy and Sophocles' Antigone*, Brill, 1987, p.86;比较 Nussbaum, *The Fragility of Goodness*, pp. 1 - 21。

其实浅尝辄止，在很大程度上只是为了凸显实践智慧独特的运作方式。在这个意义上，*NE* VII 开启了一个新的开端。*NE* VII-X 不仅通过两次关于快乐的讨论，而且通过严格区分自制和节制并强调节制所实现的欲望和理性的完全融合，以及通过系统论述以哲学友爱为顶峰的友爱谱系，逐步引导我们从政治幸福上升到哲学幸福。当然，*NE* I-VI 和 *NE* VII-X 也并非完全割裂、相互独立的两个部分，而是共同构成了一整套规模宏大并且尽可能循序渐进的伦理学论证。在本书接下来的章节中，我们将详尽分析《尼各马可伦理学》的各部分如何完成从政治到哲学、从实践到沉思的运动，深入揭示亚里士多德哲学的内部张力如何展现于这一运动的各个环节，并最终阐述哲学友爱何以是这一复杂运动的最高点。

二、 伦理德性

2.1 伦理德性的本质

在接下来的两章中,我们将分别解读亚里士多德关于伦理德性和实践智慧的论述。首先需要指出的是,亚氏主张实践智慧和伦理德性是相互依存的:"如果没有实践智慧,我们就不可能在严格的意义上是好人,而如果没有伦理德性,我们也不可能有实践智慧"(*NE* 1144b30 - 32)。在亚氏看来,伦理德性并非只是条件反射式的良好欲望,其定义已经包含了实践智慧,正是实践智慧规定了伦理德性所要实现的中道(*NE* 1106b36 - 7a2)。另一方面,实践智慧是实践理性的德性,这种理性的实践性体现为它指向了某种异于自身的目的(*NE* 1139a36),唯有在该目的为善的前提下,它的运转才可能符合实践智慧,否则就只是单纯的"聪明"甚至邪恶的"狡诈",而使得目的朝向善好的德性是属于人类欲望的伦理德性(*NE* 1144a23 - 27)。因此,伦理德性和实践智慧其实是一体两面的关系,二者共同决定了实践生活之善:"显然,若缺乏实践智慧或伦理德性的任何一方,选择都不可能是正确的,因为伦理德性决定了目的,而实践智慧让我们做'实现目的之事'。"(*NE* 1145a4 - 6, cf. 1178a16 - 19)①
NE I.7 的活动论证将人类的本质活动界定为由实践理性和欲望的互动所构成的政治实践的生活,而亚里士多德对于伦理德性和实践

---

① 亚里士多德笔下的"实现目的之事"指的不仅是手段,对这个表述的详尽分析,见本章下文的讨论。

智慧的统一性的强调,意味着这两种德性其实是同样的人类实践本性的不同侧面的完善：伦理德性是欲望的完善状态,实践智慧是实践理性的完善状态,二者共同构成了人类的"实践德性"(practical virtue)。[①]

在 *NE* I. 7 的活动论证中,亚里士多德就灵魂的结构和相应的生活进行了区分。他首先指出,营养和生长是人、动物、植物共同分享的生活,而感官是人和动物共同分享的生活,因此,人类特有的生活是"灵魂的有理性部分的某种实践活动,它的一部分在服从理性的意义上具有理性,另一部分在拥有理性并且从事思考的意义上具有理性"(*NE* 1097b34 - 8a5)。在 *NE* I.13,亚里士多德几乎原封不动地重述了这一区分。他同样排除了营养和生成的生活,因为"这方面的德性显然是某种所有生命共有的东西(κοινή),而非单独属人的"(*NE* 1102b2 - 3),继而提出："灵魂的非理性部分(ἄλογον)似乎也是双重的,其中,植物性的部分丝毫不分享理性,而欲求以及整体而言的欲望部分(ἐπιθυμητικὸν καὶ ὅλως ὀρεκτικόν)则在某种意义上分参理性,也就是在它能够听从并且服从理性的意义上。"(*NE* 1102b28 - 31)最后,亚里士多德总结道："如果我们必须认为欲望部分也是具有理性的,那么灵魂具有理性的部分就是双重的,其中一部分在严格的意义上并且在自身之中(κυρίως καὶ ἐν αὑτῷ)具有理性,另一部分则在能够听从理性的意义上具有理性,就像孩子听从父亲那样。"(*NE* 1103a1 - 3)

虽然 *NE* I.7 和 *NE* I.13 关于灵魂结构和属人生活的分析得出了相同的结论,但是在具体的论述中,两处分析存在不小的差异。我们在上一章中指出,从第一卷的整体语境来看,*NE* I.7 得出的人

---

① 我们在第一章第四节已经谈到,为了论证哲学沉思是最高的幸福,亚里士多德最终将"实践"严格界定为目的完全在自身之中的活动(*Meta*. 1048b22 - 28; *Pol*. 1325b16 - 21)。由于这种实践观念是极为反直观的,若无特殊说明,我们将在更加日常的意义上使用"实践"一词,用以指称伦理、道德、政治的活动。此外,我们将使用"做事"或者"行为"等词汇来表达将技艺制作也包括在内的更加宽泛的人类活动。关于伦理德性和实践智慧的统一性,参见 Jaffa, *Thomism and Aristotelianism*, pp. 93 - 98。

类本质活动主要是政治实践,但是"活动论证"的用语其实已经带有明显的理智化倾向,这体现为亚里士多德将人类欲望直接表述为"在服从理性的意义上具有理性"的灵魂部分,而完全没有提及欲望的非理性特征。相比之下,NE I.13 则首先将欲望划分给灵魂的非理性部分,并且在说明了欲望分享理性的方式之后,仍然强调它并非在严格的意义上具有理性。此外,亚里士多德将欲望听从理性的方式类比于孩子听从父亲,这也就指明了理性是一种外在于欲望的规范。① 此外,NE I.7 的理智化倾向还体现为:亚里士多德明确将人和动物分享的感官生活排除在人类本质活动之外,理由是"活动论证"探讨的是"人类特有"的生活。然而,鉴于亚里士多德对神的理解,理性生活同样无法满足"人类特有"的要求。我们已经指出,在亚氏看来,人同时分享了动物的纯粹感官生活和神的纯粹理性生活,这意味着人性内在包含兽性和神性的因素。在对人类本质活动的探讨中,NE I.7 强调人性与兽性的区分、默认人性与神性的交集,实际上已经隐约指向了 NE X.7 - 8 将哲学沉思确立为至善的结论(cf. NE 1178b24 - 25)。② 相比之下,NE I.13 的主要任务是从第一卷对幸福的探讨过渡到第二卷对伦理德性之本质的论述和第三至五卷对伦理德性之条目的分析,因此,亚里士多德在继续说明人类实践的理性特征的同时,也开始界定伦理德性所属的人类欲望活动。这集中体现为 NE I.13 的讨论只将所有生物共享的营养和生长排除在属人的生活之外,并且是从不自制者的灵魂中理性和"理性之外的某物"(τι παρὰ τὸν λόγον)相互冲突这一现象出发提出灵魂的欲望部分的(NE 1102b14 - 25)。在第七卷关于不自制的专题讨论中,亚里士多德指出,这种现象在严格的意义上只关涉饮食与性爱这类触觉的快乐,而这种快乐恰恰为人和野兽所共享(NE

---

① 严格说来,这只适用于欲望中的欲求。我们很快就会讨论亚里士多德对欲望的分类;不同种类的欲望和实践理性之间的关系是不同的。Cf. Cooper, *Reason and Emotion*, p.119, n. 2.

② Cf. R. Kraut, "The Peculiar Function of Human Beings", *Canadian Journal of Philosophy*, 9(1979)3, pp. 467 - 478.

1148a4 – 11, cf. 1118b1 – 3)。

当然,这并不是说伦理德性所属的欲望活动是人类实践中纯粹兽性的部分。人类欲望和动物欲望虽然处在同样的灵魂层次并且具有相似的感官基础,但是前者毕竟是在"服从理性的意义上具有理性"的。我们已经谈到,欲望是人性和兽性的交集,而理性是人性和神性的交集。选择,作为欲望和理性互动的产物,才是界定人之为人的独特能力。亚里士多德在伦理学中关注的是属人的欲望,也就是出于选择的实践性欲望。伦理德性就是属于这种欲望的德性。

在 NE II.5 – 6,亚里士多德探讨了伦理德性的本质,将伦理德性定义为"一种有关选择的品质(ἕξις προαιρετική),存在于相对于我们的中道(μεσότητι),这种中道由理性(λόγῳ)来规定,这种理性是有实践智慧的人(φρόνιμος)用以规定中道的理性"(NE 1106b36 – 7a2)。这个定义包含三个关键的要素:"有关选择的品质","中道","实践智慧"。这三个要素环环相扣,逐步揭示了伦理德性的本质:首先,"有关选择的品质"界定了伦理德性是人类灵魂中的哪一类事物;其次,"中道"说明了伦理德性是什么样的灵魂品质;最后,"实践智慧"揭示了伦理德性实现实践之善的理性标准。下面,让我们分别讨论这三个要素。

在定义伦理德性的时候,亚里士多德采用了"属加种差"的定义方法。上文提到,选择性品质规定了伦理德性是哪一类事物,也就是说规定了伦理德性的"属"。严格说来,"选择性"这个限定也是一种"种差",因而,伦理德性的"属"就是品质。在 NE II.5 的开头,亚里士多德提出,人类"灵魂中存在三种事物:感受、能力、品质(πάθη δυνάμεις ἕξεις),德性必定是其中之一"(NE 1105b20 – 21)。所谓感受,指的是一切伴随快乐和痛苦的情绪、情感和激情;所谓能力,指的是让我们能够经历上述感受的灵魂官能;所谓品质,指的是让我们能够以或好或坏的方式经历上述感受的灵魂官能之状态(NE

1105b21 - 28)。① 在形而上学的层面,感受和能力的区分对应于现实和潜能的区分:我们所经历的感受就是感受能力作为一种潜能的实现活动。严格说来,这种实现活动是 *NE* I.7 和 *NE* I.13 所界定的人类欲望活动,而且只是这种活动的其中一个方面。欲望活动既包括发生在灵魂内部的被动感受(πάθος),也包括发生在灵魂外部的主动行动(πρᾶξις)。② 感受和行动是实践生活的两个基本方面,二者的道德状态是相互呼应的,而伦理德性同时构成了这两个方面的完善(e. g. *NE* 1106b16 - 25),例如:恰当的享乐感受和恰当的取乐行动共同构成了节制的欲望活动。既然如此,为什么亚里士多德在定义伦理德性的时候只从感受这一个方面出发来界定这种德性的种属? 一个明显的答案是:既然德性是灵魂的某种品质,那么对此的探讨需要从灵魂内部的事物出发来进行界定。但我们认为,除上述考虑之外,亚氏的选择还遵守贯穿 *NE* II-V 的从感受到行动、从欲望到理性、从个人到城邦的整体论述趋向。整个第二卷的讨论都侧重被动的感受,而 *NE* III.1 则集中处理了自愿和不自愿的问题,也就是道德行动的主动性问题。*NE* III.2 - 4 更是逐个分析了选择、希望、思虑这些与行动相关的理性要素。而始于 *NE* III.6 的对于具体伦理德性的分析,也是从勇敢和节制这两个与最基本的人类欲望相关的德性出发,经过与财富和荣誉相关的诸伦理德性(其中尤其重要的是大度),最终进展到正义

---

① 关于感受、能力、品质这三者的递进关系,参见 Joachim, *Aristotle*, *The Nicomachean Ethics*, p. 82。Joachim 准确地指出,感受、能力、品质的次序基于"事物自身的存在参与其限定的程度";感受在很大程度上是主体被动遭受的事件,能力虽然属于主体自身但是尚未实现其被塑造为德性或缺陷的可能性,品质则是能够揭示出主体自身之所是的稳固状态。这样看来,感受、能力、品质的递进其实揭示了道德主体逐渐"成型"的逻辑步骤,而伦理德性作为良好品质就是道德主体的"形式"。另见 Salkever, *Finding the Mean*, pp. 79 - 80。Salkever 认为,英语中最接近亚里士多德的 ἕξεις 概念的词是 personality,也就是"定义某人,将他或她与其他人区分开来的性质"。我们将在第五章第四节论述德性在什么意义上构成了一个人的本质,另见附录一。

② 希腊语 πάθη 源自动词 πάσχω,其原意就是"被动遭受、接受外界的影响",和意指"主动作为、对外界施加影响"的动词 πράττω 相对。不过,在《尼各马可伦理学》中,πρᾶξις 既可以指广义的"实践"(既包括被动感受也包括主动作为),又可以指狭义的"行动"(只包括主动作为),我们将根据语境进行翻译。

这个跟城邦法律和外在善分配息息相关的政治德性。①

如果感受和能力的区分对应于现实和潜能的区分，那么能力和品质的区分就对应于单纯潜能和卓越潜能的区分。如果某个实体借以履行其本质活动的潜能处于卓越的状态，那么该潜能就是该实体的卓越品质，而这种卓越品质就是这种实体的德性。换句话说，作为德性的品质就是能力的"完善"（τελείωσις）。② 根据亚里士多德的形质论，实体的生成是质料获得形式的过程，而我们认为，这种形质生成论可以延伸至实体的进一步完善：实体德性的生成也是一个质料获得形式的过程，只不过这里的质料指的是实体的诸本质能力，而形式指的是作为这些能力之完善状态的德性。③ 然而，对于人而言，上述两个过程（实体的生成和实体德性的生成）并非两个不同的阶段，而是同一个过程的两个方面。这是因为，人作为一种自然实体的本质体现为实践理性和欲望的互动，也就是选择；人的本质活动是实践，而"选择是实践的本原……这样的一种本原就是人"（NE 1139a31 - b5）。亚里士多德说单纯的感受和能力是无所谓好坏、不涉及赞扬和谴责的（NE 1105b28 - 6a2，1106a6 - 9），这从根本上是因为这些感受和能力是"无选择的"（ἀπροαιρέτως）④，但是德性和缺陷，作为好和坏的基本体现、赞扬和谴责的基本对象，是"涉及选择的"（οὐκ ἄνευ προαιρέσεως）（NE 1106a2 - 4）。这也就意味着，唯有当一个人已经具备了选择的

---

① 关于《尼各马可伦理学》论述伦理德性的趋向和结构，参见 Jaffa，*Thomism and Aristotelianism*，p. 41 ff. 。

② Cf. *Meta*. 1046a16 - 17；*Phys*. 246a11 - 17；*EE* 1219a6 - 13. 虽然亚里士多德在 *Phys*. 246a13 - 17 说品质既包括德性也包括劣性，但是在伦理学的语境中，他往往将品质等同于德性，这在很大程度上是因为品质是一种稳定的性质，而坏人其实不具备稳定性(cf. *Cate*. 8b26 - 28；*NE* 1159b7 - 10)。

③ Broadie 正确地指出："获取德性……并非一种偶性变化(alteration)，而是我们的自然本性的完善或完成"，"是特定伦理实体(ethical substance)的生成过程"(Broadie，*Ethics with Aristotle*，p. 74，103)。

④ Cf. *NE* 1107a8 - 27. 亚里士多德在此处指出，某些感受（例如怨恨、无耻、嫉妒）和行动（例如偷窃、通奸、谋杀）自身就是坏的。这里的说法并不与 *NE* 1105b28 - 6a2 和 *NE* 1106a6 - 9 矛盾，因为上述感受和行动并非人类的"单纯能力"的实现，而是已经带有选择，从而体现了人的道德品质。

能力并且进行着或好或坏的选择,从而体现着人之为人的德性或缺陷时,他才在严格的意义上作为人这种自然实体而存在,因为唯有如此他才是实践的本原,才具有人的形式。进一步讲,由于亚里士多德的实体、本原和形式概念具有内在的规范性意涵,因而我们可以说,唯有运作良好的选择性本原和完善的人类形式才真正构成了人性的自然实体。① 在这个意义上,我们甚至可以说,唯有具备实践德性的人才在最严格的意义上"是"人,而获得实践德性就是"成"人的过程。根据同样的思路,亚里士多德在《政治学》中提出,唯有在一个秩序良好的城邦之中,人才能在真正的意义上接受道德教育而"成"人、践行道德活动而"是"人;在这个意义上,城邦"先于"个人。②

　　NE II.5 基于两种形而上学区分(现实和潜能、单纯潜能和卓越潜能),界定了伦理德性的种属。NE 在 II.6 的开头,亚里士多德说:"我们不仅应该说明伦理德性是一种品质,而且要说明它是怎样的一种品质。"(NE 1106a14 - 15)NE II.5 已经提出伦理德性是选择性的卓越品质,从而是好的和值得赞扬的,因此,NE II.6 理应说明伦理德性如何让人做出正确的选择,从而说明它在什么意义上是卓越的。正是为了完成这一任务,亚里士多德提出了他的中道学说:伦理德性使得我们在感受和行动中实现了"相对于我们的中道",避免了"过度和不及"。然而,从 NE II.6 的论述来看,所谓"相对于我们的中道"指的就是人在具体的实践情境中应该完成的良好实践,而所谓良好实践指的就是"在应当(δεῖ)的时间,关于应当的对象,针对应当的人,为了应当的目的,以应当的方式"来感受和行动,这样的实践活动就是"合乎中道的和最好的(μέσον τε καὶ ἄριστον),也就是符合德性的"(NE 1106b21 - 23)。这一系列论述的循环性和中道观念的空洞性令许多研究者感到困惑:如果伦理德性所要实现的中道就是选择之善的实

---

① 参阅附录一。Cf. Korsgaard,*The Sources of Normativity*, pp. 2 - 3; Clark, *Aristotle's Man*, pp. 26 - 27; Sherman, *The Fabric of Character*, pp. 106 - 227.

② 相关讨论,参见 S. Chen,"The Priority Argument and Aristotle's Political Hylomorphism", *Ergo*, 3(2016)16。

质,而对此的最终解释就是良好实践所满足的各方面"应当",那么关于选择之善以及负责实现这种善的伦理德性,我们似乎就没有获得任何实质性的教导。① 对此我们认为,虽然上述批评在一定程度上是成立的,但是,如果仔细分析亚里士多德的相关论述,我们就会发现中道学说的意义本来就不是为实践生活提供具体的指导,而是要揭示伦理德性的运作形式。

在阐述中道概念时,亚里士多德将良好的实践活动类比于"良好的技艺产品"(τοῖς εὖ ἔχουσιν ἔργοις),并提出,在技艺制作中,"无论是过度还是不及都会摧毁善(τὸ εὖ),而中道维护之。因此,我们说好的匠师在从事制作的时候要着眼于此(πρὸς τοῦτο βλέποντες)"(*NE* 1106b9 – 14)。这句引文中,"着眼于此"这一表述非常重要。首先,"此"(τοῦτο)指的是维护技艺产品之善的那种中道,我们不妨称之为"技艺中道"。其次,无论是在柏拉图还是在亚里士多德笔下,在用于描述技艺制作的时候,"着眼于"(πρὸς βλέποντες)这个短语都往往以产品的形式为宾语。② 根据亚里士多德对技艺的哲学理解,技艺产品的形式就是使得该产品能够发挥其本质功用的结构和秩序,而良好的结构和秩序正是技艺中道所维护的技艺产品之善。这样看来,匠师"着眼于"技艺中道进行制作的过程,就是将产品的形式赋予相应的质料,从而建立相关结构和秩序的过程。亚里士多德将伦理德性类比于技艺来说明中道的意涵,这意味着,正如技艺中道是技艺产品的形式,实践中道也是实践生活的形式,也就是有德性的人赋予其实践生活的良好结构与健康秩序。正是在这个意义上,中道并非一种完全空洞的观念,而是揭示出伦理德性的要旨在于人赋予自身生活以道德形式的努力。③

虽然伦理德性是欲望的德性,但是其定义中已经出现了实践智

---

① 〔英〕威廉斯(B. Williams):《伦理学与哲学的限度》,陈嘉映译,商务印书馆,2017 年,第 47 页:"中道学说是亚里士多德体系里最出名的学说之一,也是最没用的学说之一"。

② 这种用法在柏拉图对话录中是相当常见的,参见 Plato, *Euthyphro* 6e, *Cratylus* 389a-b, *Meno* 72c, *Republic* 484c;比较 *Pol.* 1260b13 – 20。

③ 关于伦理德性作为道德形式的解释,参考 Stewart, *Notes on the Nicomachean Ethics of Aristotle* (vol. 1), pp. 193 – 195;比较 Clark, *Aristotle's Man*, pp. 84 – 97。

慧,正是实践智慧规定了中道。在具体的实践情境中,中道所包含的种种"应当"往往以极为复杂微妙而又充满张力的方式纠缠在一起,难以一并顾全,而实践智慧的任务就是衡量各方面因素进行思虑,得出恰到好处的选择,从而尽可能全面满足中道的要求,使得有德性者在每一个具体的情景中从事良好的实践活动。这样看来,亚里士多德对于伦理德性之本质的论述虽然不是空洞的,但是确实带有高度形式化的特征;目前为止,该论述只能告诉我们规定中道的理性是有实践智慧的人所具备的那种理性,直到 *NE* VI,亚里士多德才正式阐述实践智慧规定中道的具体方式。在给出了伦理德性的定义并且分析了道德行动的诸要素(自愿、选择、希望、思虑)之后,亚里士多德展开对于各种具体的伦理德性的探讨。我们认为,*NE* III. 6 - V 对于具体伦理德性的分析沿着从感受到行动、从欲望到理性、从个人到城邦的线索,展现了伦理德性完善人类灵魂的秩序、为实践生活建构道德形式的具体方式。

接下来,我们将分两个步骤来阐述伦理德性作为道德形式的观点:首先,我们将阐述亚里士多德对于人类欲望的分类,重构他关于欲望自然结构的灵魂学说;然后,我们将在这一灵魂学说的基础上,解读亚里士多德对于勇敢、节制、大度、正义这四种最重要的伦理德性的分析,以便说明伦理德性如何构建实践生活的道德形式。

2. 2　人类欲望的自然结构

亚里士多德将人类的欲望(ὄρεξις)分为三种:欲求(ἐπιθυμία)、血气(θυμός)、希望(βούλησις),其中,欲求和血气是非理性欲望,希望是理性欲望,所有这些人类欲望都是能够和实践理性互动,从而引发伦理、道德、政治行动的冲动(ὁρμαί)。[①]

---

① *DA* 414b2; *Rhet.* 1369a1 - 4; cf. *Republic* 580d ff. ; Cooper, *Reason and Emotion*, pp. 239 - 241. "欲求"和"欲望"这两个中文词汇的意义并无实质区别,我们在此前的论述中也不加区分地使用二者。在本节以及本书余下部分,我们出于行文的方便而用"欲求"和"欲望"来分别翻译ἐπιθυμία和ὄρεξις,并将尽可能区别对待这两个词。本节对于三种欲望的分析多处参考了 G. Pearson, *Aristotle on Desire*, Cambridge University Press, 2012。

欲求的对象是快乐。[①] 我们已经看到，在亚氏伦理学中，快乐可以分为狭义和广义两种，相应地，欲求也可以分为狭义和广义两种。狭义欲求的对象是狭义快乐，即，与营养和生殖相关的身体快乐，也就是饮食和性交的快乐。亚里士多德认为，严格说来，这类快乐都是触觉的快乐(NE 1118a26 - 32)。[②] 广义快乐包括其他感官的快乐，以及各种非身体性的快乐（例如财富的快乐、胜利的快乐、荣誉的快乐，以及普遍而言一切高贵和善好的事物所带来的快乐，尤其是沉思的快乐）。因此，广义快乐实际上涵盖了所有层次的欲望对象，而广义欲求指的就是作为整体的欲望(NE 1104b30 - 5a1, cf. 1148a22 - 26)。[③] 若未加说明，我们用"欲求"一词指的是狭义的欲求。

欲求所追求的是人和野兽共同享有的最自然和最基本的快乐，相应地，它所排斥的也是人和野兽都会遭受的最自然和最基本的痛苦，也就是伤害和死亡的痛苦。因此，它尤其体现了人身上的兽性，这集中表现为欲求的活动自身并不预设任何理性的要素，其运作机制就是单纯的趋乐避苦。[④] 然而，欲求能够以下述方式分参实践理性：第一、为实现每个当下情景中的趋乐避苦而接受实践理性的具体指导；第二、为实现趋乐避苦的稳定的最大化满足而接受实践理性对生活的整体规划；第三、为参与良好的灵魂秩序和生活形式的构建而接受实践理性为自身规定的地位和施加的限制。[⑤] 在第一种方式中，实践理性仅仅充当了欲求的工具，帮助后者随心所欲地满足趋乐避苦的冲动。在第二种方式中，实践理性通过对生活的整体规划来干涉和管理欲求的运作，但是这种干涉和管理的目的只是最

[①]　DA 414b5 - 6.

[②]　亚里士多德认为触觉是所有动物共享的感官，而"凡有感官(αἴσθησις)之处，就有快乐和痛苦；只要有快乐和痛苦，就必然有欲求"(DA 413b4 - 5,23 - 24)。

[③]　比较 Plato, *Republic* 580d, 此处ἡδοναί和ἐπιθυμίαι都是广义的。

[④]　H. Lorenz, *The Brute Within*：*Appetitive Desire in Plato and Aristotle*, Clarendon Press, 2006.

[⑤]　虽然这三种方式并未穷尽欲求和实践理性发生互动的全部可能性，但是我们认为，它们是在亚里士多德看来最主要的可能性。

大程度地满足欲求,而并未提出更高的生活目标。在第三种方式中,实践理性着眼于生活整体的善好来规定欲求应有的地位,并引入比趋乐避苦更高的人类欲望来限制欲求的运作,从而维持各种欲望之间以及欲望作为一个整体与实践理性之间的健全秩序与和谐关系。显然,唯有第三种方式的良好实现才构成了伦理德性对于欲求的完善。

同时,在亚里士多德看来,欲求就其自身而言也不具备任何政治维度,而它参与政治生活的三种基本方式也基于它分参实践理性的上述三种方式。在第一种方式中,欲求的运作尚未被真正纳入政治生活,而只是在实践理性的指导下利用了共同体为每个人趋乐避苦提供的外在条件。在第二种方式中,欲求的运作在有限的程度上具备了政治维度。一方面,为了趋乐避苦的最大化满足,欲求者通常需要遵守共同体的习俗和法律;另一方面,这些习俗和法律对于欲求者来说只是外在的规范,而不具备内在的约束力。只有在第三种方式中,欲求的运作才真正成为政治生活的内在组成部分,这是因为,实践理性所安排的生活整体之善和所引入的更高人类欲望都在本质上具有政治维度。在趋乐避苦的实践领域,以第三种方式分参实践理性的欲求不仅参与构成了每个欲求者的伦理形式,而且参与构成了不同欲求者联合的政治形式。

和其他两种人类欲望相比,亚里士多德关于血气的讨论相对松散。在血气的诸多表现形式中,他最关注愤怒(ὀργή),并将这种感受定义为一种针对自己或亲友所遭受的不公正的轻慢的复仇欲望。[①] 不过,亚里士多德也时常论及血气的其他表现形式,认为血气和勇敢、友爱、政治自由、羞耻感等现象有关。[②] 血气的各种表现或多或少都和荣誉相关,其根源在于极其强调竞争与个体卓越的古希腊政治

---

① *Rhet*. 1378a30 – 33.需要注意的是,虽然亚里士多德认为非理性动物(这一范畴包括理性尚未成熟的孩子)也具有血气(*NE* 1111b12 – 13),但是他着重讨论的愤怒等血气感受是理性动物才可能具备的。事实上,非理性动物的血气并不独立于欲求,而是依附并服务于欲求,是趋乐避苦遭遇阻碍时的自然反应(cf. *NE* 1116b24 ff.)。

② 参阅 *NE* 1116b24 – 7a9, cf. *Pol*. 1327b38 – 8a7。

文化。① 在荷马史诗中,血气通常指的不是某种特殊的欲望,而是一个人的心胸或魂魄,它是感受的场所和行动的源泉,尤其是那些在敌我对抗的语境中产生的、极具男性气概的感受和行动。② 在《理想国》第一卷,柏拉图借玻勒马库斯之口将荷马式血气的运作机制表述为"帮助朋友、伤害敌人",而这也是玻勒马库斯对于正义的理解。③ 然而,血气不仅展现于敌对共同体之间你死我活的竞争和冲突,而且展现于共同体成员之间争取彼此认可的竞争和相应的外在善分配。作为《伊利亚特》情节主线的阿喀琉斯的"愤怒"(μῆνις)针对的是阿伽门农和阿开奥斯人对其荣誉的不正义的剥夺,而在《理想国》的第八卷和第九卷,柏拉图借苏格拉底之口将血气的本质概括为"对于权力、胜利和名誉的追求",并指出,由血气统治的灵魂是"高傲且热爱荣誉的"(ὑψηλόφρων τε καὶ φιλότιμος)。④ 由此可见,荷马和柏拉图所理解的血气和胜利与失败、自由与奴役、荣誉与羞耻、高贵与低贱、正义与不义

① 参考彭磊:"荷马的竞赛与英雄",载于《中国社会科学报》,2016 年 9 月 20 日。正如尼采在一篇阐述古希腊竞争精神的文章中讲到的,竞赛是"一切希腊事物的子宫"。参见 F. Nietzsche, "Homer's Contest", in *Nietzsche: "On the Genealogy of Morality" and Other Writings*, ed. K. Ansell-Pearson and trans. C. Diethe, Cambridge University Press, 2006, p. 175。

② 关于荷马史诗中的血气观念,参见 B. Koziak, "Homeric Thumos: The Early History of Gender, Emotion, and Politics", *The Journal of Politics*, 61(1999)4, pp. 1068 – 1091。

③ 我们认为,玻勒马库斯的观点反映了古希腊传统的荷马式道德的血气观念。虽然柏拉图不完全赞同玻勒马库斯的观点,但是他在一定程度上保留了这一观点的实质。在苏格拉底构建的城邦-灵魂类比中,护卫者是血气对应的城邦阶层,而他们必须"对同胞温和、对敌人严厉"。然而,柏拉图认为单纯的血气只会造成对所有人不加区分的严厉天性,而基于敌友之分的温和天性则取决于智慧对血气的规范,因此,护卫者的天性应该"结合爱智和血气"(Plato, *Republic* 332a-b, 374e – 376c)。在《政治学》VII.7,亚里士多德提出了类似的看法:充满血气但缺乏理性的北方蛮族虽然能够保卫他们的自由,但是无法以政治的方式统治自身和其他民族,而希腊人的天性则结合了血气和理性,因此既享有政治自由,又创造了城邦文明(*Pol.* 1327b23 ff.)。

④ 参阅 Plato, *Republic* 550b, 581a。我们同意 Cooper 对柏拉图血气观念的理解:"我们应该认为,柏拉图用血气所统合的诸多动机之根源在于竞争性以及对于自尊和(自尊通常预设的)被他人尊重的欲望"。见 Cooper, *Reason and Emotion*, pp. 133 – 134;另参考 A. Hobbs, *Plato and the Hero: Courage, Manliness and the Impersonal Good*, Cambridge University Press, 2006。

的区分有着密切的关联,而所有这些区分一方面预设了理性主体的自尊自爱和自我提升,另一方面预设了人与人在共同体内外的竞争或联合。① 因此,血气是一种具备内在的理性维度和政治维度的欲望,这也正是血气高于欲求的原因(cf. *NE* 1149a24 - 25)。

亚里士多德对于血气的理解与荷马和柏拉图的传统理解在很大程度上是一致的。他对于愤怒的定义就清楚地展现了血气的传统特征:愤怒是因自己或亲友遭遇他人不公正的轻慢而感到耻辱、想要通过复仇来恢复荣誉的欲望,这种欲望一方面暗含了实践理性基于自尊而建立的价值框架和行为机制,另一方面预设了人与人发生竞争与联合关系的政治语境以及共同体对于荣誉和羞耻、公正和不公正的区分。亚里士多德在论及愤怒和欲求的区别时说,"理性或表象表明我们遭到了傲慢或轻慢的对待,而愤怒的感受就像是在进行推论:'必须反抗这类事情!',从而立刻被激怒;相比之下,只要理性或感官告诉我们某物能够引发快乐,欲求就立刻冲上去享受"(*NE* 1149a32 - b1)。所谓"傲慢或轻慢的对待"往往就是对于一个人的荣誉的剥夺,因此,针对这种剥夺的愤怒集中体现了血气对于荣誉的追求。② 此外,亚里士多德说愤怒的运作机制"就像是在进行推论",而欲求的运作机制只是利用了理性提供的信息,这就揭示了血气和欲求的根本差别:实践理性是血气的内在构成要素。正是在这个意义上,亚里士多德说"血气以某种方式(πως)听从理性,而欲求则不(以这种方式)听从理性"(*NE* 1149b1 - 2)。由于和实践理性有着更加密切的关联,血气在驯服和引导欲求参与伦理形式的建构中发挥着非常重要的中介作用。③

---

① 我们同意 L. Berns 对血气的概括:"血气不仅是政治自由的性情条件,而且是社会政治生活中对抗非正义的不可或缺的性情基础。同时,血气对于个人对自身缺陷的克服也是不可或缺的。良心(conscience)的古典对应物似乎就是血气和羞耻感的某种混合",进一步讲,"血气似乎就是那些主要导向关照属己之物(care for one's own)的情感之源头"。参见 L. Berns, "Spiritedness and Ethics and Politics: A Study of Aristotelian Psychology", *Interpretation* 12(1984), pp. 346 - 347。

② Cf. *Rhet.* 1378b10 ff.

③ Cf. Plato, *Republic* 440a-b, 441a; Hardie, *Aristotle's Ethical Theory*, pp. 105 - 107; Cooper, *Reason and Emotion*, pp. 261 - 264.

然而，对于亚里士多德所定义的愤怒以及普遍而言的血气而言，政治维度要比理性维度更加必然。虽然愤怒所暗含的价值框架和行为机制需要理性来构建，但是在大多数情况下，这种构建并非个人独立运用实践理性进行反思的结果，而往往是人们在共同体生活的潜移默化中接受习俗性规范的结果。进一步讲，虽然只有理性动物才能够产生基于自尊心和荣誉感的愤怒，但是在具体的情形中，一个人的愤怒完全可能和他自身的实践理性发生冲突而造成血气方面的不自制现象（NE 1149a25 - 32），这也是为什么血气仍然被亚里士多德归为非理性欲望的原因。和欲求相比，血气内在地分参了实践理性，然而，血气毕竟不像希望和选择那样是实践理性自身产生的欲望。另一方面，在亚里士多德看来，真正属人的血气不可能脱离自我和他人的关系而运作，无论是友爱、政治自由（也就是追求统治、拒绝被统治），还是羞耻感，都必然发生于自我和他人的关系之中。我们看到，血气最主要的表现形式是人们对于荣誉的争夺和分配，而荣誉本身就是一种政治性的外在善。人们固然也能够争夺和分配欲求的对象，但是这种争夺和分配并不内在于欲求自身的运作机制。我们能够孤独地享有食色的快乐，但是无法孤独地获得荣誉。因此，正如血气在欲求的理性规范方面发挥着重要的中介作用，血气也能够帮助实践理性将欲求的运作导入共同体的政治规范，从而是每个人参与构建城邦的政治形式的重要环节。同时，血气和政治生活的必然关联、血气与实践理性的可能冲突也展现了政治生活和实践理性之间的张力。在这个张力的一端，血气的运作有可能仅仅基于习俗性政治规范所建立的价值框架和行为机制，而未对这些规范的内在道理和在具体情境中的适用性进行任何理性反思；在张力的另一端，卓越的实践理性能够超越习俗性政治规范而获得更高层次的洞察力，并以此引导和管理血气的运作。总之，血气围绕荣誉的争夺和分配而展开的共同体生活并非人类实践最为完整的视野。在亚里士多德看来，唯有追求善的理性欲望和思虑善的实践理性才具备这样的视野。①

---

① Cf. Salkever, *Finding the Mean*, pp. 165 - 199.

在亚里士多德区分的三种人类欲望中,只有希望就其自身而言是理性的(我们很快会证明选择其实是希望的一种),因为希望产生于灵魂的理性部分,是一种追求"对于我们而言的善"的欲望(*NE* III.4)。在亚里士多德看来,我们希望获得一个对象仅仅是因为该对象在我们看来是善的,尽管它完全可能同时也带给我们快乐和荣誉,从而满足我们的欲求或血气;换个角度来讲,欲求或血气所追求的对象完全可能同时呈现为"对于我们而言的善",但是这类非理性欲望并非将其对象"作为善"来追求。希望正是一种将善的对象"作为善"来追求的欲望。[①] 在亚里士多德看来,正如具有感官能力者必然趋乐避苦,参与政治生活者必然追求荣誉、避免羞耻,同样地,具有实践理性者也必然会追求在他看来善的事物、排斥在他看来恶的事物,这种趋善避恶的欲望就是希望。从根本上讲,这是因为"善"是一切理性实践活动的"目的"。在具体的情境中,我们往往将具体的善作为实践的目的,而这些具体的善往往包括快乐和荣誉。然而,我们作为理性主体的特点就在于,我们的欲望不会仅仅停留在欲求和血气的层次而完全不具备任何对于善之为善的希望,相反,即便是那些主要被欲求或血气所支配、致力于追求快乐或荣誉的人,也恰恰是将快乐或荣誉认作"对于他们而言的善"来追求的。当然,这也就意味着在这类人的灵魂中,理性欲望并未占据自身应有的统治地位,而是附着于欲求或血气的运作,误将快乐或荣誉等同于善。换言之,这种人未能在自身内部建立起符合自然的灵魂秩序,其实践生活缺乏完善的伦理形式。

亚里士多德指出,人类最根本的希望是获得幸福,而上述两类人正是将幸福理解为享受快乐的感官生活或争取荣誉的政治生活。我们已经看到,伦理学的根本任务在于论证幸福作为属人的至善应该是合乎德性的实践活动,而这才是希望应有的对象。不过,合乎德性的

---

① 参见 Pearson, *Aristotle on Desire*, pp. 189 – 195;比较 Cooper, *Reason and Emotion*, p. 243 ff. 。Cooper 错误地认为亚里士多德理解的非理性欲望也能够把握善恶之分。对此的批评,见 G. Grönroos, "Listening to Reason in Aristotle's Moral Psychology", *Oxford Studies in Ancient Philosophy*, 32(2007), pp. 251 – 271。关于理性欲望和实践理性的密切关系,参见 Broadie, *Ethics with Aristotle*, pp. 70 – 72。

实践活动作为理性欲望应有的对象并非完全独立于欲求和血气活动的某种理性活动，而是包括欲求和血气在内的人类欲望作为一个整体和实践理性的良好互动，即，以合乎实践德性的方式从事趋乐避苦、趋荣避辱、趋善避恶的人类本质活动。换句话说，从欲求、血气、希望所构成的人类欲望的自然秩序来看，幸福不是任何一种具体的欲望对象，而是所有正确的欲望对象所构成的善的整体。就此而言，与其说希望是人类欲望秩序中最高的一种，不如说希望的作用在于通过人对幸福的追求来统合他的所有具体欲望，从而建构良好的伦理形式。不过，需要特别指出的是，虽然希望产生于实践理性，但是我们对于幸福的希望并不取决于实践理性明确自觉的运作。在亚里士多德看来，每个正常人都希望获得幸福，这种希望直接基于人类作为理性动物的本质，而无需个人的理性反思。① 进一步讲，不同的人对何为幸福有着不同的理解，这些理解在很大程度是由培养、教育、生活经历和理性反思共同塑造的，而非个人运用实践理性进行思虑的结果，尽管人们在成长的过程中反复执行的具体思虑无疑参与了特定幸福观念的形成。②

和希望一样，选择也是一种理性欲望，追求"作为善的善"（*NE* 1112a7 - 8）。亚里士多德说"选择要么是欲望的理智，要么是理性的欲望"，可见选择是欲望和实践理性的结合。同时，他又说选择"接近"（σύνεγγυς）希望（*NE* 1111b20）。我们认为，这表明选择其实就是希望和实践理性的结合。

亚里士多德这样解释"选择"的希腊文词源："选择（προαίρεσις）是一种决定（αἵρεσις），但并非在没有限定的意义上，而是二者择其一，如

---

① Cf. Broadie, *Ethics with Aristotle*, p. 47. Broadie 指出，对幸福的追求是"实践理性的基本框架（bare bones of practical rationality）"。

② Cf. Cooper, *Reason and Human Good in Aristotle*, pp. 58 - 71；N. Dahl, *Practical Reason, Aristotle, and Weakness of the Will*, University of Minnesota Press, 1984, pp. 41 - 50,66 - 68. Cooper 正确地指出，实践主体对于幸福观念的把握和伦理学家对于幸福观念的解释是完全不同的，前者取决于道德教育，后者则是哲学辩证的结果；Dahl 则提出，在道德成长的过程中，实践理性基于个别行动以某种类似归纳的方式参与构建幸福观念。两位学者都认为，我们并非通过思虑来把握幸福。

果没有审查和希求（σκέψεως καὶ βουλῆς），这就是不可能的"。① 选择是"审查"和"希求"的结合，我们认为，前者指的是实践理性明确自觉的思虑，而后者指的就是希望这种理性欲望。支持这种解读的最强的文本证据是亚里士多德在《优台谟伦理学》中阐述选择概念的一个段落："显然，在没有限定的意义上，选择既不是希望也不是信念（δόξα），但是当信念和欲望被思虑综合起来的时候，选择就同时是这二者"。② 在上述引文中，"信念"指的是思虑得出的结论③；而"希望"和"欲望"这两个词显然是可以互换的，否则这句话的推论就不能成立。由此可见，选择就是思虑对于希望和信念的某种综合，因此，亚里士多德称之为"思虑欲望"（βουλευτικὴ ὄρεξις，*NE* 1113a9 - 12）。④

亚里士多德将选择的生成模式阐述如下：首先，我们希望甲；然后，我们思虑如何能够实现甲，结论是首先需要做乙；最后，我们选择乙（*NE* 1112b15 ff.）。经由思虑，我们的实践动机从希望转化为选择，这就是选择结合希望和实践理性的基本方式。⑤ 在具体的情境中，选择的生成模式可以有各种各样的变化，其对象既可以是当下的行动，也可以是未来的行动，既可以是单个情景中的单个行动，也可以是一种情境中的一类行动，甚至可以是相似情境中的行动原则，或者由多个行动和原则共同构成的宏观计划，等等。⑥ 基于选择的生成模式，

---

① *EE* 1226b6 - 8.

② *EE* 1227a3 - 5.

③ 亚里士多德称实践理性为灵魂中"产生信念的部分"（τὸ δοξαστικόν，*NE* 1140b26，1144b14）。

④ 虽然亚里士多德提出人可以希望超出他能力范围的事情（比如不朽），而只能选择在他能力范围之内的事情（*NE* 1111b20 - 26），但是这一区分其实确证了选择就是经由思虑而产生的希望，因为思虑同样只关涉我们能力范围之内的事情。

⑤ 欲求和血气也可以充当思虑的出发点，但是这种思虑所得出的结果不是选择；因此，虽然不自制的人能够从事非理性欲望所主导的思虑，但是其行动是违背其选择的（*NE* 1111b14 - 15，1142b18 - 20）。参见 Dahl，*Practical Reason*，*Aristotle*，*and Weakness of the Will*，pp. 36 - 37。

⑥ Sherman，"Character，Planning，and Choice in Aristotle"，*The Review of Metaphysics*，39 (1985)1，pp. 83 - 106.

亚里士多德提出"希望的对象是目的(τέλους)，而选择的对象是实现目的之事(τῶν πρὸς τὸτέλος)"(NE 1111b26 - 27)。[①] 但是我们认为，这一区分其实只适用于围绕一次或一组思虑而展开的单个实践情境。一个情境中的目的有可能是另一个情境中的"实现目的之事"，反之亦然。[②] 事实上，从任意一个实践情境的思虑出发，我们都可以往上追溯至最根本的目的，往下追溯至最切近的"实现目的之事"。[③] 我们对于前者的欲望就是我们对于(我们所理解的)幸福的希望，而我们对于后者的欲望就是我们为了实现(我们所理解的)幸福而在具体情境中对于具体实践的选择，这些具体的实践既可以是欲求或血气的各种表现，也可以是特定场合中的技艺制作或哲学沉思。在亚里士多德看来，人总是通过选择在某事某地以某种方式从事某种具体的实践活动来落实他对于幸福的希望，而正确的选择就是符合中道的选择，因为唯有符合中道的实践才能实现我们对于幸福的希望。我们在上文的讨论中已经将中道阐释为道德生活的形式，而从希望和选择的关系来看，道德形式是由抽象的幸福观念和具体的良好实践共同构成的：我们对幸福的理解是我们选择具体实践的参照，后者反过来又是对于前者的落实；有德性的人总是能够从正确的幸福观念出发做出精确的具体选择，通过不同情境中的良好实践来维护和巩固完善的道德形式。[④]

和血气正相反，理性欲望的对象必然是理性的，但并不必然是政治的。例如，我们能够对感官享乐或哲学沉思产生理性欲望，从而将这些活动作为实践之善来追求，但是这些活动就其自身而言都是非政

---

① 短语τὰ πρὸς τὸ τέλος不应该译为"手段"，而应该按照字面意义译为"实现目的之事"，因为并非所有的"实现目的之事"都是达成目的的手段。这个短语也可以指构成目的的部分和具体落实目的的某种活动。相关讨论，参考 D. Wiggins, "Deliberation and Practical Reason", *Proceedings of the Aristotelian Society*, 76(1975 - 6), pp. 29 - 51；比较 NE 1113b3 - 6。

② Cf. *Rhet*. 1369b7 - 9。

③ 当然，我们并不是说，在实际的思想中，从最根本的目的到最切近的选择都有意识地存在于思虑者的脑海中；这种经由上下追溯而形成的思虑之链只是一种理论重构。Cf. Broadie, *Ethics with Aristotle*, p. 198 ff.; J. McDowell, *The Engaged Intellect: Philosophical Essays*, Harvard University Press, 2013, pp. 47 - 50。

④ Cf. Sherman, *The Fabric of Character*, pp. 57 - 58。

治的,前者低于政治,后者高于政治。然而,任何人想要获得区分善恶的实践理性能力、从事将希望转化为选择的道德思虑,都必然需要唯有人类共同体才能提供的培养和教育,以及伦理和政治的生活经验。此外,尽管理性欲望所追求的具体对象有可能是非政治的,但是只要一个人存在于政治共同体之中,无论他希望过何种生活、为此做何种选择,他的理性欲望都将或直接或间接地影响他所在的共同体。

综上所述,亚里士多德认为人类欲望的自然结构体现为由欲求、血气、希望和选择构成的灵魂秩序,这一秩序展现了从非理性到理性的上升:血气比欲求更接近理性,而希望和选择就是欲望和实践理性的交集。接下来,我们将以人类欲望的自然结构为基础,阐释亚里士多德对于四种最重要的伦理德性的分析,从而揭示伦理德性完善人类灵魂的秩序、为实践生活建构道德形式的具体方式。

2.3 勇敢和节制

亚里士多德在 *NE* III. 6 - 12 探讨了勇敢(ἀνδρεία)和节制(σωφροσύνη)这两种伦理德性。我们认为,从欲望的自然结构来看,勇敢和节制都是欲求的德性。狭义的欲求就是趋乐避苦的欲望,而勇敢就是"避苦"方面的德性,节制则是"趋乐"方面的德性。因此,勇敢和节制是人类最基本的伦理德性,二者构成了良好灵魂秩序的第一级阶梯。①

勇敢所属的感受领域主要是人类对于痛苦的恐惧(cf. *NE* 1117a29 - 32),然而,并非任何痛苦和恐惧都和勇敢相关。在 *NE* III. 6,亚里士多德提出,只有暴死于战场的恐惧才是勇敢者所关切的,这是因为,一方面,死亡是"最可怕的"(φοβερώτατον)痛苦;另一方面,战

---

① Cf. Plato, *Republic* 374e - 376c, 389d-e; H. Curzer, *Aristotle and the Virtues*, Oxford University Press, 2012, p. 37; E. Salem, *In Pursuit of the Good: Intellect and Action in Aristotle's Ethics*, Paul Dry Books, 2010, p. 54 ff. 不过,我们对 Salem 关于勇敢和节制是"前政治"德性的说法持保留态度。事实上,严格意义上的伦理德性都是具有政治维度的,虽然 *NE* III. 6-12 侧重探讨勇敢和节制的个人维度,但是亚里士多德在 *NE* V. 1 集中讨论了所有伦理德性的政治维度。

争是死亡的"最高贵的场合"（καλλίστοις, *NE* 1115a24 - 31）。因此，"面对高贵的死亡而表现出无畏的人（περὶ τὸν καλὸν θάνατον ἀδεής），应该在严格的意义上被称作勇敢的人"（*NE* 1115a32 - 33）。进一步讲，一个人越是有德性、越是幸福，暴死于战场对他来说就越是痛苦，然而"他仍然是勇敢的，可能是更加勇敢的，因为他以此为代价选择战争中的高贵行动（τὸ ἐν τῷ πολέμῳ καλόν, *NE* 1117b9 - 15）。不过，以上只是界定了和勇敢相关的感受，对于勇敢的完整解释还需要说明它在什么意义上是关于上述痛苦和恐惧的中道。亚里士多德提出：

> 为了应当的目的，以应当的方式，在应当的时间面对和害怕应当的对象，并在类似的条件下有信心的人，是勇敢的。因为勇敢者根据情形所需（κατ' ἀξίαν）、按照理性的要求（ὡς ἂν ὁ λόγος）去感受和行动。（*NE* 1115b17 - 20）

由此可见，在涉及相关痛苦和恐惧的情景中，勇敢的人将实践理性对中道的规定内化为自身面对高贵死亡的恰当感受和正确行动，从而避免了过度（鲁莽）与不及（胆怯）。我们认为，亚里士多德对于勇敢的解释表明，勇敢是欲求的德性，而且是欲求的"避苦"方面的德性，是对于人类灵魂的"避苦"能力的完善。亚里士多德不同意柏拉图在《理想国》中将勇敢归为血气德性的观点。① 在 *NE* III. 8，他列举了五种看似勇敢但并非勇敢的品性：政治勇气（πολιτική）、经验、自然血气（θύμος）、乐观、对危险无知，其中最具理论意义的是他对政治勇气和自然血气的分析，而正是这两处分析充分表明，亚里士多德反对将勇敢归于任何意义上的血气。

所谓政治勇气就是公民在战场上展现的勇气，它又可以分为两个层次：较低的层次是被法律和统治者的惩罚所迫而勇敢战斗，较高的层次是出于荣誉感和羞耻感而勇敢战斗（*NE* 1116a18 - 21, 28 - 33）。

---

① Cf. Plato, *Republic* 442b-c; Cooper, *Reason and Emotion*, pp. 263 - 264.

前者显然并非真正的勇敢,然而,即便后者也仅仅"最像是勇敢"(*NE* 1116a17,27)。这是因为,荣誉是共同体赋予的外在善,而并非灵魂的内在善,而且羞耻感也并非完全意义上的德性,"因为它更像是一种感受,而非一种品质"(*NE* 1128b11)。① 政治勇气的不足之处,就在于它太过依赖城邦的习俗性规范和他人的评价,而未能将实践理性的要求纳入灵魂内部的自然秩序。正因为如此,政治勇气也往往不能实现中道。亚里士多德以《伊利亚特》中的赫克托尔为例说明政治勇气的性质,而他引用的诗句极具反讽意味,巧妙地揭示了这种勇气的缺陷。在《伊利亚特》第二十二卷的开头,面对无人能敌的阿喀琉斯,全体特洛伊人都已退回城内,只有赫克托尔不顾父母的哀求而留在城墙外,

> 不无忧虑地对自己的傲心(θυμόν)这样说:
> 天哪,如果我退进城里躲进城墙,
> 波吕达马斯会首先前来把我责备,
> 在神样的阿喀琉斯复出的这个恶夜,
> 他曾经建议让特洛伊人退进城里,
> 我却没有采纳,那样本会更合适。
> 现在我因自己顽拗损折了军队,
> 愧对特洛伊男子和拽长裙的特洛伊妇女,
> 也许某个贫贱于我的人会这样说,
> "只因赫克托尔过于自信,损折了军队"。
> 人们定会这样指责我,我还远不如
> 出战阿喀琉斯,或者我杀死他胜利回城,
> 或者他把我打倒,我光荣地战死城下。②

---

① 亚里士多德在 *NE* 1128b11-15 指出,羞耻感是对于"坏名声"(ἀδοξίας)的恐惧,这种恐惧与对于危险的恐惧类似,都是某种身体性的感受。这意味着出于羞耻感的"勇敢"只是用一种政治性的恐惧压制了对于痛苦和死亡的更为自然的恐惧。伯格提出,*NE* III-IV 对于具体伦理德性的讨论始于勇敢、终于羞耻,这个论述的"运动"揭示出亚氏德性理论的某种"潜在秩序"。见伯格:《尼各马可伦理学义疏》,第 111—112 页。

② *Iliad* 22.98-110.

《尼各马可伦理学》的受众一定熟悉上述诗节，而亚里士多德引用其中第二行来说明赫克托尔的政治勇气（"波吕达马斯会首先前来把我责备"），在回顾他此前由于信心过度而损折了军队的同时，也揭示了他坚持迎战阿喀琉斯的根本错误：正是太过强烈的荣誉感和羞耻感断送了赫克托尔的生命和特洛伊城的希望。[①] 在亚里士多德看来，无论是赫克托尔此前的信心过度还是他现在的耻于撤退，都未能实现着眼于生活整体之善的中道，未能做到"根据情形所需、按照理性的要求"来感受和行动，因此，赫克托尔的政治勇气并非真正的勇敢。

值得注意的是，上文引自《伊利亚特》的诗段中，第一行的"傲心"一词的原文正是我们通常译为"血气"的θύμος。赫克托尔出于荣誉感和羞耻感的政治勇气是血气的展现，这种血气是城邦共同体对其成员进行习俗性塑造的结果，而它在人类灵魂中的基础是一种更加自然的血气，也就是亚里士多德在 NE III. 8 中讨论的第三种类似勇敢的品性。我们之所以称这种品性为"自然血气"，是为了和亚氏在别处（比如 NE VII. 6）讨论的血气概念相区分。自然血气是人和野兽都具有的一种感受，其典型的表现是"野兽冲向伤害它们的东西"，"通奸者因为淫欲（ἐπιθυμίαν）而做出许多胆大包天的事"（NE 1116b25，1117a1 - 2）。这样看来，自然血气其实是欲求的一部分，服从于趋乐避苦的冲动，而不是一种比欲求更高的、基于自尊心和寻求他人认可的欲望。我们已经看到，城邦习俗能够通过荣誉和羞耻的分配而将自然血气提升为严格意义上的血气，从而培育公民的政治勇气（NE 1116a20 - 21），但是亚里士多德在评论自然血气的时候说："出于自然血气的'勇敢'看上去是最自然的（φυσικωτάτη），如果再加上选择和目的（προαίρεσιν καὶ τὸ οὗ ἕνεκα），就是真正的勇敢了。"（NE 1117a4 - 5）虽然"选择和目的"并不必然与城邦的政治规范相冲突，但是亚氏的用

---

① 伯格也注意到，"荷马暗示，英雄对自身荣耀的关心不但可能与自身的保全相冲突，而且可能与城邦的保全相冲突"。见伯格，《尼各马可伦理学义疏》，第 122 页。关于赫克托尔的"悲剧性错误"（tragic error），参考 J. Redfield, *Nature and Culture in the Iliad*: *The Tragedy of Hector*, Duke University Press, 1994。

语表明,勇敢的真正本质应该是一个人内在的实践理性对于欲求性的自然血气的规范,而不是城邦对于趋荣避辱的习俗血气的培育。

如果勇敢是"避苦"的德性,那么节制就是"趋乐"的德性。亚里士多德对节制的讨论同样始于界定节制所关涉的感受领域。他指出,虽然我们对于许多快乐的享用都既可能过度或不及(也就是放纵或冷淡),也可能符合中道,但是和节制(以及相应的缺陷)相关的只有人和野兽共享的饮食和性爱的快乐,从感官的角度来讲,这种快乐不是视觉、听觉、嗅觉的快乐,甚至不是味觉的快乐,而是触觉的快乐:

> 节制和放纵所关涉的是其他动物也分享的那种快乐,因此显得是奴性和兽性的,而这就是触觉和嗅觉的快乐。事实上,它们就连对于嗅觉的使用也似乎是极少或者没有的,因为嗅觉的作用是分辨味道,这是鉴赏美酒者和烹饪美食者做的事情,但是这类事情根本就不是它们享受的对象,至少放纵者并不享受这些,而是享受完全由食物、饮料和所谓的性事带来的接触。(NE 1118a23 - 32)

亚里士多德接着说,甚至在触觉快乐的范围内,也必须排除"最自由"(ἐλευθεριώταται)的触觉快乐,也就是体育训练的摩擦和温热所带来的快乐,剩下的才是放纵者追求的快乐,因为他所享受的接触"不是整个身体的,而只是某些部分的"(NE 1118b4 - 8)。这样看来,正如和勇敢、鲁莽和怯懦相关的是生命最自然、最基本的痛苦,和节制、放纵和冷淡相关的也是生命最自然、最基本的快乐,这种快乐和痛苦正是欲求的对象。然而,我们也已经看到,勇敢所属的感受领域不仅包括自然的要素,还包括文化的要素;不是任何死亡都和勇敢相关,只有为了保卫城邦而战死疆场才是勇敢所关涉的事情。同样的,节制所属的感受领域也不仅包括纯粹自然的食色。在 NE III.10 将放纵者过度追求的快乐限于人兽共享的触觉快乐之后,亚里士多德又在 NE III.11 区分了所有人"共同的"(κοιναί)欲求和不同个体"特有的和习得的"(ἴδιοι καὶ ἐπίθετοι)欲求（*NE* 1118b8 – 9），前者指的是自然意义上的食色之欲，而后者指的则是我们基于后天所习得的口味和偏爱而对于特定食色对象的欲求。以饮食为例：

> 就自然欲求（ταῖς φυσικαῖς ἐπιθυμίαις）而言，很少有人犯错，即便有也只会犯一种错误，也就是过度。如果一个人吃喝任何东西都能过量，那就超出自然的限度了，因为自然欲求是对于缺乏的补足。因此，这类人被称作暴食者，因为他们填肚子超过了应有的限度。只有极端奴性的人才会变成这样。而关于特有的快乐（τὰς ἰδίας τῶν ἡδονῶν），许多人都会以各种各样的方式犯错。（*NE* 1118b15 – 22）

虽然违背自然的暴饮暴食也是应当谴责的，但是伦理学主要关注的是大多数人都容易犯的错误，也就是人们对于自己特别偏好的欲求对象的放纵享受。*NE* III.10 界定了一切放纵享受的对象在种类上都属于自然的食色，而 *NE* III.11 则指出，每个具体的放纵者沉溺的必定是他后天习得的某种特殊快乐。在人们习得各自的欲求偏好的过程中，文化和习俗无疑发挥了重要的作用。因此，节制所属的感受领域也是自然要素和文化要素的某种混合。[①] 亚里士多德对于勇敢和节制所属领域的界定表明，虽然欲求是最基本的自然欲望，但是属人的欲求所关涉的并非赤裸的生命苦乐，而是人类实践生活中最基本的苦乐。[②] 正因为如此，勇敢和节制才是属人的德性（反过来讲，它们所面对和克服的也是属人的恶）。[③] 最后，亚里士多德同样运用灵魂秩序和中道的观念解释了节制的本质：

---

① Cf. Hardie, *Aristotle's Ethical Theory*, pp. 261 – 262.

② 比较李猛：《自然社会》，第 47 页。李猛正确地指出，"至少在亚里士多德这里，并不存在与政治伦理生活完全割裂开的'活着本身'（bare life）"。

③ 由此可以带出一个重要的观察：德性不仅仅是人性的完善，也是对于人性的治疗。这一点不仅适用于勇敢和节制这样的伦理德性，也适用于正义（cf. *NE* 1134a30 – 31），甚至适用于哲学智慧（cf. *Pol*. 1267a2 – 12）。见第四章第四节的讨论。

正如孩子应该按照监护者（παιδαγωγοῦ）的命令来生活，欲求也应该根据理性的命令来运作。因此，节制者的欲求应该与理性和谐一致，因为二者的目标都是高贵（καλόν）。节制者以应当的方式、在应当的时候欲求应当的对象，这就是理性的安排。（NE 1119b13 - 18）

理性和欲求和谐一致的标志是二者都追求高贵。在解释勇敢的时候，亚里士多德也反复提出，勇敢的目的（τέλος）是高贵（e. g. NE 1115b12 - 13,21 - 24,1116a11 - 12）。高贵是一种内在的善好，而理性规范欲求的基本方式就是通过我们对于高贵之善的选择来引导趋乐避苦的欲求活动。①

然而，既然最基本的快乐和痛苦是被动的感受，有德性的人究竟在什么意义上能够"选择"以高贵的方式来趋乐避苦？在分析选择这种理性欲望的时候，我们已经指出，亚里士多德的选择概念其实是非常宽泛的，选择的对象既可以是某次具体实践，也可以是某种实践原则。我们对于实践原则的选择不是一次性完成的，而是通过反复的具体实践而逐渐形成的："通过在危险面前行动并且习惯于（ἐθιζόμενοι）感到恐惧或者有信心，一些人变得勇敢，另一些人变得怯懦。在欲求和愤怒方面也是类似，通过在同样的情形中以这种或那种方式行动，一些人变得节制、平和，另一些人变得放纵、暴躁。"（NE 1103b16 - 21)伦理德性的养成是人不断地习惯于以尽可能符合中道的方式去感受和行动的过程，虽然城邦的外在规范在这个过程的初期发挥着重要的作用，但是真正有德性的人必须将中道的原则转化为一种内在的实践机制："首先，他必须知道（自己在从事什么实践）；其次，他必须选择（προαιρούμενος）这种实践，并且必须为其自身之故（δι' αὐτά）而选择它；最后，他的实践必须出自稳固不变（βεβαίως καὶ ἀμετακινήτως）的品质"（NE 1105a31 - 33）。亚里士多德认为，虽然任何人的任何一个

---

① Annas, *The Morality of Happiness*, pp. 370 - 372.

具体感受或许都不完全是他在当时当地进行选择的结果，而是其已经养成的伦理品质在特定情形中的展现，但是我们在形成特定伦理品质的习惯化过程（habituation）中所从事的具体实践（例如，士兵听从统帅的指挥勇敢地坚守阵地；孩子听从监护者的命令节制地吃喝）都取决于我们的选择（cf. *NE* III. 5）。勇敢者和节制者正是在这个意义上逐渐地并最终选择了以符合德性的方式感受快乐和痛苦。①

在讨论伦理德性的时候，亚里士多德反复强调高贵的实践必须以自身为目的，正是在这个意义上，它是幸福的重要部分。然而，实践生活同时也具有制作的面向，因为任何伦理行动都可能同时指向某种外在的目的：勇敢者在展现"避苦"的正确态度的同时也是为了保卫城邦，节制者在以恰当的方式"趋乐"的同时也在尊重他人满足自然需求的权利。亚里士多德在探讨勇敢和节制的时候更加强调德性的内在高贵，这在很大程度上是由于个人的卓越是德性伦理的根本出发点，因此，亚氏对于伦理德性的探讨也遵从个人维度先于政治维度的逻辑次序；而在 *NE* V. 1，他集中讨论了包括勇敢和节制在内的所有伦理德性的政治维度，也就是一个公民的良好实践对于其他公民以及整个城邦的影响，亚里士多德称这个维度为宽泛意义上的正义（δικαιοσύνη）："在一种意义上，我们说正义行动（δίκαια）就是那些能够制造和保存政治共同体（πολιτικῇ κοινωνία）的幸福及其组成部分的行动"（*NE* 1129b17 - 19），它和伦理德性"是同一种品质，但是二者的本质不同；正义是该品质关涉他人（πρὸς ἕτερον）的方面，而德性则是单纯意义上（ἁπλῶς）的品质"（*NE* 1130a8 - 13）。② 研究界通常称这种正义为"广义正义"，与第五卷着重探讨的主要致力于公平分配外在善的

---

① L. Kosman, "Being Properly Affected: Virtues and Feelings in Aristotle's Ethics", in *Essays on Aristotle's Ethics*, ed. A. Rorty, University of California Press, 1981, pp. 103 - 116.

② Cf. D. O'Connor, "The Aetiology of Justice", in *Essays on the Foundations of Political Science*, eds. Lord and O'Connor, University of California Press, 1991, pp. 136 - 164.

"狭义正义"相区分。① 亚里士多德说广义正义"并非德性的一部分,而是德性的整体",在这个意义上,它是"完善"(τελεία)的德性(*NE* 1129b25 - 27,1130a8 - 9);不仅如此,亚里士多德还特别强调广义正义是"最完善的德性,因为它是完善德性的使用(χρῆσις);它是完善的,因为拥有它的人不仅能够在自身之中(καθ' αὑτόν)使用德性,而且能够在与他人的关系中(πρὸς ἕτερον)使用德性"(*NE* 1129b30 - 33, cf. 1106a15 - 24)。也就是说,广义正义特别强调符合德性的外在行动,而非停留于有德性者的内在感受,因为唯有行动才能将个人的伦理生活纳入城邦的政治生活。这样看来,勇敢和节制的政治维度就是作为城邦公民的勇敢者和节制者的良好欲求行动对于广义正义的实现。因此,符合德性的欲求活动不仅构成了个人良好的灵魂秩序和伦理形式,而且参与构成了整个城邦良好的共同生活和政治形式。

2.4 大度和正义

亚里士多德对于大度(μεγαλοψυχία)的分析是《尼各马可伦理学》最精彩的篇章之一。大度是一种极具希腊色彩的德性。"大度者"(μεγαλόψυχος)的字面意思是"灵魂很大的人",荷马经常使用"血气很大的人"(μεγάθυμος)这个表述来形容心高气傲的英雄;考虑到荷马史诗中的"血气"一词在很大程度上发挥着柏拉图、亚里士多德笔下灵魂概念的

---

① 在 V.1,亚里士多德区分了两种不义和两种正义:"不正义者"(ἄδικος)既可以指"违法的人"(παράνομος)也可以指"贪得和不公平的人"(πλεονέκτης καὶ ἄνισος),"正义者"(δίκαιος)既可以指"守法的人"(νόμιμος)也可以指"公平的人"(ἴσος),因此,"正义就是守法或公平,不正义就是违法或不公平"(*NE* 1129a31 - b1)。守法的正义就是广义正义,因为理想的城邦法律应该规定公民做一切符合伦理德性的事,禁止公民做一切违背伦理德性的事(*NE* 1129b11 ff.)。体现为公正的正义就是狭义正义,因为狭义正义指的主要是对于财富和荣誉等外在善的公平分配(*NE* 1130b30 ff.)。关乎广义正义和狭义正义的区分,参见 H. Curzer, "Aristotle's Account of the Virtue of Justice", *Apeiron*, 28(1995)3, pp. 209 - 210; R. Kraut, *Aristotle: Political Philosophy*, Oxford University Press, 2002, p.102, n. 6。

作用,我们可以认为荷马的μεγάθυμος就是μεγαλόψυχος的前身。① 荷马式英雄道德的核心内容是通过争取荣誉来展现个人的卓越,而亚里士多德在 *NE* IV.3 的开篇就指出,"大度者似乎是认为自己配得伟大的事物(μεγάλων),而且确实配得伟大的事物的人"(*NE* 1123b1 - 2)。这种伟大的事物就是荣誉,因为荣誉是"最大的外在善"(*NE* 1123b20 - 21)。可见,大度是血气的德性,其所属的感受领域是血气的趋荣避辱。

然而,亚里士多德的大度者并非原封不动地继承了传统的英雄道德,而是带有更强的理性色彩,这集中体现为大度者具备正确的自我认识;和他相比,虚荣者和谦卑者(也就是和大度相关的过度与不及)都缺乏正确的自我认识,前者高估而后者低估了自己的价值(cf. *NE* 1125a22 - 28)。进一步讲,大度者对于荣誉的追求也并非无条件和不加反思的。亚里士多德指出,虽然大度者最(μάλιστα)在意的是荣誉(*NE* 1124a4 - 5),但是他同时又认为荣誉是一件小事(μικρόν, *NE* 1124a19);虽然他会接受好人给他的荣誉,但这仅仅是因为"他们没有更好的东西给他"(*NE* 1124a5 - 9)。大度者对于荣誉的价值有着准确的理性认识,他知道德性是比荣誉更加内在的善,而且他正是因为具有最高的实践德性才配得最高的荣誉:"如果大度者配得最伟大的事物(μεγίστων),他就应该是最好的人(ἄριστος)。因为更好的人总是配得更伟大的事物,而最好的人配得最伟大的事物。因此,真正大度的人一定是好人(ἀγαθόν)。"(*NE* 1123b26 - 29, cf. 1095b23 - 6a2)正是基于自身的卓越和对此的清醒认识,大度者在追求荣誉的同时也能够做到荣辱不惊、坦然接受命运(*NE* 1124a13 - 20, cf. 1100b30 - 33)。这意味着大度者能够做到"根据情形所需、按照理性的要求"来追求荣誉。在这个意义上,大度者的血气是符合中道的。

然而,亚里士多德在 *NE* I.5 第一次讨论荣誉和德性的关系时说,致力于政治生活的人追求荣誉的动机在于确认自身的善(*NE*

---

① Salem 甚至提出,μεγαλόψυχος是亚里士多德对于荷马的μεγάθυμος的"翻译",参见 Salem, *In Pursuit of the Good*, p.178, n. 21。

1095b26 - 28）。既然大度者在获得荣誉之前就已经知道和确信自身的卓越，那么，他为什么还要追求荣誉？我们认为，亚里士多德其实并不同意 *NE* I.5 提到的"体面的和热衷实践的人"对于荣誉的看法，因为他将荣誉列入"就其自身而言值得欲求"的事物之列，而否认荣誉是实现其他目的（比如对自身德性的确认）的手段。作为一种目的，荣誉的内在价值正是政治生活的意义所在，特别是对于极为强调竞争、自尊、个体卓越和他人认可的古希腊政治生活而言，荣誉所代表的共同体褒奖是对于政治天性的最高满足。① 大度者的卓越和自我认识并没有让他放弃对于荣誉的追求，这意味着他由血气主导的生活视野在本质上限于政治共同体的范围之内，尽管凭借伟大的实践德性，大度者可谓已经抵达了政治生活的至高境界。在知道自己配得更好事物的情况下，大度者仍然接受城邦给他的荣誉，这既是因为城邦无法给他更好的事物，更是因为他无法想象或者并不希求比政治生活更高的生活。亚里士多德说大度者"不会感到惊异（θαυμαστικός）"，这既是因为他自认为是最伟大的人，从而"没有什么对于他来说是伟大的"（*NE* 1125a2 - 3），更是因为他不知道或者并不真正懂得人并非宇宙中最伟大的事物（*NE* 1141a33 - b2）。② 这样看来，虽然大度者对于荣誉的正

---

① Cf. Salem，*In Pursuit of the Good*，pp. 60 - 62. 我们不同意 Salem 此处的观点：由于具有"源于真正的自我认识的自信"，大度者不需要共同体给予的荣誉。这种观点的根本错误在于误解了荣誉的政治意义。Salem 提出，阿喀琉斯在《伊利亚特》第九卷对于荣誉的超越印证了他对于大度者的解释。但事实上，阿喀琉斯虽然声称要离开战场，放弃对于荣誉的争夺，但是毕竟没有真正离开，而是保持着对于战局的关注。阿喀琉斯在第九卷的处境确实与大度者对于荣誉的模糊态度相似：他的德性超越了荣誉所能褒奖的程度，但是他所选择的生活方式又离不开对于荣誉的追求。参考 A. Parry，"The Language of Achilles"，*Transactions and Proceedings of the American Philological Association*，87(1956)，pp. 1 - 7。关于荣誉的内在价值与人类政治本性的密切关系，参考 L. Pangle，*Aristotle and the Philosophy of Friendship*，Cambridge University Press，2008，pp. 59 - 61。

② 亚里士多德认为惊异是哲学的起点（*Meta.* 982b12 - 13,983a13 - 17），这意味着缺乏惊异的大度者是没有哲学禀赋的。同时，这也说明大度者不是最好的人。比较 *NE* 1123b26 - 30，注意此处亚里士多德并没有说大度者是最好的人，而是说"如果"他配得最好的事物，那么他就是最好的人。然而，虽然大度者配得最高的荣誉，但是他并不配得而且也并不想要最好的事物。参见 Jaffa，*Thomism and Aristotelianism*，pp. 121 - 141；J. Howland，"Aristotle's Great-Souled Man"，*The Review of Politics*，64(2002)1，pp. 27 - 56。

确认知和超然态度反映了实践理性通过对血气的规范和引导来升华习俗性政治生活的能力,但是血气毕竟是一种高度政治性的欲望,其实现和完善不可能完全超越城邦共同体的视野。①

和广义正义一样,大度也缺乏与之对应的活动。与勇敢对应的活动是战斗,与节制对应的活动是吃喝和性爱,相比之下,亚里士多德并未交代大度者特有的活动,而是细腻生动地描绘了大度者的行事风格。比如,大度者不会对他人行不义,因为他不认为有值得让他这样做的事物(NE 1123b31 - 32);他不会冒琐碎而无关紧要的风险,但是在重大的危险面前他会不惜生命(NE 1124b6 - 9);他乐于施惠,但是耻于受惠;他乐于助人,但是很少甚至从不求助于人(NE 1124b9 - 18);他在有地位的人面前显得大气,在普通人面前则显得平易(1124b18 - 23);他不关心一般人热衷的荣誉,专门做伟大而引人注目的事情(NE 1124b23 - 26);他的爱憎和言行都是公开而坦率的(NE 1124b26 - 31);他的生活不关涉他人,除非是他的朋友(NE 1124b31 - 5a1),等等。从这些描绘来看,亚里士多德其实认为,真正属于大度者的"本质活动"就是在共同体生活的方方面面展现出个人的卓越和高贵,从而配得最高的荣誉。在这个意义上,"大度者的特点在于实现了每种德性的伟大"(NE 1123b30);"大度就像是德性的某种秩序(κόσμος),把它们变得更伟大,没有它们就不可能有大度"(NE 1124a1 - 3)。亚里士多德在《诗学》中提出"美丽在于尺度和秩序(μεγέθει καὶ τάξει)"②,而在大度者身上,所有伦理德性构成了一种具

---

① 亚里士多德对血气在人类欲望结构中的居间地位以及大度的模糊性有着敏锐的洞察。在《后分析篇》讨论定义问题的一个段落中,亚里士多德列举了两种不同类型的大度者,一种以阿喀琉斯为最高代表,其典型特征是无法容忍侮辱;另一种以苏格拉底为最高代表,其典型特征是坦然接受命运(Post An. 97b16 - 25)。虽然在《后分析篇》中亚氏只是提出但并未解决上述两种大度能否有一个共同定义的问题,但是 IV. 3 对大度的分析则揭示出,他实际上认为,大度是阿喀琉斯式的血气冲动和苏格拉底式的清醒理性的某种充满张力的结合。J. Howland, "Aristotle's Great-Souled Man", p. 31; Tessitore, Reading Aristotle's Ethics, pp. 31 - 35; cf. R. Eisner, "Socrates as Hero", Philosophy and Literature, 6(1982)1 - 2, pp. 106 - 118.

② Poet. 1450b36 - 37; cf. Pol. 1326a33 - 34.

有伟大尺度的美丽秩序,这正是有德性者赋予自身的伦理形式在"生存美学"意义上的整体呈现。①

由此可见,大度和广义正义在实践德性的结构中居于类似的地位,二者都是汇集了其他伦理德性的某种整体。事实上,亚里士多德将大度和广义正义分别称为"完全"(παντελής)和"完善"(τελεία)的德性(NE 1124a8,1129b26)。然而,这两个德性统合其他伦理德性的方式是完全不同的。广义正义是所有伦理德性"关涉他人"(πρὸς ἕτερον)的方面,而大度则将所有伦理德性的伟大聚集在一个人的灵魂之中,他的生活"不关涉他人(πρὸς ἄλλον μή),除非是他的朋友"(NE 1130a12－13,1124b31－5a1)。正如广义正义是伦理德性的政治维度,大度也是属于政治生活的德性。然而,前者的实质是每个人符合德性的感受和行动构成良好的共同体秩序,后者的实质则是个人在共同体面前展现自身的卓越和高贵,并获取最高的荣誉。因此,在广义正义与大度之间存在"城邦与人"的强烈张力。② 我们认为,亚里士多德所揭示的这一张力其实内在于古希腊政治文化对于血气的强调之中。正如韦尔南(J.-P. Vernant)所言,城邦政治的产生是"冲突的精神和联合的精神……彼此对立又相辅相成"的历史后果,"对于冲突、竞争、较量之价值的崇尚与要求社会统一和凝聚的共同体归属感是联系在一起的"。③ 韦尔南所谓"冲突的精神和联合的精神"正是血气的两个面向。血气是追求个体尊严、卓越和荣誉的欲望,这种欲

---

① 在给 NE 1123b30 的注释中,Stewart 写道:"大度者清楚地认识到诸伦理德性的系统统一,诸伦理德性因此得以提升",并正确地提出,大度者总是能够看到具体实践与生活整体之间的关系,因此实现了全部伦理德性的"美丽秩序"。然而,Stewart 错误地认为大度者的本质活动在于"观瞻(contemplates)其自然的κόσμος或者美丽秩序",因而是"亚里士多德对于θεωρία的具体呈现"。见 J. Stewart, Notes on the Nicomachean Ethics of Aristotle (vol. 1), pp. 335,338. 对于此类错误解释的批评,见 W. Hardie, "'Magnanimity' in Aristotle's 'Ethics'", Phronesis, 23(1978)1, pp. 67－69。
② 见伯格:《尼各马可伦理学义疏》,第 113,134－135 页:"这两个原则用它们各自的独特方式,很可能是相互冲突的方式,统领着伦理德性的领域"。cf. Tessitore, Reading Aristotle's Ethics, pp. 36－38.
③ J.-P. Vernant, The Origins of Greek Thought, Cornell University Press, 1984, pp. 45－46.

望导致人与人的竞争和冲突，从而是一种政治离心力；然而，血气的满足又不可能脱离他人和共同体的认可以及习俗规范对于个人价值的裁决，这又意味着人与人的联合与相互归属，从而是一种政治向心力。① 在某种意义上，城邦政治所展现的精神结构正是血气在离心力和向心力这两个方面实现的平衡，而《尼各马可伦理学》中大度和正义这两个德性则分别是血气在这两个方面达成的完善。

大度是实践理性对于血气离心力的规范和完善，这是相对明显的；要理解正义与血气向心力的关系，则需要将亚氏伦理学和政治学的几处不同的文本联系起来。亚里士多德认为正义和友爱密切相关，"正义的要求随着友爱的强度而自然地提高，因为二者以同样的程度存在于同样的人群之中"（NE 1160a7－8）。在某种意义上，友爱是正义最高程度的实现，"朋友之间不再需要正义，但是正义的人们还需要友爱，最高程度的正义似乎是带着友爱的"（NE 1155a26－28）。另一方面，亚里士多德又认为友爱和血气密切相关，"是血气造就了友爱"。② 既然严格意义上的友爱必须"为了朋友自身的缘故而希望他好"（cf. NE 1155b31），我们有理由推测，友爱的善意正是血气的一种展现，是血气向心力的基本机制，而这种"血气善意"所生发的"联合精神"为政治共同体及其赖以存在的正义秩序提供了起码的人性基础。我们已经看到，广义正义是伦理德性"关涉他人"的政治维度，而对他人的善意也正是伦理德性关涉他人的基本动机，例如，勇敢者在危险面前坚守阵地，这既是出于实践理性对避苦欲求的规范，体现了勇敢者面对高贵死亡的正确态度，也是出于对战友的保护和对于城邦的忠诚，而这正是勇敢这种伦理德性作为广义正义的表现。③ 进一步讲，

---

① Cf. V. Waerdt, ''Kingship and Philosophy in Aristotle's Best Regime'', *Phronesis*, 30(1985)3, pp.259－261. 正如 Waerdt 所言，血气"既支持又威胁城邦的政治统治……它所培育的既是公民友爱，又是奴役他人的欲望"。

② *Pol*. 1327b40－8a3.

③ 亚里士多德在 NE 1130a3－4 提及"正义是他人的善（ἀλλότριον ἀγαθόν)"，并对这个说法持肯定态度。在柏拉图的《理想国》中，"正义是他人的善"是色拉叙马库斯批评正义的出发点（Plato, *Republic* 343c)，而亚里士多德对广义正义和伦理德性之 （转下页）

这就是勇敢作为血气向心力的完善表现。广义正义作为政治维度统合所有伦理德性的方式就在于血气向心力将每个人的伦理形式统一凝聚为城邦的政治形式。

如果说广义正义是血气向心力在政治生活整体中的体现，那么狭义正义就是血气向心力在政治生活中一个局部领域的体现，它所关涉的是城邦公民之间的外在善分配。狭义正义的主要形式是分配正义。亚里士多德认为，分配正义需要遵守"几何平等"，也就是根据公民的"配得"（κατ' ἀξίαν）按比例分配荣誉、财富等外在善（NE 1131a25 - 26）。判断配得的标准有很多，也充满争议，但亚里士多德无疑认为真正的标准是德性。[1] 大度者正是因为具有至高的实践德性而配得最高的外在善，只不过城邦所能给他的最高荣誉仍然"配不上"他的高贵和卓越（NE 1124a7 - 9）。相应的，违背"几何平等"的分配就是不正义的，其结果是施行不义者得到比他所配得的更多的外在善（或更少的外在恶），而遭受不义者得到比他所配得的更少的外在善（或者更多的外在恶，NE 1131b19 - 24）。亚里士多德将主动违背狭义正义的人称作"贪得者"（πλεονέκτης），这种人行不义的主要动机是"针对他人"（πρὸς ἕτερον）而在荣誉、金钱、安全等方面享受多于他所配得的"获取的快乐"（NE 1130b1 - 4）。[2] 由此看来，狭义不正义是血气的一种

（接上页）关系的理解表明，虽然广义正义作为伦理德性的政治维度确实是"他人的善"，但是伦理德性的个人维度却是每个人自身的善。进一步讲，对他人之善的关切本身就是血气向心力和人类政治天性的体现，在这个意义上，广义正义对这种关切的满足也实现了正义者自身的善。

[1]　*Pol*. 1281a2 - 8, 1283a3 - 6.

[2]　Cf. B. Williams, "Justice as a Virtue", in *Essays on Aristotle's Ethics*, pp. 189 - 199; D. Sherman, "Aristotle and the Problem of Particular Injustice", *The Philosophical Forum*, 30(1999)4, pp. 235 - 248. Williams认为狭义不正义不应该有特殊的动机，因而批评亚里士多德错误地将贪得作为专属于这种恶的动机；Sherman则正确地指出，Williams的理解其实混淆了广义不正义和狭义不正义。在Sherman看来，违背广义正义的人不必有特殊的动机，虽然他"对于获得更多荣誉、金钱和安全的不当欲望导致他影响到其他人，但是影响其他人并非他想要更多的欲望的本质组成部分"；相比之下，违背狭义正义的人是"出于针对其他人的态度而寻求以他们为代价来获得更多荣誉、金钱和安全。对于这个人来说，从他人那里多得是他想要更多可分配物的欲望的本质组成部分"（Sherman, "Aristotle and the Problem of Particular Injustice", p. 242；（转下页）

败坏形式,表现为通过侵犯他人和不公平的竞争来取得自身的优越,而狭义正义的实质就是自尊和尊重他人、公平竞争和公正裁决,这些品质集中体现了血气向心力在外在善分配方面的完善。①

既然狭义正义和广义正义是血气向心力在不同层面的完善,那么狭义正义和作为血气离心力之完善的大度之间也必然存在张力。如果说广义正义和大度的张力是共同体秩序与个体卓越的张力,那么在政治外在善分配的领域,这种张力就体现为"几何平等"的正义分配原则和大度者不成比例的德性高度之间的冲突。如果严格按照正义的分配原则,那么大度者就应该成为独占最高荣誉的唯一统治者,而这又与政治生活的基本精神相违背。② 亚里士多德在 V.6 提出,严格意义上的狭义正义是"政治正义"(πολιτικὸν δίκαιον),这种正义"存在于为了实现自足而共同生活、自由而平等(ἐλευθέρων καὶ ἴσων,要么是几何平等,要么是算数平等)的人们中间,因而在不满足上述条件的人们中间就不存在相互间的政治正义,而只存在某种与之相似的正义"(*NE* 1134a26 – 30)。③ 例如,在家庭之中就不存在严格意义上的狭义正义,这不仅是因为"针对属于自身的东西不会发生严格意义上的不

(接上页)(斜体系笔者加),也就是说,他从事狭义不正义是出于一种特殊的动机,那就是以他人为代价来获得比自己所配得的更多的外在善,而这正是亚里士多德对贪得的理解。比较 *NE* 1136b34 – 7a1:即便是分配者(而非接收者)的不正义也是出于某种贪得的动机。

① 亚里士多德说"符合(狭义)正义的实践是施行不义和遭受不义之间的中道(ἡ δικαιοπραγία μέσον ἐστὶ τοῦ ἀδικεῖν καὶ ἀδικεῖσθαι)"(*NE* 1133b30 – 31, cf. 1138a28 – 32)。施行不义是一种应受谴责的过度,这是容易理解的,但是遭受不义在什么意义上是一种应受谴责的不及? 我们认为,在亚里士多德看来,不自愿地容许自己遭受不义(也就是得到少于自己所配得的外在善)是一个人缺乏血气从而缺乏自尊的体现(cf. Hardie, *Aristotle's Ethical Theory*, pp. 183 – 184; Curzer, "Aristotle's Account of the Virtue of Justice", pp. 219 – 222)。唯有认识到狭义正义是血气的完善,我们才能理解该伦理德性在什么意义上是一种与特定人类欲望相关的中道。

② Cf. Salem, *In Pursuit of the Good*, pp. 79 – 82.

③ 我们认为 *NE* 1134a26 – 30 讲的政治正义指的是狭义正义,而非广义正义,因为亚里士多德紧接着提到,对于政治正义的违背体现为"给自己分配太多无条件的善,太少无条件的恶"(*NE* 1134a33 – 34)。

义"（NE 1134b9 – 10）[1]，更是因为家庭成员在人性最为重要的方面是不平等的："奴隶完全没有思虑能力（τὸ βουλευτικόν）；女人有，但是其思虑能力缺乏权威；孩子也有，但是还不完善。"[2]这里的"完善"指的不是道德意义上的理智卓越，而是所有正常的成年男性都具备的自然意义上的理性成熟。在亚里士多德看来，只有家父才有完善的思虑能力，而不同的家父在这方面也是平等的，城邦就是由这种平等的家父公民组成的。在《政治学》中，亚里士多德反复强调，平等公民根据法律原则轮流统治和被统治的共和制（πολιτεία）才是政治生活应有的形态，而君主制和贵族制都违背了政治平等。[3] 相应地，亚里士多德在 NE V.6 也讲道：

> 这就是为什么我们不允许人来统治，而是让理性（λόγον）来

---

① 亚里士多德在 NE 1134b8 – 12 关于家庭缺乏严格意义上的正义的论述完全是从家父长的视角出发的："主人的正义和父亲的正义与公民之间的正义是不同的，它们只是相似，因为针对属于自身的东西不会发生严格意义上的不义，而财产（*此处指奴隶*）和后代（至少在他长大成人、获得独立之前）是属于一个人自身的，就像是他的一部分，而没有人会选择伤害他自身。"（斜体系笔者加）比较 *Pol.* 1160a4 – 8："抢劫伙伴的财物比抢劫公民的更糟糕，不帮助兄弟比不帮助陌生人更糟糕，打父亲比打任何其他人都更糟糕，因为正义的要求随着友爱的强度而自然地提高。"然而，即便是儿子对父亲犯下的不义，也并非严格意义上的政治不义，这是因为儿子和父亲不属于"为了实现自足而共同生活、自由而平等的人们"。
② *Pol.* 1260a12 – 14.
③ 关于平等公民轮流统治与被统治，参阅 *Pol.* 1252a14 – 16，1259b4 – 6，1261a29 – b6，1277b7 – 9，1287a16 – 18，1325b7 – 10；关于共和制，参阅 *Pol.* 1265b26 – 29，1279a37 – 39，1286b11 – 13，1288a12 – 15，1293a39 – 40，1293b31 – 34，1294a30 ff.。K. Cherry 指出，共和制最好地满足了城邦生活的内在要求，也就是尽可能广泛的政治参与，这也是为什么亚里士多德在《政治学》中用同一个词（πολιτεία）来指"城邦政体"和"共和制"的原因。参见 K. Cherry, "The Problem of Polity: Political Participation and Aristotle's Best Regime", *The Journal of Politics*, 71(2009)4, pp. 1406 – 1421。然而，亚里士多德在 *Pol.* 1288a32 – 37 提出最好的政体是君主制，这与他在《政治学》中对共和制的明显青睐相矛盾。我们认为，这一矛盾其实暴露了内在于共和政治的分配正义与个体德性的张力。比较吴飞：《人伦的"解体"：形质论传统中的家国焦虑》，生活·读书·新知三联书店，2017 年，第 408—447 页。吴飞认为亚里士多德视君主制为最佳整体，而亚氏对君主制的保留最终是因为德性超群的人非常罕见，这给君权的建立和传递造成了严重问题。我们不同意吴飞的解释，而是认为君主制从根本上违背了亚里士多德所理解的古希腊政治原则。参考 B. Yack, *The Problems of a Political Animal*, University of California Press, 1993, pp. 85 – 87。

统治，因为人的行动是出于自身的利益，从而会成为僭主。统治者应该是正义的守护者，既然如此，他也就应该是平等的守护者。进一步讲，因为他是正义的，所以他不会占有多于自己配得的善。（他不会给自己分配更多的无条件的善，除非符合他的配得比例，因此，他是为了他人而劳作，所以我们才说正义是他人的善，正如之前提到的。）因此，城邦必须给他某种补偿（μισθός），这就是荣誉和特权（τιμὴ καὶ γέρας）。但是，如果对于一个人来说这些还不够，那么他就会成为僭主。（NE 1134a35 – b8）

从这段引文来看，统治关系与政治平等的协调取决于统治者对于正义和平等的"守护"：统治者遵守"几何平等"的原则为全体城邦成员分配外在善，而他自己则因为"为了他人而劳作"并实现"他人的善"而获得一种"补偿"，也就是"荣誉和特权"。事实上，在亚氏政治学的语境中，"所谓荣誉（τιμάς）指的就是统治权（ἀρχάς）"。① 统治者用正义的统治换得统治权带来的荣誉，再加上公民按照法律规定轮流统治和被统治的原则，统治关系与政治平等的协调得以实现。问题在于，如果城邦中出现一位大度者，其德性的高度超过了最高的荣誉和特权所能"补偿"的程度，那么严格按照"几何平等"的分配原则，他就应该独占最高的荣誉和特权，成为城邦的永久统治者，但是这就无异于瓦解了政治生活本身。② 狭义正义和大度的悖谬就在于，根据狭义正义的

---

① Pol. 1281a31.

② Pol. 1284a3 – 17,1284b25 – 34,1288a15 – 29,1325b10 – 14,1332b16 – 23. 在这几处文本中，亚里士多德提出配当君主的人应该德性超群，是"人中之神"，但是君主之德的神性显然并非哲学沉思所达到的那种神性，而是常人所不能及的"神圣的和英雄般的德性"，其典型代表是特洛伊的保卫者赫克托尔（比较 NE 1145a18 – 22 和 Pol. 1332b16 – 18），这是一种伟大的政治德性。同时，在 NE IV.3 对于大度者的刻画中，亚里士多德反复提及勇敢和乐于施惠这两个特征，而在 NE X.7，他说"在符合德性的实践活动中，政治和军事行动是尤其高贵和伟大的"（NE 1177b16 – 17）。结合上述两组文本，我们认为，大度之德应该最鲜明地体现为保卫城邦度过生死存亡危机的军事行动，而大度者正因为居功至伟而理应成为君主（cf. Hardie, "'Magnanimity' in Aristotle's 'Ethics'", pp. 70 – 72）。这样看来，大度成为君主是"时势造英雄"的结果，而不应该是政治生活的常态。

政治原则,大度者的出现必然使得政体从共和制转变为君主制,从而导致城邦的统治方式从政治统治转变为家父统治,而这就取消了作为一项政治原则的狭义正义。

在一定程度上,正是为了消除狭义正义与大度、政治秩序与个人德性的冲突,亚里士多德在 *NE* V.10 提出了一种更高的正义,也就是公道(ἐπιείκεια):"同一件事既是正义的,又是公道的,然而,虽然二者都是善,公道却更好……公道就是正义,但是并非法律的,而是对于法律正义的纠正。"(*NE* 1137b10 – 13)[①]法律正义需要纠正,因为它是由普遍规则构成的,但是"对于某些事情我们不可能给出正确的普遍规则"(*NE* 1137b13 – 14)。[②] 根据德性高低来分配外在善的狭义正义就是一种普遍规则,但我们已经看到,这项规则一旦原封不动地运用于德性超群的大度者,就会瓦解它赖以存在的政治共同体。因此,在极端情况下,狭义正义必须有所变通,而对于正义的恰当变通就是公道的实质:

> 当法律制定了普遍的规则,而又出现一个不服从普遍规则(παρὰ τὸ καθόλου)的案例,这时候下述做法就是正确的:在立法者制定的规则因绝对化而忽视具体情况从而犯错之处,纠正其疏漏,给出立法者自己如果身临其境便会给出的裁决,执行立法者自己如果知悉情况便会立的法。因此,公道就是正义,而且好于其中一种正义;它并不好于绝对意义上的正义,而是好于正义因绝对化而犯的错误。(*NE* 1137b19 – 25)

---

① 此处我们采纳了 Salem 的解释,见 Salem, *In Pursuit of the Good*, pp. 81 – 82。由于亚里士多德在 *NE* V.7 区分了"自然(φυσικόν)正义"和"法律或习俗(νομικόν)正义"(*NE* 1134b18 – 19),同时又将公道表述为"对于法律正义(νομίμου δικαίου)的纠正",一些学者认为公道体现了高于习俗性法律的自然法或者自然正确。对于这一观点的准确批评,见 B. Yack, "Natural Right and Aristotle's Understanding of Justice", *Political Theory*, 18(1990)2, pp. 227 – 228。关于公道对于法律正义的纠正,另见 Sherman, *The Fabric of Character*, pp. 13 – 28, Sherman 认为公道观念集中展现了亚里士多德伦理学和康德伦理学的区别。

② Cf. Plato, *Statesman* 294a ff.

在给大度者分配荣誉的情况中，真正适用的不是狭义正义的规则，而是公道对于这一规则的纠正。然而，如果城邦将这种纠正强加于大度者，这就不是公道，而是不义了。在亚里士多德看来，城邦应该承认大度者有权独占至高的荣誉并成为君主，但是大度者自己应该表现出公道，满足于低于自身德性的荣誉，放弃成为君主的权利。这既符合大度者对于荣誉的超然态度，又符合公道的精神："不斤斤计较(ἀκριβοδίκαιος ἐπὶ τὸ χεῖρον)[1]，而是满足于获得少于自己所配得的，尽管他在法律上占理，这种人就是公道者(ἐπιεικής)，他的这种品质就是公道。"(NE 1138a1 - 3)这句引文对于公道者的刻画符合希腊语对于ἐπιεικής的日常理解，而公道作为一种纠正和变通普遍规则从而真正实现正义的德性，就是亚里士多德对于日常公道观念的概念化扩展。[2] 然而，大度者的公道表明，亚氏伦理学的中道概念并未脱离日常公道观念的基本意涵，正是后者揭示出公道在大度者灵魂中的性情基础，这种性情基础就是血气离心力和向心力的完美平衡。[3] 大度是血气离心力的完善，体现为个人对于超群卓越和至高荣誉的追求，而广义正义和狭义正义是血气向心力在不同层面的完善，前者体现为伦理德性的政治维度和城邦的良好秩序，后者体现为外在善的公平竞争与公正分配。大度和正义以不无冲突的方式整合了所有伦理德性，而公道是对于二者的调和。因此，在亚里士多德笔下，广义上的"公道者"指的就是好人(NE 1137a34 - b2)。超然于荣誉、放弃最高统治权的公道之举并非大度者对于自身血气的抑制和对于城邦公共善的妥协，而恰恰是血气的最高境界和升华的满足，因为正是这种超然与放弃在最高的程度上体现了实践理性对于血气的规范和引导："公道者听从理性(ἐπιεικὴς πειθαρχεῖ τῷ νῷ)。确实，好人会为了朋友和祖国做很多

---

① 原文ἀκριβοδίκαιος ἐπὶ τὸ χεῖρον的字面意义是："以糟糕的方式过度要求正义的精确实现。"

② 参见 L. Brown 的注释，*The Nicomachean Ethics*，trans. D. Ross，ed. L. Brown，Oxford University Press，2009，p.235。

③ 作为血气的完善，公道和广义正义一样是一种政治性的伦理德性。参阅 *NE* 1143a31 - 32："公道之事是所有好人在他们与他人打交道时(ἐν τῷ πρὸς ἄλλον)共同关心的。"

事情,若有必要甚至会献出生命。因为他会放弃财富、荣誉,以及普遍而言人们竞相争夺的那些善(ὅλως τὰ περιμάχητα ἀγαθά),而将高贵(τὸ καλόν)留给*自己*。"(*NE* 1169a17 - 22, cf. 1136b20 - 22)①

2.5 高贵与道德形式

在对于各个具体伦理德性的分析中,亚里士多德反复强调,符合伦理德性的实践应该以高贵(τὸ καλόν)为目的(e. g. *NE* 1115b12 - 13,1119b15 - 16,1120a23 - 24,1122b6 - 7)。那么,究竟什么是τὸ καλόν? 基于伦理学的语境,我们一直将τὸ καλόν译为"高贵",但是对亚里士多德而言,τὸ καλόν的基本意涵是不带道德色彩的。正如ἀρετή的基本意涵是"卓越"或者"优秀",只是在伦理学中才指"德性",τὸ καλόν的基本意涵是"合适"②,它可以展现于诸多不同的领域,但是无论在哪个领域,τὸ καλόν的基本意涵都表现为某种部分以合适的方式构成某种整体。在最抽象的形而上层面,τὸ καλόν指的就是秩序,例如,在数学的领域,τὸ καλόν的"最主要的形式是秩序、对称、确定性"。③ 在美学领域,τὸ καλόν"在于尺度和秩序"。④ 在生物学中,τὸ καλόν体现于生物体的各种器官构成生命整体的合目的性:"自然的作品比技艺的作品具有更高程度的目的和τὸ καλόν"。⑤ 在上述不同的领域中,因为部分和整体的意义有所不同,部分构成整体的方式也不相同,所以τὸ καλόν的具体表现也有差异,但是它作为"合适"的基本意涵无一例外指向了秩序的构建。在亚里士多德看来,对于特定实体来说,其各个部分以一定的秩序构成整体,这本身就是形质论最基本的表现。⑥ 在这个意义上,亚里士多德哲学中的τὸ καλόν概念和形式

---

① Cf. Tessitore, *Reading Aristotle's Ethics*, pp. 41 - 42.

② *Top*. 135a12 - 14.

③ *Meta*. 1078a36 - b2.

④ *Poet*. 1450b36 - 37; cf. *Pol*. 1326a33 - 34.

⑤ *PA* 639b19 - 21; cf. *NE* 1106b14 - 16.

⑥ Cf. *Phys*. 188a19 - b25.

概念之间有着深层的思想关联；也正是在这个意义上，τò καλόν的伦理学意涵凸显了实践德性构建人类生活秩序的基本方式，即从部分到整体的横向扩展，而正是这种扩展实现了政治生活的幸福。

现代研究界关于τò καλόν的解释众说纷纭，在我们看来，其中最具理论意义的是 Irwin 和 Cooper 这两位学者围绕τò καλόν的"美学解释"是否适用于伦理学语境的分歧。Irwin 认为τò καλόν凸显秩序美感的意涵不适于伦理学语境，因为在伦理学中，那些旨在实现公共善的道德实践才是καλόν的。[①] Cooper 则坚持τò καλόν的"美学解释"，认为符合德性的道德实践和数学规律一样展现出某种"秩序、对称、确定性"，也就是说，有德性者的实践生活应该呈现为"平衡、和谐、整全的行动系列"，并在这个意义上是καλόν的。[②] 我们更加赞同 Cooper 的整体解释倾向，但是要提出两点补充。首先，在亚里士多德看来，美学和道德意义上的秩序原则都从属于更为根本的形式原则，因此，对于τò καλόν的更加本源的哲学解释并非美学的，而是形质论的。其次，我们认为应该将 Irwin 强调的道德实践对于公共善的考虑也纳入τò καλόν的秩序意涵：符合德性的道德实践之所以是καλόν的，这既是因为它实现了有德性者良好的个人生活秩序，也是因为它参与构建了良好的城邦政治秩序。在本章的开头，我们将伦理德性致力于实现的中道解说为道德形式，而作为伦理德性的普遍目的，τò καλόν的上述两方面意义正好对应于道德形式的两个方面，也就是我们反复提及的伦

---

① T. Irwin，"The Sense and Reference of *Kalon* in Aristotle"，*Classical Philology*，105（2010）4，pp. 381 – 396.

② Cooper，*Reason and Emotion*，p. 274；cf. Sherman，*The Fabric of Character*，pp. 84 – 86；R. Kraut，"An Aesthetic Reading of Aristotle's Ethics"，in *Politeia in Greek and Roman Philosophy*，eds. V. Harte and M. Lane，Cambridge University Press，2013，pp. 231 – 250. 然而，Cooper 提出τò καλόν是专属于血气（而非其他欲望）的对象和专属于伦理德性（而非实践智慧）的目的。我们不同意这种观点，而是认为τò καλόν体现了理性欲望对于非理性欲望的规范和引导，它是实践德性作为一个整体的目标。另见 Sherman，*The Fabric of Character*，pp. 106 – 117。Sherman 很好地解释了为什么坏人的生活不可能形成完美的秩序。

理形式和政治形式。

　　具备伦理德性的人实现道德形式的具体方式是在每一个实践情景中选择中道。如果选择是实践的本原，那么符合中道的选择就是良好实践的本原。在亚里士多德的形质论思想中，本原就是形式，因此，符合中道的选择是道德形式的真正落实，因为正是这种选择一方面实现了实践理性着眼于生活整体之善对于各种人类欲望的规范和引导，另一方面也实现了政治共同体的良好秩序对于个人实践生活的统合。在这个意义上，当选择实现了中道，它所指向的真正对象就是 τò καλόν。我们此前提出，作为理性欲望，选择的对象是"作为善的善"，而在 NE II-V 的实践性语境中，"作为善的善"不是某一项具体的人类活动，而是包括欲求和血气在内的人类欲望和实践理性的良好互动，即，以合乎德性的方式从事人之为人的本质活动。事实上，这就是政治幸福的基本涵义。政治幸福不是一项具体的至善，而是所有实践性的善所构成的整体秩序和完美形式，这一整体秩序和完美形式就是 τò καλόν。

　　我们已经指出，伦理德性和实践智慧是相互依存、一体两面的，任何一个伦理德性的实现都离不开实践理性对于欲望的规范和实践智慧对于中道的规定。NE II-V 对于伦理德性的本质和各个具体伦理德性的分析呈现出从感受到行动、从欲望到理性、从个人到城邦的整体论述方向，其中，从欲望到理性的推进无疑是最核心的线索。虽然着眼于 τò καλόν 的思虑和选择在所有伦理德性的实现中都发挥着理性规范的作用，但是在不同的伦理德性中，实践理性的运作方式和参与程度是不同的。勇敢和节制所关涉的是人类最基本的欲求，实践理性对这些欲求的规范主要体现为道德主体通过反复从事尽可能符合中道的具体实践来塑造自己对于快乐和痛苦的良好感受能力。大度和正义以不同的方式体现了血气的完善，大度者对自己的内在卓越和配得的外在荣誉的清醒认知体现了高度的理性反思，而实现广义正义的政治行动和符合狭义正义的合理分配则更加需要复杂的理性思考。最终，公道作为一种纠正和变通普遍正义规则的能力，一方面要求对具体情形进行细致准确的剖析,另一方面需要对正义的内在精神持有不拘于字面的深刻理解。事实上,在公道的运作中,我们已经很难区分出伦理德性和实践智慧这两个方面了。[①] NE II. 6 对于伦理德性的定义已经提到实践智慧,正是实践智慧规定了伦理德性所要实现的中道;在 NE III-V 完成对于各个具体的伦理德性的分析之后,亚里士多德在 NE VI 展开了对于实践智慧的正面阐述。

---

① 关于公道究竟是伦理德性还是理智德性,比较 G. Barden, "Aristotle's Notion of *Epieikeia*", in *Creativity and Method*：*Essays in Honor of Bernard Lonergan*, ed. M. Lamb, Marquette University Press, 1981, pp. 352 – 353 和 R. Shiner, "Aristotle's Theory of Equity", *Loyola of Los Angeles Law Review*, 27(1994)4, p. 1251, n. 25。Barden 错误地认为公道是一种理智德性,我们同意 Shiner 对他的批评：不能仅仅因为实践智慧在公道的运作中发挥着重要的作用,就认为公道自身是一种理智德性。然而,我们同时也应该看到 NE III-V 对于具体伦理德性的分析呈现出愈发理智化的趋势。和勇敢、节制这样的德性相比,正义对实践智慧有着更高的要求,而公道则是全部伦理德性中最需要实践智慧的。正如伯格所言,"公道要求针对特殊情境的反应应该采取一些考虑到特殊变量的判断,这使得公道像一种已经被转变为了 *phronesis* 的伦理德性"(伯格：《尼各马可伦理学义疏》,第 169 页,译文有调整)。在这个意义上,亚里士多德对于公道的探讨实现了从 NE III-V 向 NE VI 的过渡。

三、 理智德性

3.1　正确理性和实践真理

在 *NE* VI.1 的开头,亚里士多德简要回顾了伦理德性定义中的第三个要素,也就是实践智慧对中道的规定:"由于我们先前已经提出,应该追求中道,而非过度与不及,而中道又是由正确的理性(ὁ λόγος ὁ ὀρθός)决定的,因此,我们应该说明什么是正确的理性"(*NE* 1138b18 – 20)。所谓"正确的理性"指的就是实践智慧(*NE* 1144b23 – 24),这个表述最早出现于 *NE* II.2 的开头:"我们必须预设这条公认的原则:应该根据正确的理性(τὸν ὀρθὸν λόγον)来从事实践。关于正确的理性,我们之后将说明它是什么以及它与其他德性的关系何在。"(*NE* 1103b31 – 34)上述两处文本的呼应说明第六卷的主要任务在于说明实践智慧"是什么以及它与其他德性的关系何在",从而最终完成第二卷以来关于实践德性的探讨。这也意味着,第六卷关于技艺、科学、哲学智慧等理智能力和德性的讨论在很大程度上是为了界定实践智慧的运作方式,因此,*NE* II-VI 作为一个整体是亚氏伦理学关于实践德性的系统论述。

亚里士多德紧接着提出,第六卷重新回到正确理性这一主题的主要原因在于,此前关于伦理德性的讨论其实未能给我们提供足够实质的道德指导。在第二卷运用中道观念来定义伦理德性的时候,我们就已经发现,亚里士多德对于中道的解释是高度形式化的,所谓中道指的就是"在应当的时间，关于应当的对象，针对应当的人，为了应当的目的，以应当的方式"来感受和行动，这样的实践就是"合乎中道的和最好的，也就是符合德性的"（*NE* 1106b21 - 23）。在很大程度上，*NE* III. 6 - V 对于各种具体伦理德性的分析就是中道的形式规定在不同实践领域中的运用：例如，勇敢就是"为了应当的目的，以应当的方式，在应当的时间面对和害怕应当的对象，并在类似的条件下有信心"（*NE* 1115b17 - 19），节制就是"以应当的方式、在应当的时候欲求应当的对象"（*NE* 1119b16 - 17）。总之，所有符合伦理德性的实践都表现为"欲望与理性和谐一致"，"根据情形所需、按照理性的要求去感受和行动"（*NE* 1115b19 - 20，1119b15 - 16）。而在完成了对于各种具体的伦理德性的分析之后，亚里士多德承认："这样的说法虽然是真的（ἀληθές），但是并不明确（σαφές），因为对于其他所有涉及知识的事情而言，这种说法都是真的，即，我们应该张弛得当，避免过度与不及，按照正确理性的规定来实现中道。然而，仅仅知道这一点并不会让一个人更加明理，正如，如果有人告诉我们，要治病就应该按照医生的规定做一切医术所要求的，这也无法让我们懂得究竟应该如何治疗身体。"（*NE* 1138b25 - 33）

事实上，亚氏伦理学论述的形式化倾向不仅体现为中道学说。第一卷对于幸福的论述同样始于 *NE* I. 1 - 2 和 *NE* I. 7 前半部分关于人类至善的形式特征的探讨；*NE* I. 7 的活动论证虽然给出了相对实质的幸福定义：幸福是符合德性的实践活动，然而，所谓德性指的不过就是让我们能够良好地完成人类本质活动从而实现幸福的那种品质。就此而言，亚里士多德的幸福观念和他的中道观念一样是极为形式化的。不过，活动论证和中道学说的形式化特征所暴露的并非亚氏伦理学的理论缺陷，而是伦理学作为一门关于实践的科学的根本困难。亚里士多德对这一困难有着清楚的自觉和深入的反思，这一点集中体现在他关于伦理学的理论精确性的讨论之中。在 *NE* I. 3，亚里士多德提醒读者，"我们不应该向所有理论（ἄπασι τοῖς λόγοις）要求同样的精确性"，具体而言，由于实践生活充满了科学理性无法充分把握的种种

"差异和变动"（διαφορὰν καὶ πλάνην），伦理学只能达到与其"题材"（ὕλην）相符的精确性程度，"以粗略和大概的方式（παχυλῶς καὶ τύπῳ）来指示真理"（NE 1094b10–16）。在 NE II. 2 展开对于中道观念的初步讨论之前，亚里士多德重提伦理学的理论精确性问题："整个关于实践的理论（ὁ περὶ τῶν πρακτῶν λόγος）只能以大概的和不精确的方式（τύπῳ καὶ οὐκ ἀκριβῶς）被给出"，从而与其"题材"（ὕλην）相符；由于实践生活"缺乏恒定性"（οὐδὲν ἑστηκὸς ἔχει），每个道德主体"总是必须自己来考虑怎样从事实践才合乎情境（τὰ πρὸς τὸν καιρόν）"（NE 1104a1–10）。① 在很大程度上，这两处关于伦理学缺乏精确性的讨论是亚里士多德为活动论证和中道学说的形式化特征所作的预先说明。在活动论证完成之后，亚里士多德说："让我们将至善大致解说（περιγράφω）如上"（NE 1098a20–21），接着便再次强调伦理学的精确性必须与其"题材"（ὕλην）相符（NE 1098a26–29），这显然是在呼应 NE I. 3 关于该问题的初步讨论。同样，紧跟在 NE II. 2 关于伦理学精确性的进一步讨论之后，亚里士多德接着便："尽管此种理论（τοῦ παρόντος λόγου）具有上述特征，让我们还是尽力提供帮助"（NE 1104a10–11），然后就过渡到第二卷关于中道的首次讨论（NE 1104a11 ff.）。由此可见，在活动论证和中道学说这两个德性伦理学的关键环节上，亚里士多德都充分意识到了伦理学作为"关于实践的理论"的内在困难：一方面，伦理学和其他科学一样是一种理论，由普遍抽象的论述或"逻格斯"（λόγος）组成（活动论证和中道学说就是这种逻格斯的实例）；另一方面，实践生活是由复杂多变、具体个别的情景与时机、冲突与难题、思虑与选择、感受与行动构成的，这种题材或"质料"（ὕλη）又必然抗拒被普遍抽象的、形式化的逻格斯所把握。在关于伦理学精确性的讨论中，亚里士多德反复提及 ὕλη 一词（NE

① 在 NE III.1 对"混合行为"（其实质是各种各样的道德选择困境）的讨论中，亚里士多德讲道："我们往往很难判断应该以什么为代价而选择什么，应该以什么为目的而承受什么"（NE 1110a29–30）。另见 NE IX.2。

1094b12,1098a28,1104a3)，虽然根据语境应该将它译为"题材"，但是这个词作为"质料"的意涵在整个亚氏哲学体系中的地位如此重要，而且λόγος一词在亚里士多德笔下又往往和"形式"同义①，这让我们很自然地得出如下结论：从根本上讲，伦理学的精确性问题所揭示的乃是亚里士多德思想中"形式－质料"张力在其实践科学的"理论－题材"关系中的展现。②

我们认为，伦理学论述不可避免的形式化和其对象固有的质料性之间的张力是这门科学的根本困难，而《尼各马可伦理学》第六卷正是要处理这一困难。在上一章的讨论中，我们提出，在具体的实践情境中，定义伦理德性的中道所涉及的种种"应当"往往以极为复杂微妙而又充满张力的方式纠缠在一起，难以一并顾全，而实践智慧的任务就是衡量各方面因素进行思虑，得出恰到好处的选择，从而尽可能全方面满足中道的要求、完成符合德性的实践活动，由此而实现幸福。既然我们将中道解说为道德形式，那么归根结底地讲，实践智慧的任务就是将道德形式赋予复杂多变的实践生活之质料，实现人作为一种道德实体的形式与质料的完美结合。如果说伦理学的理论形式和题材质料之间的张力导致其精确性的缺乏，那么道德意义上的形式和质料在人类本质活动中的完美结合则意味着另一种精确性的实现。虽然伦理学对于道德实践的论述注定是不精确的，但这并不意味着道德实践自身不可能具备高度的精确性。亚里士多德一方面说"我们不应该向所有理论要求同样的精确性，正如不应该向所有的技艺作此要求"（NE 1094b12－13），另一方面又说"如果德性比任何技艺都更加精确

---

① E. g. *Phys.* 194b26－27.

② Cf. Stewart, *Notes on the Nicomachean Ethics of Aristotle* (vol. 1), p. 117－118; J. McDowell, "Virtue and Reason", *The Concept of a Person in Ethical Theory*, 62 (1979)3, pp. 331－350. Jaffa 提出，伦理学的精确性就在于精确地保存内在于其题材的模糊性，见 Jaffa, *Thomism and Aristotelianism*, p. 114。关于亚氏伦理学精确性问题的系统研究，参考 G. Anagnostopoulos, *Aristotle on the Goals and Exactness of Ethics*, University of California Press, 1994。虽然活动论证和中道学说是形式化的，但是它们并非空洞的，因为亚里士多德的形式概念本身就具有规范性：只有好人的生活才能真正"成形"(cf. McDowell, *The Engaged Intellect*, pp. 29－30)。

(ἀκριβεστέρα)和更好,正如自然也是如此,那么德性也应该是善于击准(στοχαστική)中道的"(NE 1106b14 – 16)。这两句话之所以并不矛盾,是因为前一句提到的精确性指的是理论精确性(theoretical exactness),而后一句提到的精确性指的是实践精确性(practical exactness)。① 亚里士多德其实认为,当一个有德性的人在具体的实践情境中恰到好处地"击准中道",他的感受和行动就实现了一种符合"实践真理"的精确性,只不过这种实践的精确性很难用伦理学的理论话语来表述,正如亚里士多德所言,"一个人偏离中道到何种程度才应该被谴责,这一点不易在理论上(λόγῳ)界定"(NE 1109b20 – 21)。② 同样,在对于伦理德性的定义中,亚里士多德提出中道是由λόγος来规定的,而在上述引文中,他又说λόγος难以界定中道所允许的偏离程度,这两方面的说法也并不矛盾,因为后一个λόγος指的是科学理性,体现为伦理学的论述,而前一个λόγος指的是实践理性,也就是"有实践智慧的人用以规定中道的那种理性"。只有实践智慧,作为实践理性特有的德性,才能够在现实生活中精确地"击准中道",而这就是亚里士多德在 NE VI 试图探讨的"正确的理性"。为实现这一目标,他着重阐述了实践理性如何区别于其他类型的理性、实践真理如何区别于其他类型的真理,而在第六卷的实际论述中,不同类型的理性能力和人类灵魂不同的求真方式又错综复杂地交织在一起。因此,解读这一卷文本的最大挑战就在于如何厘清不同类型的理性、不同种类的真理之间的关

---

① 在第二卷和第六卷,亚里士多德多处提及理论精确性,例如,在技艺的范畴内,越是精确的技艺越不需要思虑(NE 1112a34 – b8);技艺的智慧属于"更精确的"(ἀκριβεστάτοις)匠师(NE 1141a9 – 10);哲学智慧是"最精确的"(ἀκριβεστάτη)知识(NE 1141a16 – 17)。关于实践精确性,参见 Cooper, *Reason and Emotion*, pp. 274 – 275。关于亚里士多德用来表述德性实现实践精确性的"击准"(στοχαστική)一词,参见 A. London, "Moral Knowledge and the Acquisition of Virtue in Aristotle's 'Nicomachean' and 'Eudemian Ethics'", *The Review of Metaphysics*, 54(2001)3, pp. 553 – 583。

② 比较伯格:《尼各马可伦理学义疏》,第 95 页:"一个特殊的人在一个特殊的情景中所做出的感觉和行动上的正确反应是一个永远不可重复的标准;对于它的判断需要最大程度上的灵活性。"

系。① 接下来,让我们首先概括亚里士多德对于人类理性类型和灵魂求真方式的区分,然后深入分析实践理性和实践智慧的独特性。

3.2　人类理性的求真方式

在 *NE* VI. 1,亚里士多德将人类理性分为科学理性(τὸ ἐπιστημονικόν)和思虑理性(τὸ λογιστικόν)两部分,前者关涉的是"存在者中所有那些本原不变的事物",后者关涉的是"可变的事物"(*NE* 1139a5 - 12)。② 我们会发现,实践理性是思虑理性的一部分。紧接着,*NE* VI. 2 集中探讨了实践理性与欲望的内在关联:"对于既非实践性也非制作性的理论性思考部分(θεωρητικῆς διανοίας)而言,其良好或拙劣的运作就体现为真理或谬误,因为这是一切思考的本质活动,而对于既是实践性又是思考性的部分(πρακτικοῦ καὶ διανοητικοῦ)来说,其良好的运作体现为真理和正确欲望和谐一致。"(*NE* 1139a27 - 31)

从上述区分可知,所谓科学理性就是灵魂中理论性的思考部分,而思虑理性则包括实践性和制作性的思考部分。我们不妨将前者把握的真理称作"理论真理",将后者中制作理性和实践理性把握的真理分别称作"制作真理"和"实践真理"。不过,此处虽然已经提及与理论理性和实践理性都不同的制作理性,但是亚里士多德并未交代这种理性探究真理的方式,其运作与人类欲望的关系也不甚明了。在 *NE* VI. 2 的末尾,他总结道:"两种理智部分(νοητικῶν μορίων)的本质活动都在于真理,因此,那种让它们最能够探求真理(ἀληθεύει)的品质就是它们各自的德性。"(*NE* 1139b12 - 13)此处"两种理智部分"指的应该是科学理性和实践理性。不过,*NE* VI. 3 随即提出人类灵魂中"探求真理"(ἀληθεύει)的能力有五种,分别是"技艺、科学、实践智慧、哲学

---

① 关于 *NE* VI 的总体意图,参见 Broadie, *Ethics with Aristotle*, pp. 185 - 190。

② 我们之所以认为科学理性和思虑理性的区分不是逻格斯意义上的理论区分(像曲线的凹面和凸面之分那样),而是存在论意义上的实际区分,是因为该区分的根据在于两种理性各自的对象在存在方式上的差异(*NE* 1139a8 - 11, cf. *DA* 429a13 - 18; Stewart, *Notes on the Nicomachean Ethics of Aristotle* 〔vol. 2〕, pp. 11 - 12)。

智慧、理智"(τέχνη ἐπιστήμη φρόνησις σοφία νοῦς)(NE 1139b15 - 17)。我们下面会谈到,理智又可分为理论理智和实践理智,前者和科学一起构成了哲学智慧,后者则是实践智慧的最高境界。因此,人类灵魂其实具备三种求真的方式:技艺、哲学智慧(科学和理论理智)、实践智慧(良好思虑和实践理智),分别对应于制作理性、科学理性、实践理性。NE VI.4 简要讨论了技艺,将技艺定义为"具备真确理性的制作性品质(ἕξις μετὰ λόγου ἀληθοῦς ποιητική)"(NE 1140a9 - 10)。NE VI.3 和 NE VI.6 - 7 集中讨论了哲学智慧:理论理智是对于本原(ἀρχαί)的把握(NE VI.6),科学是以本原为前提的,由必然的(ἐξ ἀνάγκης)、永恒的(ἀΐδιον)、普遍的(καθόλου)真理所构成的推论性知识(NE VI.3),而二者的结合就是哲学智慧(NE 1141a17 - 19)。① NE VI.5 初步界定了实践智慧:实践智慧是"和属人的善恶相关的真确的具有理性的实践性品质(ἕξιν ἀληθῆ μετὰ λόγουπρακτικὴν περὶ τὰ ἀνθρώπῳ ἀγαθὰ καὶ κακά)"(NE 1140b4 - 6)。随后,亚里士多德又在 NE VI.8 指出,实践智慧不仅包括个人的维度,还包括政治的维度,后者在宽泛的意义上包括家政智慧、统治智慧、立法智慧(NE 1140b7 - 11,1141b23 ff.)。② 三种灵魂求真的方式最基本的区别在于各自求真领域的不同:技艺的求真领域是制作,实践智慧的求真领域是实践,哲学智慧的求真领域是作为整体的自然。由于人也是自然的一部分,哲学智慧的对象也包括人。在亚里士多德的著作中,《论灵魂》包括对人类灵魂的探讨,《尼各马可伦理学》和《政治学》研究的是人类实践,《诗学》和《修辞学》研究了两种重要的人类制作。③ 然而,亚里士多德提出哲学智慧尤其

① 亚里士多德在 NE VI.3 将我们对于本原的把握归之于经验性的归纳(cf. An. Post. 100b3 - 4),在 NE VI.6 又归之于理论理智的直观(cf. An. Post. 100b5 - 17),这两方面说法并不矛盾,因为虽然归纳为理智直观提供了经验基础,但是它自身不可能具备严格意义上的普遍性,而是需要理智直观将其结果确立为能够为科学奠基的普遍本原。

② 关于实践智慧的分类,见 Stewart, *Notes on the Nicomachean Ethics of Aristotle* (vol. 2), p.64。

③ 需要特别注意的是,亚里士多德的制作科学(由《诗学》和《修辞学》构成)和实践科学(主要由《尼各马可伦理学》和《政治学》构成)所展现的既不是演说家和诗人的技艺,也不是公民、政治家和立法者的实践智慧,而是哲学家用以研究技艺制作和实践生活(转下页)

关注"在自然上最崇高的对象"（NE 1141b3），而非人类，进而又列举研究自然整体的泰勒斯和阿拉克萨哥拉为哲学家的典范（NE 1141b3 - 8）。可见，他心目中的哲学智慧主要考察的是人之外的自然（我们在本章的讨论中也将预设这一点，因此，行文中出现的"自然实体"一词指的是非人的自然事物）。①

在灵魂的三种求真方式中，亚里士多德在 NE VI 主要关注的是实践智慧，他对于技艺和哲学智慧的论述在很大程度上是为了凸显实践智慧的独特运作方式。和哲学智慧研究的自然实体不同，实践不仅自身是可变的，其本原也是可变的（NE 1140a31 - b3）；哲学智慧只考察普遍的科学知识，实践智慧则既要把握普遍的实践原则，也要把握实践所涉及的个别事物（NE 1141b14 - 16）。另一方面，和以外在产品为目的的制作不同，实践的目的就是"良好的实践"（εὐπραξία）本身（NE 1139b1 - 4，1140b6 - 7）。此外，任何技艺产品都只能实现人类生活的某种局部目的，而实践智慧关注的是人类生活的整体之善（NE 1140a25 - 31）。事实上，技艺就其自身而言与实践之善无关，这体现为"在技艺的情况中，故意犯错的人更加可取，而对于实践智慧，正如对于德性而言，则是相反"（NE 1140b23 - 24）。

（接上页）的科学理性和哲学智慧（cf. Gadamer，*The Idea of the Good in Platonic-Aristotelian Philosophy*，pp. 160 - 162）。只不过，和研究一般自然的理论科学（如《物理学》和亚氏的诸生物学著作）不同，制作科学和实践科学并非为了知识本身，而是为了指导制作和实践（cf. Joachim，*Aristotle*，*The Nicomachean Ethics*，pp. 13 - 16）。制作和实践本身的可变性，并不妨碍关于它们的科学知识是必然、永恒、普遍的。例如，"幸福是人类灵魂的符合德性的实践活动"就是一则必然、永恒、普遍的实践科学原理。亚氏制作和实践科学著作包含大量非推论性的辩证讨论，这亦不妨碍其科学性，事实上，包括《物理学》在内的所有亚氏哲学著作都包含大量非推论性的辩证讨论。亚里士多德在《后分析篇》中阐述的从本原到结论逐步推论的科学体系结构指的是完善的科学知识所应该具备的与其研究对象的存在结构一致的知识结构，但是他自己的科学著作并非已然完善的知识体系，而是呈现出哲学研究从"对我们而言更可知之物"向"就自然而言更可知之物"推进的辩证性运动（cf. G. Owen，"Tithenai ta phainomena"，in *Logic*，*Science and Dialectic*；*Collected papers in Greek philosophy*，ed. Nussbaum，Cornell，1986，pp. 239 - 251；Nussbaum，*The Fragility of Goodness*，pp. 240 - 263；Hardie，*Aristotle's Ethical Theory*，pp. 34 - 42）。关于亚里士多德科学体系的划分，参考聂敏里："亚里士多德对科学知识体系的划分"，载于《哲学研究》2016 年第 12 期，第 71—78 页。

① Cf. Salkever，*Finding the Mean*，pp. 100 - 101.

从表面上看,*NE* VI.1-8的一系列区分是清楚分明的,然而,如果我们将 *NE* VI.1 对于理性的两重区分和 *NE* VI.3 对于求真方式的三重区分联系起来,就会发现,亚里士多德对于科学理性和思虑理性各自对象的界定存在一个虽然不易察觉、但却极为重要的模糊性。哲学智慧属于科学理性,这是显而易见的;技艺和实践智慧似乎都属于思虑理性,因为所谓"可变的事物"就是"制作的事物和实践的事物"(ποιητὸν καὶ πρακτόν,*NE* 1140a1-2)。但是,一方面,科学理性关涉的是本原不变的自然实体,而一切形质复合的自然实体都是可变的;自然实体的形式作为其本原是不可变的,它所包含的质料则是可变性的根源。另一方面,虽然技艺关涉的是制作,而制作是一种典型的生成变化,但是技艺产品的形式本原同样是不可变的。[①] 因此,自然实体和技艺产品都属于"存在者中所有那些本原不变的事物",所以都应该是科学理性考察的对象。与这类事物相比,实践不仅自身是可变的,而且其本原(也就是选择)也是可变的,因此,它不可能是科学理性的对象,而只能是思虑理性的对象。然而,亚里士多德说思虑理性关涉的是"可变的事物",而非"本原可变的事物",这让他能够将制作和实践都归给思虑理性,甚至如果细究的话,连自然实体也应该是思虑理性的对象,因为它显然是可变的。[②]

那么,亚里士多德为什么宁愿牺牲区分的一致和明晰,也要在 *NE* VI 将制作和实践一并归给思虑理性,将自然实体归给科学理性?一个显而易见的答案是:制作和实践都是人的活动,但自然实体的运作却不取决于人。亚里士多德说,"没有人思虑不可能变化的事情,或者他不能去做的事情"(*NE* 1140a31-33, cf. 1112a30-34,1112b8-9),虽然这句话的前半句无法将自然的生成变化从思虑的范围中排除出去,

---

① *Meta.* 1032a20-22,1033b16-17.

② 当然,可变事物的可变性程度在自然实体、技艺制作、道德实践这三个领域中是递增的。此外,自然实体虽然是可变的,但是无法选择自身的变化方式,在这个意义上,我们也可以认为它是不可变的(cf. *Phys.* 199b25-26)。然而,亚里士多德在 *NE* VI.1 关于"可变"和"不可变"的区分并非从这一点出发的,这是该区分不同于基督教和现代思想中"意志"和"自然"之分的根本原因。

但是后半句可以。由此可见,按照本原是否可变的标准,技艺制作和自然实体应该归为一类,道德实践归为另一类;按照是否取决于人的标准,自然实体应该归为一类,技艺制作和道德实践归为另一类。其中,技艺制作处在两种区分方式的交叉点上,这意味着它既是人类世界的一部分,又和一般自然的运作方式具有相通之处。我们认为,正是技艺的跨界地位造成了亚里士多德在 NE VI 对于人类理性部分和求真方式之区分的模糊性,同时,亚氏也正是利用了技艺的这种跨界性,将技艺的不同方面发展为他用以理解实践智慧和哲学智慧的基本范式。关于技艺的范式性,亚里士多德在《形而上学》I.1 给出了一个重要的论述:

[一]经验(ἐμπειρία)似乎和科学与技艺(ἐπιστήμη καὶ τέχνη)是非常相似的,但事实是人类的科学和技艺基于经验,正如柏洛斯所言,"经验造就技艺,缺乏经验则是机遇"。一旦在许多经验性观念的基础上出现一个关于相似事情的普遍(καθόλου)判断,技艺就生成了。能判断卡里克勒斯生这种病的时候应该这样治,并且针对苏格拉底或者其他许多个别案例(καθ' ἕκαστον)也能这样下判断,这就是经验;能判断所有那些可归为一类(κατ' εἶδος ἓν)的人生这种病的时候(例如,黏液质或胆汁质的人发烧的时候)都应该这样治,这就是技艺。[二]就做事(πράττειν)而言,经验似乎并不比技艺差,相反,有经验的人比有理论(λόγον)但是缺乏经验的人更容易成功,这是因为经验是关于个别之物的知识,而技艺是关于普遍之物的知识;而所有的实践和生成都是关于个别之物的,因为医生治疗的对象不是"人",或者只在偶性的意义上是"人",而是卡里克勒斯或苏格拉底或其他某个被这样称呼的个体,他们只在偶性的意义上是"人"。如果一个人有理论但是缺乏经验,知道普遍之物却不知道它所包括的个别之物,那么他的治疗就会经常失败,因为被治疗的是个别的人。[三]尽管如此,我们还是认为"知道"和"理解"属于技艺甚于属于经验,并且认为匠师比有经验者更具智慧(σοφωτέρους),因为智

慧在任何情况下都更加取决于"知道",而匠师知道原因（αἰτίαν），有经验者不知道。有经验者知道"事实如此"（τὸ ὅτι）但是不知道"为何如此"（διότι），而匠师知道"为何如此"和原因。[①]

上述引文可以分为三个部分（见方括号）。其中，第一部分区分了经验和技艺，第二部分阐述了经验在实际做事方面的优势，第三部分阐述了技艺在理性致知方面的优势。我们认为，第二部分和第三部分其实分别展现了技艺制作的两个方面，我们不妨称之为操作性方面和理论性方面。我们将会看到，正是技艺制作的这两个方面为亚里士多德提供了他理解实践理性和科学理性以及二者各自德性（实践智慧和哲学智慧）的理论范式。

3.3 从技艺到哲学智慧

在亚里士多德看来，经验是由陈述"事实如此"的个别判断构成的，而技艺则是一种普遍判断，揭示了能够解释每个个别事实"为何如此"的原因和本原。根据亚里士多德的形质论和四因说，形式和质料是事物生成和变化、存在和运作的两大本原；进一步讲，形式就是"形式因"，也就是说明事物"何以是其所是的定义"（ὁ λόγος ὁ τοῦ τί ἦν εἶναι），质料就是"质料因"，解释事物"从何种构成要素生成而来"（τὸ ἐξ οὗ γίγνεταί τι ἐνυπάρχοντος）。从形式因出发又可推演出另外两个原因，一是推动者（κινοῦν），传统上称为"效力因"，更准确的说法应该是"推动因"；二是目的（τέλος），传统上称为"目的因"。推动因和目的因之所以都是从形式因推演而出的，是因为在亚里士多德眼中典型的生成模式中[②]，前者其实是某种事先存在的形式（在两性繁

---

① *Meta.* 981a1 – 30.

② 亚里士多德将生成的方式区分为自然、技艺、自发三种（*Meta.* 1032a12 – 13）；其中，出于自发的生成并非典型的生成。事实上，将自然和自发相区分、将自然和技艺相类比是亚里士多德自然观的出发点，对此的讨论，参考吴国盛："自然的发现"，载于《北京大学学报：哲学社会科学版》2008 年第 2 期，第 57—65 页。

殖的自然生成中，推动因是成熟生物体的形式，也就是父方的灵魂；在技艺制作中，推动因是存在于匠师灵魂中的产品形式），而后者则是被生成物的形式的实现（ἐνέργεια）和成全（ἐντελέχεια），也就是被生成物的本质活动（ἔργον）的运用和执行（对于生命体来说，就是按照其特有的方式生活；对于技艺产品来说，就是发挥其特有的功用）。当然，如果这种运用和执行能够呈现出明确的优劣之分，那么最终的目的因应该是本质活动的良好的（也就是符合德性的）运用和执行。① 从上述概括可知，由于技艺制作和自然生成分享同样的形而上学结构，技艺和科学（主要指形而上学、自然哲学、生物学等理论科学）所关注的对象是一致的，都是关于原因和本原的普遍知识，二者的区别仅仅在于技艺运用这种知识来制作出某种产品或效果（例如生活必需品或娱乐消遣），而科学不追求任何外在的目的，仅仅为了知识而沉思知识。② 这种沉思就是哲学智慧，因此，"智慧显然就是关于某种原因和本原的知识"。③《形而上学》I.1 的论述验证了技艺、科学、哲学智慧的相通性，尤其是二者对于形式和质料作为原因和本原的把握，使得从技艺到科学再到哲学智慧的推进构成了一条连贯的"智慧之路"，人沿着这条道路以愈发纯粹的方式考察"存在者中所有那些本原不变的事物"，从而在越来越高的程度上满足人性中"想要知道"的自然欲望。④

从根本上讲，技艺、科学、哲学智慧的相通性根植于技艺和自然的相通性，特别是目的论意义上的相通性："做事（πράττεται）是为了某种目的，自然也是，例如，如果房子是一种自然生成物，那么它的生成方式会和它现在由技艺生成的方式一样，而如果自然事物不仅能够由自然生成，而且能够由技艺生成，那么它由技艺生成的方式也会和它由

---

① 关于形质本原和四因说，参阅 *Phys.* 191a6 – 7, 194b23 – 5a3, 195a15 – 25, 198a22 – 27; *Meta.* Z.7 – 9, Λ.4。

② Cf. *Meta.* 981b13 – 25; *An. Post.* 100a8 – 9。

③ *Meta.* 982a1 – 3。

④ *Meta.* 980a21。

自然生成的方式一样。"①显然,上述引文中的"做事"指的是技艺制作,而非道德实践。我们已经看到,技艺制作和自然生成都是将形式置入质料的过程,而基于该过程的四因说就是亚氏目的论思想的基本结构。

许多学者指出,亚里士多德的"技艺-自然"类比其实是用技艺的模式来理解自然,我们大体上同意这一观点。然而,正如布洛迪(S. Broadie)准确地看到的,该类比得以成立的前提并非自然的"心理化",而是技艺的"去心理化"。② 布洛迪的观察有两处重要的文本支持:在《物理学》II.8,亚里士多德提出"只要没有发现推动者在思虑就认为不存在目的,这是荒唐的。技艺也不思虑($\acute{\eta}$ $\tau\acute{\epsilon}\chi\nu\eta$ $o\grave{\upsilon}$ $\beta o\upsilon\lambda\epsilon\acute{\upsilon}\epsilon\tau\alpha\iota$)"。③ 在《形而上学》IX.2,亚里士多德将能力($\delta\acute{\upsilon}\nu\alpha\mu\iota\varsigma$)分为非理性能力和理性能力,前者只能造成一种后果(例如火只能加热),后者则能够造成相反的后果(例如医术既能够带来健康,也能够带来疾病);随后,他在《形而上学》IX.5进一步阐述了理性能力如何确定要造成何种后果:"发挥主导作用的必然是某个他物($\acute{\epsilon}\tau\epsilon\rho o\nu$),我指的是欲望或选择。"④从上述两处文本来看,亚里士多德似乎认为思虑、欲望和选择都是外在于技艺的心理要素,而匠师作为匠师的本质活动是将形式赋予质料的某种"自动"(autonomous)过程。布洛迪认为,由于亚里士多德的自然目的论的根本主张是"目的性不必依赖心理要素",因此,正是明显具有目的性但同时又去心理化的技艺观念使之成为他用以理解自然的范式:"正是在那些最适于将技艺用作亚里士多德意义上的自然之范式(model)的方面,技艺是非心理的";而由此导致的问题,就是技艺和人类实践生活的分离:"技艺的目的并非仅仅因为技艺追求它而就是一种善,毋宁说它之所以被追求是因为它能够满足某种

---

① *Phys.* 199a11 – 15.

② S. Broadie, *Aristotle and Beyond*:*Essays on Metaphysics and Ethics*,Cambridge University Press,2012,pp. 85 – 100.

③ *Phys.* 199b26 – 28.

④ *Meta.* 1046b4 – 7,1048a10 – 11;cf. Hardie, *Aristotle's Ethical Theory*,pp. 100 – 102.

人类需要、激情和利益……真正的匠师,作为一个有理智的人类,是着眼于这些需要而行动的,正是这些需要最初要求其技艺的执行。"①技艺的真正基础在于人类的需要和善好,而这恰恰是思虑、欲望和选择的对象,对其进行全面而良好的筹划是实践智慧的首要任务,这具体表现为 *NE* I.1－2 所勾勒的生活秩序:"马勒制作术和其他马具的制作术都从属于骑术,骑术和所有的军事行动又从属于战术……",最终所有技艺都从属于"最具权威和最为统领性的"的政治活动或"政治智慧"(πολιτική),而政治智慧是实践智慧的重要维度(*NE* 1141b23－24)。

然而,亚里士多德同时也认为,每一项技艺就其自身而言都是一个自足的"目的论整体"(teleological unity),统一于它所要实现的形式,无论是该形式和它所满足的人类需要、欲望和选择之间的伦理关系,还是这一局部需要和生活整体善好之间的政治关系,都是外在于技艺本身的。进一步讲,这种外在性所揭示的技艺制作和道德实践的相互分离不仅仅是哲学分析的抽象,而且是政治生活的现实:在亚里士多德看来,在理想情况下,工匠不应该具备公民身份,不应该参与政治生活;他们虽然是城邦赖以存在的必要条件,但是并非城邦的部分。② 在这个意义上,布洛迪所谓的"真正的匠师"是违背亚里士多德思想的,对于后者来说,"真正的匠师"实际上不是"一个有(充分)理智的人类"(他具有制作理性,但是不具有,至少不运作实践理性),他的行动也并不着眼于任何超出其产品的实践之善,因为对于这类善的考虑属于将他排斥在外的政治生活。这意味着对于技艺来说,实践智慧和政治智慧着眼于生活和城邦的整体之善而对其进行的统合安排和总体筹划是一种纯粹外在的规范。

综上所述,为了实现技艺和自然的相通性以及以此为基础的技艺、科学、哲学智慧的相通性,亚里士多德发展出一种去心理化(其实质是去伦理化和去政治化)的、与实践生活相脱离的技艺观念,将技艺

---

① Broadie, *Aristotle and Beyond* , pp. 95－96; cf. *Ethics with Aristotle* , pp. 81－82.
② Cf. *Pol* . VII. 8－9.

单纯地理解为匠师将形式赋予质料从而制成产品的过程。事实上,在亚里士多德对于技艺的最抽象的表述中,甚至连匠师也被省略了:"在某种意义上,健康从健康生成而来,房子从房子生成而来,具有质料的从没有质料的生成而来,因为医术和建筑术无非就是健康和房子的形式(εἶδος)。"[1]这句话表明,匠师将形式赋予质料的具体制作过程对于亚里士多德的技艺观念来说似乎并不重要。在他看来,技艺制作和自然生成都是形式利用质料来复制自身的过程,因此,真正主导这一过程的本原是形式,质料只是形式为了实现自身所需要的"假设必然性"。[2] 而技艺与自然的区别仅仅在于,自然是内在于实体的形式本原,而技艺是外在于产品的形式本原:"如果造船术存在于木头之中,它就会以同样的方式自然地制作(φύσει ἐποίει)……自然就像是一个自己治疗自己的医生。"[3]作为本原的形式贯通了技艺和自然,从而贯通了技艺、科学和哲学智慧;正是对于形式的把握使得技艺成为"智慧之路"的起点和范式。

3.4 从制作到实践智慧

如果说技艺在某种意义上"就是"形式,那么制作则要实现形式和质料的结合。在《形而上学》I.1,亚里士多德将技艺制作的这两个方面也严格分开,并且将这一区分对应于普遍本原与个别经验的区分。严格意义上的技艺是对于普遍本原的把握,因此具有技艺的人被称作"有理论(逻格斯)的"。亚里士多德进而提出,如果只有理论而没有经验,就无法实现制作。反观 NE VI.4 对于技艺的定义:技艺是"具备真确理性(逻格斯)的制作性品质"。既然技艺是一种制作性品质,那么如果无法实现制作,就称不上具有技艺。我们认为,NE VI 对于技艺的定义比《形而上学》I.1 的技艺观念更加完备,也更加贴近我们对于技艺的日常理解,因为它兼顾理论性的逻格斯和操作性的制作。事

---

① *Meta*. 1032b11 – 14.

② Cf. *Phys*. II. 9.

③ *Phys*. 199b28 – 32.

实上，在 NE VI 关于人类灵魂求真方式的论述中，正是亚里士多德对于技艺涉及实际变化的操作性的强调使得他能够将制作和实践放在一起，同归于考察可变事物的思虑理性。由此可见，亚里士多德对于技艺概念的使用在不同的语境中有不同的侧重。在形而上学中，他更加侧重于技艺的理论性，也就是技艺"具备真确逻格斯"的方面；而在伦理学中，他更加侧重于技艺的操作性，也就是技艺作为"制作性品质"的方面。《形而上学》I.1 也提及技艺的操作性，但是其用意在于反衬技艺的理论性，以便说明后者才是技艺与科学和智慧相通的方面。亚里士多德将宽泛意义上的匠师分为"统领匠师"（ἀρχιτέκτων）和"手工工匠"（χειροτέχνης）两类，提出前者更具智慧，因为他知道制作的原因和本原，而后者只是出于"习惯"（ἔθος）而从事制作活动，"就像火燃烧一样"。[①] 在"智慧之路"的阶梯上，手工工匠的"智慧"处在个别经验的层次，他作为工匠的习惯就是在充分积累的经验基础上形成的制作性品质，这种品质一旦成型便能够像自然一样运作，正所谓"习惯成自然"。亚里士多德承认，"就做事而言"，一个具备经验性习惯的手工工匠要比一个虽然理解制作的原因和本原，但是缺乏经验的统领匠师更能够完成实际的制作；也就是说，虽然后者具备对于形式的理论认知，但是前者更能够将形式与质料结合起来，从而制成产品。

然而，一旦回到对于技艺制作的形质论理解，我们就不免要问：如果说技艺制作毕竟是匠师将形式赋予质料的过程，而形式又是产品的原因和本原，那么不知道原因和本原，也就是不知道产品形式的手工工匠又如何可能完成制作？既然"为何如此"是"事实如此"的原因和本原，那么"知其然而不知其所以然"者就不可能实现"做事"。亚里士多德一方面说技艺"是"产品形式，另一方面又说不"知"产品形式的匠师能够实现制作，这两方面说法要能够相容，就需要"是"或"知"这两者至少有一个是多义的。我们认为，在亚里士多德的思想中，技艺

---

① Meta. 981a30 - b6. 我们将此处的ἔθος翻译为"习惯"；但是在伦理学的语境中，更好的翻译是"习性"。比较 NE 1103a17 - 18："伦理（ἠθική）德性产生于习性，因此，其名称'伦理'也是从'习性'（ἔθους）一词轻微演变而来"。

"是"产品形式这一点是毫不含糊的,但是人类理性确实可以在完全不同的意义上发挥"知"的作用。正是这一点将我们带回 *NE* Ⅵ 关于科学理性和思虑理性的区分:科学理性关涉的是"本原不变的事物",事实上,它所考察的主要是那些必然、永恒、普遍的本原,而非以此为本原的生成变化。在这个意义上,统领匠师对于技艺形式之"知"也从属于科学理性。思虑理性关涉的是"可变的事物",其中包括"制作的事物",而这里的重点在于,既然对于"制作的事物"之生成变化的把握是理性的一种本质活动(具体而言,是思虑理性的一种求真方式),那么它就理应是一种"知"。用《形而上学》Ⅰ.1 的例子来说,具有经验但是缺乏理论的医生(我们可视之为"医学界的手工工匠")虽然无法给出健康的科学定义,无法阐述健康作为一种形式的逻格斯,但是他必定知道如何在个别病人的身体中实现健康的形式。正是在这种实际操作的意义上,我们可以说他知道健康的形式,或者说健康的形式以某种方式存在于他作为医生的灵魂之中。

如果说技艺的理论维度对于形式的把握使之成为"智慧之路"的关键环节,并从实践生活中抽离而出,那么将形式置于质料的实际制作则使之重回实践生活的领域。亚氏自然哲学和形而上学追问原因和本原的"智慧之路"基于技艺和自然的类比,而充分展现于亚氏伦理学和政治学的"实践之路",则在很大程度上基于制作和实践的类比。因此,技艺制作不仅是亚氏理解自然实体的范式,也是他理解人类实践的范式。我们已经看到,手工工匠的制作是基于经验、出于习惯的,而在伦理学的语境中,经验和习性正是实践德性的关键要素。在 *NE* Ⅵ 对于实践智慧的论述中,亚里士多德反复强调,经验之于实践智慧的重要性高于科学的证明性知识(*NE* 1141b16 - 18,1142a14 - 16,1143b11 - 14),而在 *NE* Ⅱ 对于伦理德性的初步讨论中,他也正是基于道德实践和技艺制作的类比来说明伦理德性的养成是一个反复从事良好实践的习惯化过程(*NE* 1103a17 - 18, b6 ff.)。根据《形而上学》Ⅰ.1 的论述,经验与习惯或习性都立足于对个别事物的把握。手工工匠之所以能够实现制作,而统领匠师不能,就是因为技艺制作的对象是个别事物，而非普遍事物。在这方面，实践智慧与技艺制作是完全类似的：

> 实践智慧所关涉的不仅是普遍之物（καθόλου），它也必须知道个别之物（καθ' ἕκαστα），因为它是实践的，而实践关乎个别之物。这就是为什么那些没有知识的人，特别是那些有经验的人（ἔμπειροι），要比有知识的人更能从事实践。如果某人知道白肉是易于消化和健康的，却不知道哪种肉是白肉，那么他就无法实现健康，而知道鸡肉健康的人更能实现健康。（*NE* 1141b14 - 21，cf. 1142a20 - 23）

相对而言，"白肉是健康的"是一则普遍原理，然而仅仅知道这一点是没有用的，因为这个世界上并不现实存在普遍抽象的"白肉"，而只存在这一块鸡肉、那一片鱼肉等个别具体的白肉，不知道白肉是何种肉的人当然无法通过吃白肉而获得健康。相反，知道鸡肉健康的人完全可能不知道背后的原因（即，他不知道鸡肉健康是因为鸡肉是白肉），但是由于他基于经验知道鸡肉是健康的，从而常吃鸡肉，因此他能够实现健康。这个例子和《形而上学》I.1 所举的例子都是制作（我们可以认为前者是养生术的例子，后者是医术的例子），而亚里士多德正是用制作的例子来说明实践智慧的特征，这种"制作-实践"类比在《尼各马可伦理学》中比比皆是，正如"技艺-自然"类比在《物理学》中也随处可见。对于本章的主题最为重要的是，亚里士多德对于实践思虑的阐述也是以制作思虑为出发点推演出实践思虑的运作方式。《尼各马可伦理学》第一次系统论述思虑是在 *NE* III.3。在本书上一章对于人类欲望的结构分析中，我们阐述了选择的生成模式，这其实也是思虑的运作模式：在某个特定的实践情景中，首先，我们希望甲；然后，我们思虑如何能够实现甲，结论是首先需要做乙；最后，我们选择乙。亚里士多德这样阐述该过程：

我们思虑的不是目的（τῶν τελῶν），而是实现目的之事（τῶν πρὸς τὰ τέλη）。医生不思虑是否治疗，演说家不思虑是否说服，政治家不思虑是否制定良好法律，其他所有人也不思虑他们的目的，而是在设定目的（θέμενοι τὸ τέλος）的前提下，考虑以何种方式、通过何种途径实现之。如果它看上去能够经由多种方式实现，就考察何种方式最容易和最高贵（ῥᾶστα καὶ κάλλιστα）；如果只用经由一个步骤，就考察该步骤如何实现目的，以及如何实现该步骤，直到追溯至第一原因（τὸ πρῶτον αἴτιον），而它在发现的次序中是末端之物（ἔσχατον）。（NE 1112b11 - 20）

上述引文的第一句规定了思虑的对象不是目的，而是"实现目的之事"。在上一章的相关讨论中，我们指出这一规定只适用于围绕一次或一组思虑而展开的单个实践情境，因为一个情境中的目的有可能是另一个情境中的"实现目的之事"，反之亦然；从任意一个实践情境的思虑出发，我们都可以往上追溯至最根本的目的（我们所理解的幸福），往下追溯至最切近的"实现目的之事"（我们在此时此刻的具体选择）。然而，从上文对于亚氏技艺概念的考察可知，只有实践思虑能够展开这种上下追溯，制作思虑则不能。例如，政治家不思虑是否制定良好法律，这是因为他作为政治家已经设定制定良好法律是政治活动的目的，这种设定完全可以是他作为政治家在一个更为根本的场合进行思虑的结果，例如，城邦目前的内外局势更需要内部改良还是对外征战？一旦决定进行内部改良，政治家就能够以该目的为前提展开思虑，直至发现如何以"最容易和最高贵的"方式实现政制改良的第一步，而这便是他的最终选择，也就是由此出发来实现目的的"第一原因"。从另一端来讲，政治家所有思虑和选择的根本前提当然应该是整个城邦的幸福，正是这个最高目的首先决定了现在应该进行内部改良还是对外征战。政治家的思虑之所以能够通过这种上下追溯而展现出从根本目的到切近选择的全貌，根本原因在于政治思虑是实践智慧的运用，而实践智慧是对于人类生活整体之善的把握。技艺不具备这种整全视野。例如，医生不思虑是否治疗，这并非因为他作为医生已经设定治疗是医术的目的。医术既可以恢复健康也可以造成疾病，而决定究竟要实现哪种效果的是外在于医术的欲望和选择，因此，即便事实上是同一人经过了某种思虑而得出进行治疗的结论（例如，虽然眼下的病人是一个十恶不赦的罪犯，但是医生仍然决定拯救他的生命），这种思虑的主体也不是作为医生的他，而是作为人的他，因为这种思虑所要得出的选择恰恰是要不要在这种情况下扮演医生的角色，而这种选择最终指向的并非医生作为医生的技艺目的，而是人之为人的实践目的。

经由实践思虑和制作思虑的对比，我们现在能够更好地理解亚里士多德在什么意义上说"技艺不思虑"；这句话的意思不是说匠师不思虑如何实现其技艺的目的（医生当然能够思虑如何最有效地恢复病人的健康）[①]，而是说匠师作为匠师不思虑其技艺的目的本身（医生作为医生不思虑是否进行治疗）。这也正是布洛迪所谓亚氏技艺观念的"去心理化"的实质意涵："建筑师作为建筑师不具备造房子的动机……建造房子的理由也并非他作为建筑师所关心的。"[②]由此可见，虽然制作思虑和实践思虑具有同样的形式结构，以至于亚里士多德常常将二者并举（在上述引文中，他就将医生、演说家和政治家的思虑并举），但是这两种思虑所关涉的对象有着相当实质的差异。亚里士多德认为思虑的对象是"实现目的之事"（τὰ πρὸς τὸ τέλος），这个短语指的并不仅仅是实现目标的手段，因为希腊文πρός（"实现"）一词的意涵是非常宽泛的，手段之于目标、部分之于整体、具体之于抽象的关系都能够表述为前者"实现"后者。例如：我接受治疗而变得健康，这是手段实现了目标；我在旅行和阅读中度过了愉快的假期，这是两个部分实现了整体（旅行和阅读并非度过愉快假期的手段，而是共同构成了一个愉快的假期）；我通过恰当的外在善分配实现了狭义正义的要求（分配正义要符合各得其所的"几何平等"，在具体的情境中，这个抽象

---

① Cf. *Meta.* 1032b6 - 10.
② Broadie, *Aristotle and Beyond*, p.94.

的目的需要具体的斟酌和衡量才能真正落实)。① 其中,手段之于目标的实现关系更多体现在制作思虑中,而实践思虑则更多体现为将不同的局部目的统合为生活的整体目的、将抽象的目的落实为具体情境中的具体目的。在这类思虑中,前提和结论(也就是实践活动的目的和"实现目的之事")之间的关系不是外在的,而是互为表里;正是通过不断考察和澄清相对局部或具体的目的如何构成或落实相对整体或抽象的目的,实践思虑才能帮助我们在现实生活中实现幸福这个最具整体性、同时也最为抽象的目的。

让我们回到制作思虑和实践思虑共享的基本模式:首先,我们希望甲;然后,我们思虑如何能够实现甲,结论是首先需要做乙;最后,我们选择乙。在这种结构相似性背后,两种思虑的根本差异在于是否需要考察和澄清各自的前提。亚里士多德认为,对于任何一种技艺来说,作为其制作思虑之前提的技艺目的都是明确而毫无争议的:医术的目的是健康,建筑术的目的是房屋,等等。就技艺而言,如果一个人对于"甲"是什么还不甚明确,那么他根本就无法展开从"甲"到"乙"的制作思虑,这个人也称不上是一个合格的匠师。至于亚里士多德对于两种匠师的区分,我们先前已经提到,无论是统领匠师还是手工工匠都必须明确知道其技艺的目的,尽管二者是在不同的意义上"知"。相比之下,在实践生活中,虽然任何人都在某种意义上明确地知道最根本的前提是幸福,然而,首先,不同人对于幸福的实质理解可能完全不同,只有好人才具备正确的理解。进一步讲,人并非首先知道什么是真正的幸福,然后再努力成为能够过幸福生活的好人,而是在努力成为好人的过程中,逐渐知道什么是真正的幸福。换句话说,对于幸福的正确理解并非理论性的伦理学教育的结果,而是实践性的德性教育的结果。那么,在接受亚氏伦理学教育之前,好人在何种意义上知道"幸福是灵魂的符合德性的实现活动,而这就是以符合中道的方式来感受和行动"? 我们此前提出,虽然手工工匠在理论的层面不知道制

---

① Sherman,*The Fabric of Character*, pp. 70 – 71; McDowell, *The Engaged Intellect*,
　　pp. 42 – 43.

作的原因和本原,但是他必定在操作的层面知道产品的形式,事实上,好人也是以类似的方式具备对于幸福的正确理解,这意味着他在实践的层面知道应该从事符合德性和中道的伦理政治活动,并且知道如何让这种活动构成其实践生活的道德形式。① 其次,即便是以上述方式对幸福具备正确理解的好人,也并非在任何情形中都已然知道幸福在该情形中由什么组成和意味着什么,中道要求何种选择,如何在具体的感受和行动中构成、维护和巩固实践生活的道德形式,等等,所有这些问题正是实践思虑所要考察和澄清的,正是这种针对目的自身的考察和澄清将实践思虑和制作思虑区分开来。在亚里士多德看来,虽然手工工匠知道产品形式的方式和基于经验性习惯的制作性品质为我们理解实践德性的形成和运作提供了范式,但是任何意义上的匠师都并不思虑其技艺所追求的目的本身。

要实现技艺和自然的类比,从而贯通技艺和哲学智慧,亚里士多德将技艺观念去伦理政治化,甚至略去实际制作的方面,只保留纯粹求真的方面,以此为出发点勾勒出一条人类理性的"智慧之路";而要从制作出发推演出实践理性的运作方式,他又需要重新阐述人类理性的求真努力和伦理政治生活的关系。实践理性针对目的进行思虑的方式从伦理和政治两个方面弥合了制作理性和实践生活的分离。首先,对于产品的欲望外在于技艺制作,但是实践理性的运作则和欲望的状态紧密相关(*NE* 1140b11 ff.)。如果实践思虑成功完成了任务,得出了正确的结论,这就意味着实践真理在此时此地得以实现。我们已经看到,实践真理的独特性在于它并非单纯的真理,而是"和正确欲望和谐一致"的真理(*NE* 1139a31)。制作意义上的经验和习惯似乎是纯粹机械的(亚里士多德说手工工匠的制作"就像火燃烧一样"),但实践意义上的经验和习性则既体现为实践理性的敏锐洞察力(*NE* 1143b11 - 14),也体现为欲望反复接受实践理性的规范从而形成与后者一致的稳定品质(*NE* 1105a31 - 33)。实践理性对于目的的正确思虑和欲望对于目的的正确追求是相互依存、一体两面的,实践德性是

---

① Cf. Cooper, *Reason and Human Good in Aristotle*, pp. 58 - 71.

实践智慧和伦理德性的完全统一（*NE* 1144b30 - 32,1145a4 - 6, 1178a16 - 19）。① 其次,政治智慧对于各种技艺的统合安排和总体筹划对于技艺来说是一种纯粹外在的规范,而实践智慧则内在包含政治智慧的维度:"政治智慧和实践智慧是同一种品质,但是二者的本质不同"（*NE* 1141b23 - 24）。这句话和亚里士多德在 *NE* V.1 对于广义正义和伦理德性之关系的阐述是完全一致的:广义正义和伦理德性"是同一种品质,但是二者的本质不同;（广义）正义是该品质关涉他人的方面,而（伦理）德性则是单纯意义上的品质"。（*NE* 1130a12 - 13）所谓"本质不同",指的就是同一种德性具有不同的方面或维度。广义正义和伦理德性都是人类欲望的德性,前者是后者关涉他人的方面,也就是其政治维度;政治智慧和实践智慧都是实践理性的德性,前者同样是后者关涉他人的方面和政治的维度。进一步讲,正如伦理德性和实践智慧是相互依存、一体两面的,二者的统一就体现为欲望和实践理性和谐一致而实现的实践真理,广义正义和政治智慧也应该是相互依存、一体两面的,只不过前者体现为血气向心力的完善以及共同体成员之间互存善意的联合精神,而后者体现为实践理性在家政活动、城邦统治活动和立法活动中的良好运作,二者的统一就是实践真理的政治维度。

我们在上一章以勇敢、节制、大度、正义为例说明了伦理德性在什么意义上是人类欲望的德性以及不同的伦理德性如何参与城邦政治生活。在本章的上述讨论廓清了人类理性能力和求真方式的种类和相互关系之后,让我们正式展开对于实践智慧的阐释。

3.5　良好思虑和实践理智

我们已经详尽讨论了实践思虑的运作模式,而实践智慧最主要的表现形式就是"良好思虑"（ευβουλία, *NE* 1140a25 - 31,1141b8 - 10, 1142b31 - 33）。亚里士多德提出,实践思虑必须满足如下条件才是良好的:首先,作为思虑之出发点的欲望必须是正确的;其次,从欲望到

---

① Cf. Broadie, *Ethics with Aristotle*, pp. 212 - 225.

选择的推论过程必须是正确的；最后，在其他方面均等的情况下，能够越快得出正确结论的思虑是越好的（*NE* 1142b18 - 28）。结合 *NE* III. 3 对于思虑的初步界定来看，良好思虑就是迅速达成从正确目的到"实现目的之事"的推论的实践理性能力。我们已经看到，这种推论不仅包括"目标-手段"的思虑，也包括"整体-部分"和"抽象-具体"的思虑。亚里士多德在 *NE* III. 3 特别指出，如果一个目的能够经由多种方式实现，"就考察何种方式最容易和最高贵（ῥᾷστα καὶ κάλλιστα）"（*NE* 1112b16 - 17）。如果说寻找"最容易"的"实现目的之事"的思虑大体上是"目标-手段"思虑的体现，那么寻找"最高贵"的"实现目的之事"的思虑则更多是"整体-部分"思虑和"抽象-具体"思虑的体现。在上一章的末尾，我们讨论了"高贵"在亚里士多德思想中作为一个哲学概念的意涵，并且指出，该概念与形式概念之间有着深层的思想关联，其伦理学意义凸显了实践德性对于道德形式的构建。而从实践思虑的基本模式来看，道德形式是由作为抽象整体的幸福观念（"首先，我们希望甲"）和个别具体的良好实践（"最后，我们选择乙"）共同构成的：有德性的人总是能够从他对于幸福的正确欲望出发，经过良好的思虑，做出能够构建、维护和巩固完善的道德形式的正确选择，而这种意义上的正确选择就是"最高贵"的选择。

通过良好的思虑实现正确的选择，这是实践理性探求真理的基本方式；正确的选择就是实践真理的具体呈现。不过，良好思虑并非实践智慧唯一的表现形式，后者还包括"理解"（εὐσυνεσία）和"体谅"（εὐγνώμων），这些理智德性都关涉由"个别之物"（τὰ καθ' ἕκαστον）和所谓"末端之物"（τὰ ἔσχατα）所构成的复杂多变的实践生活（*NE* 1143a28 - 35）。亚里士多德提出，所有这些实践性的理智德性"汇聚为同一种品质，因为我们认为体谅、理解、实践智慧和理智（νοῦν）属于同一种人，他们具备体谅、经受时间历练的理智（νοῦν ἤδη）①、实践智慧和理解"（*NE* 1143a25 - 28）。让人颇感意外的是，上述说法没有提

---

① 此处 Ross 翻译为 having reached years of reason。

及"良好思虑",反而提到"理智"（νοῦς），似乎用后者替换了前者。然而，在亚里士多德笔下，νοῦς这个术语通常要么概称灵魂的整个理性部分，要么特指科学理性中以非推论的方式直观把握普遍本原的能力。① 那么，这样一种理论性的直观能力如何能够和体谅、理解、实践智慧"汇聚为同一种品质"呢？我们认为，此处的νοῦς指的既不是灵魂的整个理性部分，也不是理论性的直观能力，而是一种实践性的直观能力。换句话说，亚里士多德其实区分了实践智慧的两种主要运转方式，一种是推论性的，另一种是非推论性的；前者就是良好思虑，而后者可以被称作"实践理智"，以区别于νοῦς通常所指的"理论理智"。在 *NE* VI 的两个重要段落中，亚里士多德通过实践智慧和理论理智的比较，逐步阐发了实践理智的运作方式。让我们首先来看第一个段落：

> 显然，实践智慧不是科学。因为正如我们已经说过的，它所关涉的是末端之物（τοῦ ἐσχάτου），实践的事物（τὸ πρακτόν）就属于这一类。因此，它和理论理智（νῷ）是对立的，因为理论理智所关涉的是无法给出推论（λόγος）的始端之物（τῶν ὅρων），而实践智慧所关涉的是末端之物（τοῦ ἐσχάτου），我们对此没有科学认知，只有感觉（αἴσθησις），但是并非严格意义上的感觉，而是那种我们借以觉察到（αἰσθανόμεθα）最后的图形是三角形的感觉；思虑到此即可为止。（*NE* 1142a23 - 29）

在上述引文中，νοῦς指的是理论理智，它所关涉的是所谓"始端之物"，也就是自然实体的本原和科学推论的起点。与之相反，实践智慧所关涉的是"末端之物"，也就是在具体情形中对于具体实践的选择，它是实践思虑的终点。② 亚里士多德指出，存在这样一种实践智慧的

---

① *DA* 413a23；*NE* 1139b29 - 30.

② Cf. C. Reeve, *The Practices of Reason: Aristotle's Nicomachean Ethics*, Clarendon Press, 1995, p. 59.

表现形式，它得出最终选择的方式是一种类似感觉的非推论性直观，而非经过了推论性的思虑过程。显然，这里所谓的感觉并非严格意义上的感觉，而是"那种我们借以觉察到最后的图形是三角形的感觉"。这句看上去颇为晦涩的话其实是在援引几何分析的例子来解说实践智慧的运作（cf. NE 1112b20 – 24）。所谓"我们觉察到最后的图形是三角形"，指的不是我们通过视觉确认图纸上的形状是三角形，而是我们在头脑中发现以下事实：想要解决眼下的几何问题，我们首先需要添加一个辅助性的三角形，这个三角形之所以被称作"最后的图形"，是因为如果需要进行推论性的思考的话，它就是思考的最终结论，一旦得出这一结论，那么思考"到此即可为止"，而解题过程就可以开始了，因为"分析的终点就是生成的起点"（NE 1112b23 – 24, cf. 1113a5 – 7）。① 在上述引文中，亚里士多德其实是在描述一位水平高超的几何学家，他完成几何分析的方式并非通过推论性的思考，而是"一眼就看出"应该添加一个辅助性的三角形，正如具有高度实践智慧的人在具体的情境中不必经过推论性的思虑，而是"一眼就看出"什么是正确的选择。这种"一眼就看出"的感觉当然不是视觉，而是道德直觉或道德眼光（moral insight）。② 亚里士多德之所以将这种非推论性的实践智慧比作视觉，是为了强调它的直观性。③ 由于理论理智的运作也具有这种直观性，因此，亚里士多德区分了两种理智，它们的对象在性质上正好相反，但是运作方式则是相似的：

---

① 此处解读参考 Cooper, *Reason and Human Good in Aristotle*, pp. 33 – 41; T. Engberg-Pedersen, *Aristotle's Theory of Moral Insight*, Oxford University Press, 1985, pp. 205 – 208; Sherman, *The Fabric of Character*, pp. 38 – 41。

② 比较 NE 1112b34 – 3a2:"我们无法思虑个别事物（τὰ καθ' ἕκαστα），例如这是不是一块面包或它是不是烤制得当，因为这是感觉（αἰσθήσεως）的对象。"此处提到的"感觉"不应与 NE 1142a23 – 29 谈到的"感觉"混淆，因为前者是身体感觉，后者是道德感觉。我们将在下一章谈到，亚里士多德在 NE 1147a25 – 26 再次提及"关于个别事物的感觉"，此处的"感觉"似乎结合了以上两种意义：具有不同道德感觉的人将会对同样的感官对象给出不同的实践阐释（practical interpretation），例如，同样是甜食，节制者将它视作不应该吃的东西，而不自制者则将它视作美味的东西（cf. Stewart, *Notes on the Nicomachean Ethics of Aristotle*〔vol. 2〕, p. 92）。

③ Nussbaum, *The Fragility of Goodness*, p. 305。

理智（νοῦς）在两个方向上关涉终极之物（τῶν ἐσχάτων），这是因为首要的始端之物（τῶν πρώτων ὅρων）和末端之物（τῶν ἐσχάτων）都是理智而非推论（λόγος）的对象。和科学证明有关的理智把握的是不可变的首要的始端之物，而实践事务中的理智把握的是末端之物、可变之物、小前提（τῆς ἑτέρας προτάσεως）。它们是实现目的的起点，因为普遍之物是通过个别之物来实现的。我们应该对它们有所感觉，而这种感觉就是理智。（*NE* 1143a35 – b5）

这段引文明确将理智分为两种，也就是我们所区分的理论理智和实践理智。这两种理智各自关涉的对象（"始端之物"和"末端之物"）和相似的运作方式（非推论性直观）已经毋庸分析了，只需指出，亚里士多德说"末端之物"或"个别之物"是实现目的或"普遍之物"的起点，指的就是具体的选择和实践是对于幸福的落实。此外，上述引文将"末端之物"等同于"小前提"的说法进一步确证了我们的解释（cf. *NE* 1147b9）。① "小前提"这个概念出自亚里士多德关于三段论的学说，例如："所有人都是会死的，苏格拉底是人，苏格拉底是会死的"，这是一个典型的三段论，其中"所有人都是会死的"是大前提，"苏格拉底是人"是小前提，"苏格拉底是会死的"是结论。套用三段论的形式结构，亚里士多德认为实践思虑的步骤也可以分析为"实践三段论"（συλλογισμοὶ τῶν πρακτῶν，*NE* 1144a31 – 32），其基本模式如下：

大前提：这样的人应该做这样的事，
小前提：甲是这样的人而乙是这样的事，

---

① Stewart，*Notes on the Nicomachean Ethics of Aristotle*（vol. 2），p. 92.

结论：甲应该做乙。①

显然，在实践三段论的基本模式中，唯一需要通过思虑来澄清的环节是小前提"乙是这样的事"。有德性的人当然知道自己应该做有德性的事，但是在具体的情境中可能存在各种各样的因素以极为复杂微妙的方式共同决定"有德性的事"究竟指的是什么；同时，人在某些情况下又往往需要当场或者在极短的时间内做出选择，因而不可能对所有的相关因素进行慢条斯理的推论性分析，因为这样会导致错失实践的时机（καιρός）。事实上，这是人在现实生活中面对道德选择的典型处境，而且大多数人即便在既不困难也不紧迫的情境中，也是通过不同程度的道德直觉而非推论性思虑来做出选择的。我们认为，亚里士多德提出的实践理智其实就是一种高度精确的道德直觉，具备这种直觉的人即便在不容推论性思虑的情境中也能完美地"击准"实践德性所要求的中道，从而实现精确的实践真理。这样看来，实践理智是实践智慧达到极高境界的体现，它是一种以敏锐的思虑能力为前提、以丰富的生活经验为基础磨练形成的道德洞察力。正如亚里士多德所言：有实践智慧的人"从经验中获得慧眼，从而能够看得正确"（*NE* 1143b13 - 14）。②

从试图说明何为规定中道的"正确的理性（λόγος）"开始，*NE* VI 对于实践智慧的论述最终揭示出"非推论（λόγος）"的实践理智才是让我们以最精确的方式实现中道的理智德性。和《形而上学》I.1 所勾勒的沿着"经验-技艺-科学"的进展追求逻格斯的"智慧之路"不同，"实

---

① 见 *DA* 434a17 - 19。我们同意 Cooper 和 Hardie，认为 *DA* 434a17 - 19 表达了实践三段论的基本模式（Cooper, *Reason and Human Good in Aristotle*, p. 26, n. 28；Hardie, *Aristotle's Ethical Theory*, p.229）。需要注意的是，实践三段论所表达的并非人在实际思虑中的意识过程，而是对于思虑结构的理论重构。正如 Broadie 准确地指出的，实践三段论不是寻找正确选择的思虑过程，而"是基于其理由而对选择的呈现（choice displayed in terms of its reasons）"（Broadie, *Ethics with Aristotle*, p.226）。

② 由此也可以看出理论理智和实践理智的结构相似性：理论理智是在属于某科学的经验归纳的基础上洞察该科学最普遍的本原；实践理智则是在实践经验的基础上给定最个别的选择，而选择是实践的本原。

践之路"以一种更加直接同时也更加微妙的方式实现了生活经验的理智升华,可以说,实践智慧是"非逻格斯的正确逻格斯"。

正如中道观念看上去显得空洞,亚里士多德对实践智慧的阐述也容易给人道德神秘主义的印象。然而,正如在上一章中基于"技艺-德性"类比的形质论阐释视角帮助我们更好地理解了中道学说的实质教导,从道德形式的观念出发,我们也能够更好地理解实践理智看似神秘的运作方式。让我们回到第二卷的"技艺-德性"类比:对于良好的技艺产品来说,"无论是过度还是不及都会摧毁善,而中道维护之。因此,我们说好的匠师在从事制作的时候要着眼于此"(*NE* 1106b9 - 14)。正如优秀的工匠着眼于产品的整体形式来制作每一个部件(更好的例子或许是,优秀的画家着眼于画作的整体面貌来绘制局部的线条和色彩,或者优秀的音乐家着眼于歌曲的整体基调来谱写旋律中的每一个音符),具有实践智慧的人也是着眼于实践生活的整体形式来选择每一个具体的实践;而正如技艺水平达到极高境界的工匠、画家和音乐家在从事相关技艺活动的时候往往无需推论性的思考,而是在"灵感"的指引下恰到好处地完成每个制作或创作的步骤,实践智慧达到实践理智之高度的人也往往无需推论性的思虑,而是能够在道德直觉的指引下做出精确的选择。从根本上讲,技艺活动的灵感源自胸有成竹的境界所带来的"技艺形式感",所谓灵感的指引就是工匠或艺术家心中的技艺形式对于制作或创作活动的直观性掌控。与此类似,正是实践德性在人身上建立的一种敏锐而稳固的"道德形式感",确保他在纷繁动荡的生活中总是能够做出精确的选择,始终恰到好处地感受和行动。反过来讲,也唯有不断重复合乎中道的选择和实践,才能最终形成并且不断巩固稳定的实践德性,从而构成和维护赋予实践生活以整全之善的道德形式。

3.6 再论政治和哲学

因为幸福是符合德性的人类实践,《尼各马可伦理学》的论述从第一卷结尾和第二卷开头处起从幸福论过渡到德性论,并在 *NE* II-VI

这五卷中给出了一套完整的德性学说。到目前为止，我们已经讨论了三种属人的德性：伦理德性、实践智慧、哲学智慧。作为对于 *NE* II-VI 的德性论的总结，亚里士多德在第六卷的最后两章阐述了三者之间的关系。

首先，伦理德性和实践智慧是不可分割的，二者共同构成了实践德性。我们在上一章和本章的讨论中已经反复提及这一点，这里需要补充的是，亚里士多德此前谈到，大度和正义以不同的方式统合了所有的伦理德性，而根据我们的解读，这两种德性分别体现了血气在离心力和向心力这两方面的完善，因此，二者对于伦理德性的统合实际上体现了内在于血气的政治规范对于自然欲求的习俗性教化；也正因为如此，这两种统合性德性之间也存在城邦政治生活固有的血气性张力：大度追求个人的超群卓越和至高荣誉，而正义要维护基于公民的政治平等的共同体秩序和外在善分配。这样看来，在 *NE* III-V 对于各种具体伦理德性的分析中，亚里士多德采用的从感受到行动、从欲望到理性、从个人到城邦的论述趋向揭示出自然与习俗、人性与政治的内在张力。在一定程度上，作为大度和正义的调和，公道在更高的层面实现了所有伦理德性的整合，同时也在伦理德性的范围内展现出最高程度的实践理性，预示了接下来关于理智德性的讨论；而基于第六卷对于实践智慧的系统论述，亚里士多德最终在 *NE* VI. 13 提出，唯有实践智慧才能实现所有伦理德性的完美统一。为了论证这一点，他特别反驳了那种认为不同的伦理德性能够相互独立的观点："虽然这对于自然德性（τὰς φυσικὰς ἀρετάς）来说是可能的，但是对于那些让人在无条件的意义上被称作好人的品质来说，则是不可能的；因为一个人只要具备实践智慧这一个德性，就将具备全部伦理德性"（*NE* 1144b35 – 5a2）。所谓自然德性，指的是不同的人天生具备的适合被塑造为实践德性的秉性，例如，其欲求天生趋于中和的人是相对容易养成节制之德的，其血气天生趋于平衡的人是相对容易养成正义之德的（*NE* 1144b4 – 6）。亚里士多德在第二卷的开头提出："德性的产生既不是出于自然，也不是违背自然，而是，我们自然地（εφυκόσι）适于获得德性,并由习性所完善"(NE 1103a23 - 26);进一步讲,"立法者就是通过塑造公民的习性来使他们变好的"(NE 1103b3 - 4)。根据本书的形质论阐释框架,我们认为,自然德性作为人适于接受城邦道德教育的先天秉性相当于实践德性的质料,在不断向善的思虑和选择中磨砺而成的实践智慧相当于实践德性的形式,而道德教育将二者结合为完美的形质统一体。在亚里士多德看来,对属人的至善具备正确的欲望并且能够在具体情境中做出精确选择从而落实至善的人,在任何感受和行动的领域都能够实现卓越的实践。这样的人一旦走上战场就能够做到勇敢;只要获得巨大的财富就能够表现出大方;如果成为统治者就能够实现正义和公道的仲裁;即便遭遇严重的不幸而失去了所有的外在善,导致无法从事符合德性的活动,他也能够以最高贵的方式承担命运。在这样的人身上,自然与习俗、人性与政治在实践德性的统一性中实现了最高程度的融合。

从大度和正义对于伦理德性的充满张力的统合,经由公道的调和与过渡,到实践智慧和伦理德性的完美统一,隐藏在这一进展背后的,是在更加自然的意义上追求善好的理性欲望对于政治血气的克服、规范和超越。《尼各马可伦理学》的政治维度在第四卷对于大度的分析和第五卷对于正义的阐述中两次达到高峰(第三和第四次高峰分别出现于第八卷关于家庭友爱和城邦政体的类比和第十卷经由道德教育的主题向《政治学》的过渡),而第六卷对理智德性的探讨则从两个方向超越了政治的视野:实践智慧对人类自然之善的把握和哲学智慧对自然整体之善的考察。

在 NE I.7 的活动论证中,亚里士多德将人之为人的本质活动界定为展开生活整全视野的政治实践,而 NE II-V 对于伦理德性的系统分析逐步揭示出良好的政治实践如何构成人性的道德形式。最终,NE VI 对于实践智慧的论述告诉我们,道德形式的真正落实取决于关乎属人之善的实践真理在具体选择中的显现。亚里士多德说有实践智慧的人"能够看到他们自身的善和人类的善,我们认为这样的人适于统治家庭和城邦"(NE 1140b7 - 11),随后又明确将家政智慧、统治智慧和立法智慧都归结于实践智慧的不同表现（NE 1141b23 ff.），这意味着良好的城邦秩序取决于统治者良好的灵魂秩序,实践德性的个人维度是其政治维度的自然基础。换句话说,实践德性对于自然与习俗、人性与政治的统一,实质上是将习俗系于自然、将政治归于人性。NE II-V 的整体论述趋向实现了从个人到城邦的横向扩展,但是从欲望到理性的纵向上升这条最核心的线索最终由 NE VI 带领我们从政治走向了自然。

另一方面,实践智慧在将政治收束于人性的同时也指向了高于政治的哲学生活。具有哲学智慧的人沉思的是"在自然上最崇高的对象"（NE 1141b3）,这种沉思虽然不带来任何外在效用,但亚里士多德指出,"哲学智慧带来幸福,不是像医术带来健康那样,而是像健康带来健康那样"（NE 1144a4 - 5）。相比之下,实践智慧"并不统领（κυρία）哲学智慧,后者是我们身上更好的部分,正如医术并不统领健康,因为前者并不使用后者,而是致力于后者的实现；前者为了后者的缘故,而非对后者,发布命令"（NE 1145a6 - 9）。在本章的讨论中,我们反复提及医术的例子。事实上,基于医术的类比是亚里士多德在其哲学著作中最常采用的修辞手法之一。[①] 在科学理性追问原因和本原的"智慧之路"中,医术就被等同于健康的形式,而为了说明致力于精确选择和实践真理的"实践之路",医术又呈现为基于具体经验的制作习惯。在第六卷的末尾,亚氏综合了医术类比的上述两个方面,以便说明实践智慧和哲学智慧的关系：前者之于后者正如医术之于健康,或动力因之于目的因。我们现在能够更好地理解何以在 NE VI. 2 提出"选择是实践的本原"时,亚里士多德要特别强调这里说的本原指的是动力因,而非目的因（NE 1139a31 - 32）。实践生活是由选择来构建的,故而选择是实践的动力因；但是选择的能力自身并非实践生活所要维护的目的,因为超越选择、高于实践的哲学智慧才是选择和实

---

① 亚里士多德对医学类比的使用,参见 W. Jaeger, "Aristotle's Use of Medicine as Model of Method in his Ethics", *Journal of Hellenic Studies*, 77 - 78(1957 - 58), pp. 54 - 61。

践的终极目的。进一步讲,虽然在人类世界的视野中,哲学作为生活的局部被政治活动所囊括,但是在更加广阔的自然视野中,哲学智慧关注的是自然整体之善,而政治关注的是作为自然整体之一部分的属人之善,在这个意义上,哲学的视野比政治更为高远(*NE* 1141a20 ff.,1145a10-11)。①

　　根据本章主体部分的讨论,在第六卷对于人类理智能力和求真方式的划分中,技艺处于枢纽地位;正是从技艺的不同要素出发,亚里士多德给出了以实践智慧和哲学智慧为终点的两条人性成全之路,而在第六卷的论述中,这两条道路似乎是相互分离的:实践智慧的代表是不从事哲学的政治家伯利克里,而哲学智慧的代表是只关心自然整体、不关心属人之善的泰勒斯和阿拉克萨戈拉(*NE* 1140b7-10,1141b3-8)。② 从第七卷开始,亚里士多德着手弥合实践之路与智慧之路的分离,而这种弥合在第六卷末尾对于实践智慧和哲学智慧的复杂关系的讨论中已经有迹可循:虽然哲学智慧堪称实践智慧的目的,但是后者却并不仅仅是实现前者的手段,而是生活的统领:虽然实践智慧是为了哲学智慧而"发布命令",但毕竟是实践智慧而非哲学智慧才有资格"发布命令"。③ 首先,哲学家也和其他公民一样要接受城邦的政治统治;不仅如此,在更深的意义上,对于哲学智慧的追求本身就取决于哲学家自己的实践智慧对其生活整体之善的筹划,因为哲学智慧是人"想要知道"(εἰδέναι ὀρέγονται)的自然本性的最高满足,这种自然本性无疑是"想要"和"知道"、欲望和真理在选择中的最高结合。反过来讲,哲学智慧虽然是最终极的目的因,但是并非实践生活的动力因,也就是说,它无法为自身提供生成和持存的内在与外在条件。亚

---

① 比较伯格:《尼各马可伦理学义疏》,第20—21页。

② Tessitore, *Reading Aristotle's Ethics*, pp.50,63-64. Tessitore 准确地指出,第六卷在非哲学的政治家和非政治的哲学家之间留下了一个属于"政治哲学家"的空位,而填补这一空位正是第七卷作为新的开端的重要任务。

③ 正如伯格指出的,"完美幸福……这种幸福的头衔被赋予了沉思,因为它是唯一不因他物之故而被选择的事物,而不是因为所有其他事物皆因它之故而被选择"(伯格:《尼各马可伦理学义疏》,第310页)。

里士多德说实践智慧致力于哲学智慧的实现，这也就意味着哲学智慧无法致力于自身的实现。这不仅意味着哲学智慧依赖于实践智慧所缔造的良好政治环境，更重要的是，实践智慧为哲学生活准备了良好的灵魂状态。唯有爱智慧的人才可能追求和获得哲学智慧；虽然哲学智慧自身是超越实践的，但是爱智慧则是实践的一部分。[①] 要从事爱智慧的实践，人类灵魂中的欲望和理性必须完全和谐一致，这意味着实践德性的形态必须从自制全面而彻底地转化为节制。[②] 从第七卷开始，为了进一步实现伦理学从政治幸福到哲学幸福的运动，亚里士多德带领我们走向了新的开端。

---

① 正如 Broadie 所言，"对于沉思的爱（一种无名的德性）和理论智慧不同，因为它结合了人类理智的两个方面"。她进一步提出，爱智慧是一种伦理德性，它实现了介于"太过严肃对待实践生活"和"不够严肃对待实践生活"之间的中道，见 Broadie, *Ethics with Aristotle*, p.415。

② Cf. Jaffa, *Thomism and Aristotelianism*, pp.60 - 64.

四、 新的开端

4.1 不自制及其范围

"讨论完这些问题之后,让我们从另一个开端出发(ἄλλην ποιησαμένους ἀρχήν)"(*NE* 1145a15),亚里士多德用这样一句话开启了《尼各马可伦理学》的第二个部分,也就是第七至十卷的论述。所谓"另一个开端"自然是相对于这部著作的第一个开端而言,在我们看来,后者指的是全书的第一句话所建立的善和目的的等同:"每一种技艺与探究,类似的,每一种行动与选择,都似乎指向了某种善,因此,人们正确地宣称所有事物都以善为目的"(*NE* 1094a1 – 3)。善和目的的等同是亚氏伦理学的根本前提,幸福作为至善就是人类生活的最高目的,而目的的概念自身的模糊性又与亚氏幸福论的内在张力密切相关。正是从这个根本前提出发,*NE* I.7 将幸福定义为符合德性的人类实践,而在这个定义的指导下,*NE* II-VI 沿着从感受到行动、从欲望到理性、从个人到城邦的方向展开了对于人类德性的系统探讨,不仅完整呈现了幸福生活的全貌,而且逐步实现了从高贵的实践到纯粹的沉思、从政治幸福到哲学幸福的上升。特别是第六卷,亚里士多德对理智德性的探讨着重阐述了实践智慧对于人类自然之善的把握和哲学智慧对于自然整体之善的考察,使得伦理学的论域已经逐渐超越了政治视野的边界。第七卷接续了第六卷的论述方向,通过对于不自制现象所揭示的灵魂内在张力的分析和快乐作为实现活动对于人性之成全的探讨,使得伦理学论述真正超越政治而进入更加自然的视野。正是在这个更加自然的视野中，第六卷相互分离的实践智慧和哲学智慧在最高的节制和快乐中得以弥合。

在第一章中，我们已经详尽阐述了第七卷对于快乐问题的讨论，因此，本章的重点在于解读第七卷对于不自制的分析。在正式转入这一主题之前，亚里士多德首先提出："正如在所有其他情形中一样，我们必须确立现象（φαινόμενα），进而首先基于对困难的分析来尽可能证实所有关于这些感受的意见（ἔνδοξα），如果无法做到这一点，那么至少证实大多数或者最具权威性的意见。如果既解决了困难（δυσχερῆ），又保存了意见，那么问题就得到了充分的说明"（NE 1145b2 - 7）。[1] 研究界普遍承认，上文所谓的"现象"指的不是关于自制和不自制的经验事实，而是人们关于自制和不自制的意见。[2] 在 NE VII.1 的余下部分，亚里士多德列举了关于自制和不自制的诸多大众意见，其中最重要的是以下两则：首先，人们认为，"不自制者知道（εἰδώς）他的行为是坏的，但是仍然出于激情（πάθος）而去做；自制者知道他的欲望是坏的，但是出于理性而拒绝听从欲望"（NE 1145b12 - 14，显然，这里的欲望指的是非理性欲望）。其次，人们认为宽泛意义上的自制和不自制可以延伸至"愤怒、荣誉、财富"等方面（NE 1145b19 - 20）。紧接着，NE VII.2 转入对于围绕自制和不自制的理

---

[1] 我们认为，这段话所表达的辩证方法并非《尼各马可伦理学》全书惯用的方法，而是特指第七卷对于不自制的研究方法。我们很快会看到，所谓在"解决困难"的同时"保存意见"，指的是调和苏格拉底对于不自制现象的理论否定和人们对于不自制现象的通常理解。这种探究方式在《尼各马可伦理学》中其实是非常独特的。关于第七卷的辩证方法，参见 M. Zingano, "Akrasia and the Method of Ethics", in Akrasia in Greek Philosophy, eds. C. Bobonich and P. Destrée, Brill, 2007, pp. 167 - 191; Tessitore, Reading Aristotle's Ethics, p. 53. Zingano 指出，第七卷处理不自制问题的辩证方法更加接近《优台谟伦理学》多处使用的方法（cf. EE 1214b28 - 5a7, 1235b13 - 18），而研究界普遍认为，《优台谟伦理学》的受众更多是哲学学生，而非公民和政治家。Tessitore 则提出，"不像第一个开端，第七卷既没有强调伦理学研究的不可避免的不精确性，也没有谈到需要从良好教养提供的经验出发来确立伦理学的第一原则"，而是"以一个哲学问题为出发点"，这是一种"更加哲学的、甚至苏格拉底式的探究方式"。

[2] Owen, "Tithenai ta Phainomena", p. 168.

论困难的梳理，其中首当其冲的是苏格拉底的著名命题："无人有意作恶，所有恶都是出于无知。"①根据亚里士多德，该命题的要点是："当知识(ἐπιστήμης)在场的时候，若其他东西能够胜过它、像对待奴隶一样拖着它，那是非常奇怪的"，因此，不自制是不可能的(NE 1145b22 - 27)。显然，这种理论(下文称"苏格拉底命题")和大众关于自制和不自制的第一种意见相矛盾。在简单处理了其他一些困难之后，亚里士多德在 NE VII.2 的结尾处再次提及自制和不自制的范围问题："如果在所有事情上都存在自制和不自制，那么谁是无条件意义上(ἁπλῶς)的不自制者？"(NE 1146b2 - 3)综上所述，NE VII.1 - 2 提出的两种主要的大众意见和相应的两个困难大致规定了第七卷接下来讨论的基本内容："我们必须研究：首先，不自制的人是否知道(εἰδότες)，或者在什么意义上知道；其次，不自制和自制所关涉的是何种事物。"(NE 1146b8 - 10)②让我们依次阐释亚里士多德对于这两个问题的回答及其理论意义。

4.2 不自制者的无知及其根源

在引述苏格拉底的命题之后，亚里士多德直言该命题"明显和现象相冲突"，但是接着却说"我们必须研究这种感受，如果它是出于无知，那么究竟是以何种方式出于无知"？(NE 1145b27 - 29)从问题的提法来看，无论是此处问"不自制的人在什么意义上无知"，还是稍后问"不自制的人在什么意义上有知"，似乎都预设了对苏格拉底命题的基本认可：不自制现象归根结底是"知"的一种反常状态，因此，要理解不自制，就要理解究竟是道德主体的何种知识以何种方式出了问题，以及为什么会出现这种问题。③ 亚里士多德首先排除了以下解释：不自制者的欲望战胜的是他的意见，而不是他的知识。如果这一解释

① Plato，Protagoras 352a - 358d. 在这段文本中，"无人有意作恶，所有恶都是出于无知"的命题从属于苏格拉底对于快乐等同于善、痛苦等同于恶的论证；所谓"无知"，指的是缺乏计量快乐和痛苦的知识。
② Tessitore，Reading Aristotle's Ethics，p. 53.
③ Hardie，Aristotle's Ethical Theory，pp. 246 - 248.

的要点在于意见不如知识坚定，因此能够被欲望动摇，那么这将使得不自制的人值得同情，而非该受谴责，从而与我们应有的态度相违背（NE 1146a1－4）；进一步讲，在实践的意义上，意见促动行为的能力其实并不比知识弱，因为"某些持有意见的人并不犹豫，而是自认为完全知道"，这种盲目自信带来的坚定恰恰是意见的典型特征（NE 1146b24－31）。因此，把知识之"知"换成意见之"知"，并不能让我们更容易理解何以当"知"在场的时候，"其他东西能够胜过它、像对待奴隶一样拖着它"。① 紧接着，亚里士多德坚决否定了不良欲望战胜实践智慧的可能性（NE 1146a4－9）。他提出，人们之所以会认为有实践智慧的人可能发生不自制，其实是因为聪明的人可能发生不自制，而实践智慧和聪明确实是不容易区分的（NE 1152a10－14）。所谓聪明（δεινότης），指的是能够帮助我们实现既定目标的思考能力，无论该目标是好还是坏（NE 1144a23－27）。然而，"实践智慧不是这种能力，但是没有它也就没有实践智慧。如果没有伦理德性，灵魂的这双眼睛就无法获得其品质（ἕξις）……这是因为，与实践有关的三段论有其始点（ἀρχήν），即，'目的或至善（τὸ τέλος καὶ τὸ ἄριστον）是这样的'……这个始点唯有对于好人来说才是显明的，因为恶会败坏我们，让我们在实践的始点方面遭到欺骗"（NE 1144a28－36）。亚里士多德承认实践智慧需要一种独立于目标的思考能力作为基础，而这种思考能力所获取的知识是可能被和它相冲突的欲望所战胜、从而导致不自制现象的。然而，这种知识远远低于实践智慧所达到的"知"，因为实践智慧与伦理德性是一体两面的，其求真方式在第六卷被表述为探求实践真理，也就是"和正确欲望和谐一致的真理"，而正确欲望所表达的正是伦理德性在实践三段论中的位置，也就是始点或者大前提："目的或

---

① 在 NE Ⅶ.3 解释不自制现象的第四个步骤中，亚里士多德将不自制者具有的实践知识称作"意见"（δόξα，NE 1147a25，b3）。Schaefer 据此认为，NE Ⅶ.3 的解释最终采纳了知识和意见的区分（Schaefer，"Wisdom ﹠ Morality：Aristotle's Account of Akrasia"，pp. 235－236）。我们不同意他的观点，因为亚里士多德也常常出于将实践知识与严格意义上的知识（即科学知识）相区分而称之为意见，例如 NE 1140b25－30，1144b14－17。

至善是这样的(即,符合德性的实践活动)。"(当然,这一始点在不同的实践情景中总是表现为具体的伦理德性为行动者设置的目标)根据我们在前两章的相关论述,一个人的正确欲望是他的理性欲望(以善好为对象的希望和选择)对于他的非理性欲望(主要是趋乐避苦的欲求和趋荣避辱的血气)进行规范的结果。实现这种规范的道德教育并非对于欲望之强度和方向的机械调整和疏导,而是内在要求实践理性的运作;唯有持之以恒地在一个个具体情景中运用实践理性考察和澄清究竟如何感受和行动才能实现善好,我们才能真正实现理性欲望对于非理性欲望的全面而充分的规范,从而形成健康的灵魂秩序。实践智慧之所以不能独立于伦理德性,就是因为其产生并不独立于欲望的规范过程,而恰恰是实践理性在这个过程中得到反复磨砺,特别是经过不断针对道德目的自身进行思虑,从而在充分的经验积累中获得敏锐洞察力和良好道德直觉的结果。亚里士多德正确地指出,以这种方式获得实践智慧的人是不会发生不自制现象的。[①]

在排除了意见和实践智慧之后,亚里士多德在 *NE* VII. 3 的余下部分开始正面阐述不自制的人在不自制的行为中所处的知识状态。这一阐述颇为复杂,大体上可以分为四个步骤,其中,前三个步骤分别阐述了不自制者的知识状态及其根源,而第四个步骤则是前三个步骤的综合和总结。[②]

首先,"'知道'(τὸ ἐπίστασθαι)有两种意义,因为具有但是没有使用(χρώμενος)知识的人和正在使用知识的人都可称作'知道'"(*NE*

[①] 亚里士多德在第六卷已经指出,苏格拉底认为所有伦理德性都是实践智慧的形式,这其实已经接近正确的观点了(*NE* 1144b17 - 30)。正是基于伦理德性与实践智慧的等同,苏格拉底才得出恶是出于无知的命题,因为所谓"无知"指的就是缺乏实践智慧。在这一点上亚里士多德的立场与苏格拉底是一致的,参见 Stewart, *Notes on the Nicomachean Ethics of Aristotle* (vol. 2), p. 130; Dahl, *Practical Reason, Aristotle, and Weakness of the Will*, pp. 188 - 189。Dahl 正确地指出,在亚里士多德看来,真正拥有实践知识意味着将这种知识内化为自身品质的一部分(integrated into their characters),从而能够根据它来行动。在这个意义上,实践知识或者实践真理内在包含着在行为中实现自身的充分动机。

[②] 关于四个步骤的划分,参考 A. Kenny, "The Practical Syllogism and Incontinence", *Phronesis*, 11(1966)2, pp. 163 - 184。

1146b31－33）。根据这一区分，虽然不自制者在具有知识的意义上"有知"，但是当他做出不自制行为的时候，他没有能够使用他所具有的知识，故而在这个意义上是"无知"的。显然，此处对于"具有知识"和"使用知识"的区分正对应于《论灵魂》II.5提出的知者乙和知者丙的区分，也就是知识的二级潜能和实现活动的区分。① 亚里士多德在彼处指出，唯有正在运用知识的人才"在现实的和最恰切的意义上"是知者，这样看来，虽然具有但是没有使用知识的人"在现实的和最恰切的意义上"只能算作无知者。② 然而，亚里士多德同时又认为，只要没有外在阻碍，从具有知识到使用知识的转化应该是轻而易举的，因为这一转化只是"从不在实现活动的状态进入实现活动的状态"，是"现实存在对于潜在存在的保存"。③ 既然如此，不自制者为什么会陷入虽然具有但是不能使用其知识的处境？

这个问题将我们带入 NE VII.3 解释不自制的第二个步骤。不自制者虽然具有但是无法使用的知识可以被表述为一个实践三段论，例如：干燥的食物是好的（大前提）；甲是干燥的食物（小前提）；我应该吃甲（结论）。④ 我们不妨将这类能够被表述为一个或一系列实践三段论的知识称作"实践知识"。亚里士多德在此处将实践知识的大前提和小前提分别称作普遍前提和特殊前提，因为前者表达的是一项普遍原则，后者表达的是该原则所适用的一个特殊案例。他进而提出，虽然不自制的人具有上述两个前提，但是在不自制的行为中，他只使用了普遍前提（干燥的食物是好的），而没有使用特殊前提（甲是干燥的食物），从

---

① 在亚里士多德看来，所谓实现活动就是对于能力的现实运用。关于"使用"（χρῆσις）和"活动"（ἐνέργεια）的关系，参考 Beere, *Doing and Being*, pp.163－166。

② *DA* 417a29.

③ *DA* 417a30－b4；*NE* 1147a26－28.

④ 亚里士多德在 *NE* 1147a5－7 举的例子实际上包含了两个前后相接的实践三段论。三段论（一）：干燥的食物对所有人都是好的（大前提）；我是人，这样的食物是干燥的（小前提）；我应该吃这样的食物（结论）。三段论（二）：我应该吃这样的食物（大前提）；甲是这样的食物（小前提）；我应该吃甲（结论）。为方便起见，我们省去了从（一）的小前提到（二）的小前提的转化，从而将上述两个实践三段论综合为一个。Cf. Kenny, "The Practical Syllogism and Incontinence", pp.171－172.

而没有得出正确的结论、做出正确的行为(NE 1147a1 - 7)。这个步骤的区分进一步澄清了第一个步骤未能解决的问题:不自制的人之所以具有但是无法使用其实践知识,是因为这种知识包括两个层次,唯有同时使用这两个层次,使之在现实性中连接成为完整的实践三段论,才能得出正确的结论、做出正确的行为(cf. NE 1147a26 - 28)。不自制者在不自制的行为中只使用了实践知识的普遍层次而未能使用其特殊层次,导致整个知识无法得到真正的运用。显然,这一步阐述只是更加精确地界定了不自制的人具有但是无法使用的是何种知识,而未能真正回答他何以无法使用自己具有的这种知识。此外,在 NE III.1 关于自愿和不自愿的讨论中,亚里士多德将"对于和行为有关的特殊情况无知"列为行为属不自愿的两大条件之一(NE 1110b31 ff.)。如果不自制的现象根源于不自制者对于实践三段论的特殊前提(这个前提指涉的正是与行为有关的特殊情况)的无知,那么不自制的行为似乎就应该是不自愿行为,从而不应该受到谴责,而这当然是不合理的。

我们认为,接下来的第三个步骤解决了上述两个问题。亚里士多德说,"在具有但是没有使用知识的情况中,我们能够看到一种不同的状态,在这种状态中具有知识其实相当于不具有知识(ἔχειν πως καὶ μὴ ἔχειν),比如睡眠、疯狂、喝醉的情况,而处于激情状态中的人们就是如此,因为血气、性的欲求(θυμοὶ γὰρ καὶ ἐπιθυμίαι ἀφροδισίων)和其他这类激情可以显著改变我们的身体状态,甚至让有些人发疯。显然,我们应该说不自制的人处于一种与此类似的状态"(NE 1147a11 - 18)。在上述引文中,亚里士多德似乎抛弃了具有知识和使用知识的区分,换之以"具有知识其实相当于不具有知识"这一表述。这是因为,我们无论是在睡眠、疯狂、喝醉等反常状态中,还是在受激情影响的不自制状态中,都不仅仅是没有使用相关知识,而是根本就没有能力使用相关知识。正是为了凸显这一处境,亚里士多德才调整了表述。他将强烈的不良欲望给灵魂造成的影响类比于睡眠(就阐明无法使用知识的状态而言,睡眠是三个类比中最强的一个,因而我们的讨论将集中于该类比),也就相当于将不自制的人比作一个睡着了的几何学家,从而解释了他为什么无法使用自己具有的知识：过度的欲望遮蔽了他的知识，使之进入无法得到运用的"休眠状态"，就像几何学家在睡着之后无法从事几何研究一样。同时，*NE* III. 1 在分析无知的时候其实已经区分了"出于无知"（δι' ἀγνοιαν）的行为和"在无知中"（ἀγνοῶν）做出的行为，而亚里士多德为后者举的例子正是喝醉和暴怒（*NE* 1110b24－27）。虽然出于无知的行为（例如意外伤人）是不自愿的，但是在无知中做出的行为（例如喝醉酒后故意伤人）则是行动者要为之负责的自愿行为，因为这种无知状态（喝醉）本身就是行为者自愿导致的（*NE* 1113b30－33）。基于这个区分，被比作醉酒后行为的不自制行为也应该是在无知中做出的自愿行为，而非出于无知的不自愿行为。

从表面上看，第三个步骤将不自制的根源归于欲望，从而反驳了苏格拉底命题，回到了大众意见对于不自制现象的通常理解。然而，仔细分析起来，这一步解释并不像看上去那么简单。睡眠的状态导致几何学家无法运用几何学知识，这是不言自明的，然而，这种状态显然是一种外在于几何学知识的障碍，几何学家一旦醒过来便能够立刻开始他的研究（这一点对于疯狂和喝醉同样适用）。相比之下，导致不自制行为的过度欲望并不外在于不自制者具有但是无法使用的实践知识，而正是这一知识关涉的对象。例如，对于甜食的过度欲望并不外在于能够表述为下列实践三段论的知识：甜食是不健康的（大前提）；甲是甜食（小前提）；我不应该吃甲（结论），尤其不外在于不自制者无法现实运用的小前提；相应地，如果消除这种过度欲望所造成的灵魂状态，其结果不是不自制者得以运用相关知识，而是取消了该知识的适用场合——当一个人并没有想吃甜食的时候，他在什么意义上能够运用禁止吃甜食的实践知识？①

---

① Kenny 和 Zingano 也注意到了这里的困难，参见 Kenny, "The Practical Syllogism and Incontinence", pp. 175－176；Zingano, "Akrasia and the Method of Ethics", pp. 188－189。比较 *NE* 1147b6－9，此处亚里士多德谈到，不自制者从无知状态恢复到有知状态就像一个人从睡眠中醒过来一样。然而，这个类比也只是对于未完成的恢复过程而言才是成立的：当不自制者的欲望不那么强烈了，他就能够运用相关的实践知识，正如几何学家不那么困倦了，他就能够运用几何知识。不过，亚里士多德也可能是在描述道德进步，将不自制者变成自制者甚至节制者的过程比作一个人从睡眠中醒过来。

由此看来，如果我们想要严格类比不自制者和几何学家，那就得设想一位每次试图进行几何研究都会立刻嗜睡的几何学家，或者一位只有在极度困倦的状态下才想进行几何研究的几何学家，对他们来说，从事几何研究就意味着对抗睡眠。亚里士多德将不自制者的过度欲望类比于睡眠、疯狂、喝醉，其实质是利用这些反常状态对于非实践知识的外在干扰来说明过度欲望对于实践知识的内在干扰。由于睡眠等外在干扰所导致的状态是一种明显的无知状态，经由这个类比，过度欲望对于实践知识的内在干扰，也就是不自制现象，也就同样被刻画成一种无知状态。这样看来，亚里士多德并未放弃苏格拉底命题，而是对该命题和大众意见进行了综合：他既同意大众意见，承认不自制现象的根源在于欲望的干扰，又延续了苏格拉底的解释框架，将这种干扰的后果理解为一种实践理性的无知。反过来说，亚里士多德虽然同意苏格拉底将恶归结于无知的观点，但是强调这种无知是一种特殊的无知，我们不妨称之为"实践无知"（practical ignorance）。正是为了更加清楚地阐明什么是实践无知，亚里士多德补充道：即便人们在激情状态中能够"讲出证明或者背诵恩培多克勒的诗歌"，这也并不意味着他们不是无知的，因为这种情况类似于一门科学的初学者虽然能够讲出一些科学原理，但是并不真正懂得这些原理，或者类似于演员在舞台上背诵台词，但是并不真正懂得这些台词的意义（*NE* 1147a18 - 24）。在上述几个例子中，第一个和第三个例子（激情状态中讲出证明或背诵恩培多克勒的诗歌、演员背诵台词）延续了不自制状态与睡眠、疯狂、喝醉的类比。在亚里士多德看来，即便不自制者能够一边吃甜食一边说："我不应该吃甜食，它是甜食，我不应该吃它"，这也并不意味着他没有处于实践无知的状态，正如即便某人能够在喝醉的状态中讲出证明、背诵恩培多克勒的诗歌，或者能够在舞台上背诵台词，这也并不意味着他懂得这些证明、诗歌或台词的意义。同样，这些例子与不自制的区别在于，它们所揭示的无知都是（对于相关知识本身而言的）外在状况导致的，而不自制者的实践无知则是内在于其实践知识的无知状态。①

在 NE 1147a18-24 的补充说明中，真正与不自制者的内在无知完全相符的是第二个例子：亚里士多德将不自制的人比作一门科学的初学者，"虽然初学者能够将理论话语组合起来，但他仍然并不理解这些话语。因为真正的理解要求它们和他*生长到一起*（συμφυῆναι），而这需要时间"（NE 1147a21-22）。② 虽然和不自制者不同，初学者的无知并非实践无知，而是对于科学知识的无知，但是二者都是内在无知，也就是说，要克服这种无知，需要消除的不是某种外在于相关知识的阻碍，而是要获得这种知识本身，或者获得在没有外在阻碍的情况下现实运用这种知识的能力。初学者需要的是学习，而不自制者需要的是道德进步。事实上，许多不自制者正是道德教育的"初学者"。亚里士多德在《尼各马可伦理学》全书中第一次提及不自制是在 NE I.3 关于伦理学的合适学生的讨论中：那些"无论是在岁数上还是在习性上年轻的人"不适合学习伦理学，因为"对于这样的人，正如对于不自制的人（ἀκρατέσιν）来说，知识（γνῶσις）是没有用处的"（NE 1095a6-9, cf. 1102b14 ff.）。我们已经指出，伦理学的理论教育要以实践中的道德教育为前提，而只有在道德教育中获得真正的进步，使得非理性欲望接受理性欲望的全面而充分的规范，并实现正确欲望和实践真理的完全融合，从而让实践知识逐渐和自己"生长到一起"，成为道德实体的一部分，不自制者才能真正摆脱实践无知的处境。

4.3　节制对于实践德性的更高统合

我们认为，NE VII.3 解释不自制现象的前三个步骤已经完整呈现了亚里士多德对于不自制的理解，接下来的第四个步骤是对于前三个步骤的综合与总结。经过分析可知，在这个简短的段落中（NE

---

① 第三个例子（演员表演）也可能有另一层含义：一边吃甜食一边承认甜食不健康的人，其实并没有真心真意地（seriously）表达他的实践观点，正如一个民主派演员在舞台上歌颂寡头制的时候也并没有真心真意地表达他的政治立场。

② Cf. NE 1103a15-17,1142a11-20.亚里士多德提出，理智德性的养成"需要经验和时间"，这个论断同时适用于实践智慧和哲学智慧。

1147a24 – b3)①,亚里士多德提出了相互关联的三个实践三段论：

> （一）我应该吃所有甜食（大前提）；甲是甜食（小前提）；我应该吃甲（结论）
>
> （二）我不应该吃任何甜食（大前提）；甲是甜食（小前提）；我不应该吃甲（结论）
>
> （三）所有甜食都是美味的（大前提）；甲是甜食（小前提）；我想要吃甲（结论）

其中，（一）表达了放纵者持有的实践知识。放纵者不仅有着对于甜食的过度欲求，而且认为自己"应该"（δεῖ）吃所有甜食。在亚里士多德看来，"应该"的观念总是与实践理性对于善好的把握相关的，当我们说"应该这样做"的时候，我们的意思是"这样做是好的"、"这样做实现了善"。因此，（一）的大前提"我应该吃所有甜食"实际上体现了放纵者持有的一项更加根本的实践原则：享受感官快乐就是善好，就是生活的目的（之一），而这意味着放纵者具有与他的过度欲求相应和的错误的理性欲望。正如亚里士多德所言，放纵者和不自制者的区别就在于，"前者是被他的选择所引导，认为他总是应该（δεῖ）追求当下的快乐；后者虽然不这样认为，但是仍然追求这种快乐"（NE 1146b22 – 24）。相比之下，（二）表达了节制者、自制者和不自制者在某种情况下持有的实践知识。当然，亚里士多德并不认为包括享用甜食在内的感官快乐自身是错误的，因此，我们应该认为，他在第二组实践三段论中设想了某种特定的场景，例如，某人正在减肥，需要戒甜食。② 最后，（三）所表达的并非实践知识，而是对于甜食的欲求，因此，它严格说来并非一组实践三段论，而是以三段论的形式揭示了欲求的运作方式。

---

① 亚里士多德称这个步骤采取了自然（φυσικῶς）的研究方法（NE 1147a24 – 25；cf. DA 403a29 – b1）。研究界对此的讨论和相关争议，参考 Tessitore, *Reading Aristotle's Ethics*, p. 135, n. 10。

② Kenny, "The Practical Syllogism and Incontinence", p. 181.

我们认为,在一般情况下,(三)所表达的欲求其实以不同的强度存在于大多数人的灵魂中(其强度是相对于每个人的理性欲望而言的)。①在我们设想的场景中(减肥者戒甜食),自制者和不自制者的处境体现为他们同时具有(二)禁止吃甜食的实践知识和(三)对于甜食的欲求,二者形成冲突。减肥者最终做出的是自制行为还是不自制行为,取决于冲突双方的哪一方获得胜利。进一步讲,我们发现,以上三个三段论共享了同一个小前提:"甲是甜食"。亚里士多德说,这个小前提"关乎个别之物,而这已经是由感觉来统治的领地"(NE 1147a25 - 26)。我们在上一章区分了身体感觉和道德感觉,后者尤其和实践三段论的小前提相关;而此处提到的"感觉",则应该是身体感觉和道德感觉的结合,这种结合意味着具有不同道德感觉的人将会对同样的身体感觉对象给出不同的实践阐释。②在我们的例子中,这一点就体现为:指涉同一个身体感觉对象的小前提"甲是甜食"对于放纵者、节制者、自制者和不自制者来说有着不同的实践意义:放纵者将甲视作美味从而应该吃的东西,节制者将它视作不健康从而不应该吃的东西。自制者和不自制者的情况需要更加细致的区分,根据上文的讨论,我们可以说,这两种人潜在地将甲视作既不应该吃又美味的东西,而在对于甲的这两种阐释中,究竟哪一种被最终现实化,从而成为被使用的实践知识,取决于自制者和不自制者的灵魂内在斗争的结果。自制者能够在挣扎之后将甲视作不应该吃的东西,这就将小前提与(二)的大前提相联接,从而在行动中运用(二)所表达的整个实践知识;不自制者则被欲求所蒙蔽,将同一个小前提与(三)的大前提相联接,从而未能使用这个小前提所包含的实践知识,也就未能运用(二)所表达的整个实践知识(NE 1147a31 - 35)。

亚里士多德这样总结上述解释:"最后的前提(τελευταία πρότασις)

---

① 放纵者对甜食的欲求不一定强于不自制者,参阅 NE 1148a17 - 20。

② 关于道德感觉和实践三段论的小前提的关系,可联系 NE 1142a23 - 29 和 NE 1143a35 - b5 这两个第三章第五节着重分析的段落。另见伯格,《尼各马可伦理学义疏》,第 221—222 页;比较 Charles, "Aristotle's Weak Akrates: What does her Ignorance Consist in?", in Akrasia in Greek Philosophy, pp. 201 - 205。

是关于感觉对象的意见,并且决定了行动,而不自制的人要么因处于激情之中而不具有它,要么只在空谈而非理解的意义上具有它(就像喝醉酒的人背诵恩培多克勒的诗歌一样)。由于末端之物(τὸν ἔσχατον ὅρον)不是普遍之物(καθόλου),也并不被认为是像普遍之物那样的知识,苏格拉底所寻求的似乎成立:激情并不产生于被认为是严格意义上的知识之中,因激情而被拖着走的也不是这种知识,而是感官知识(αἰσθητικῆς)。"(NE 1147b9 – 17)①苏格拉底命题否认知识能够被欲望所战胜,因此否认不自制现象的存在。亚里士多德则指出,苏格拉底的立场在普遍知识(也就是实践三段论的大前提所包含的知识)的层面是成立的:不自制者并没有在欲望的影响下失去使用大前提的能力。而在个别知识(也就是实践三段论的小前提所包含的知识)的层面,苏格拉底的立场在修正之后也得以保存:一方面,这种个别的感官知识确实能够被欲望所战胜(例如,实践知识"甲是甜食,即,是不应该吃的"在激情的作用下被转变为欲求的小前提"甲是甜食,即,是美味的");另一方面,欲望战胜个别的感官知识的结果是不自制者无法现实地使用这种知识,而这也就导致不自制者在上文论及的意义上处于实践无知的状态。②

在探究苏格拉底命题在什么意义上成立的过程中,亚里士多德最终承认,是欲求导致错误的感官知识的"现实运作"(ἐνεργεῖ),因此,不自制的根源在于"欲求……与正确的理性相冲突"(NE 1147a32 – 35,b2 – 3)。③虽然 NE VII.3 主要针对的是不自制,但是其论述同样适用于自制:在自制者的灵魂中,非理性欲望和实践理性也处于冲突的状态(NE 1102b14 ff.,1145b13 – 14),因此,不自制和自制都低于真正的实践德性。在 NE II-VI 对于实践德性的系统论述中,亚里士多

---

① 这段话中所谓"最后的前提"指的就是小前提(在一系列实践三段论中,最后一个实践三段论的小前提就是最后的前提)。至于"末端之物"、"普遍之物"等说法,见上一章对于 NE VI 相关文本的分析。

② Cf. Zingano, "Akrasia and the Method of Ethics", pp. 182 – 183.

③ Cf. DA 433a25 – 26.

德虽然反复强调实践德性是欲望和实践理性的和谐状态①，但是他直到第七卷才明确阐述了自制和德性的区别。进一步讲，如果仔细分析 *NE* VII.3（特别是第四个步骤）对于不自制者的灵魂冲突状态的刻画，我们就会发现，第七卷所理解的节制与第三卷所呈现的节制有着重要的区别，前者所实现的欲求与实践理性的和谐统一在程度上远远高于后者达到的境界。亚里士多德在 *NE* III.11 提出，食色之欲是所有人都具有，而且都应该具有的"自然欲求"（φυσικαῖς ἐπιθυμίαις），不具有这种欲求或者在这方面欲求太弱的人"几乎是不存在的，因为这种无感（ἀναισθησία）是非人的"，而节制是放纵的过度和无感的不及这两种缺陷之间的中道（*NE* 1118b8 - 16,1119a5 - 12）。相比之下，在 *NE* VII.3 解释不自制的第四个步骤中，同时具有（二）和（三）是灵魂冲突状态的充分条件，其中（三）表达的并非过度欲求，而是一般欲求，也就是 *NE* III.11 提到的自然欲求。由于我们为（二）设定的特殊情景不允许行为者吃甜食，因此，在该情景中，只要出现对于甜食的欲求（无论其强度多么微弱），行为者都会陷入实践理性和欲求的冲突，而没有实现灵魂的和谐，其道德状态也就只能是不自制或者自制，而非节制。为了克服灵魂的冲突状态而实现实践理性和欲望在最高程度上的和谐，节制者的理性欲望必须能够彻底渗透并且完全掌控其非理性欲望，这意味着他必须能够完全做到在善好的指引下"根据情形所需、按照理性的要求"来感受和行动，甚至在必要的时候能够做到对于自然的欲求对象无感。在第三卷中，无感被认为是一种非人的品质，因此，第七卷对于节制的更高要求似乎违背了人性。然而，这种高于一般人性的节制状态恰恰符合第七卷为全书发起的"另一个开端"：存在超出普通德性与劣性的更为广阔的道德谱系，其中，比劣性更低的品质是兽性，而比德性更高的品质则是一种超人的英雄德性或者神

---

① 例如 *NE* 1102b25 - 28："正如我们说过的，欲求也分参理性，至少自制者的欲求服从理性，而节制者和勇敢者的欲求可能就更加听从了，因为它与理性完全和谐一致（πάντα γὰρ ὁμοφωνεῖ τῷ λόγῳ）"。

性的德性(NE 1145a15 - 27)。[1] 我们认为,NE VII. 3 通过对于不自制的分析从反面揭示出一种更高境界的节制,这种节制正是一种超人的德性。

在充分解释了不自制现象的实质和根源,并且从反面揭示出一种更高境界的节制之后,亚里士多德转入第七卷讨论自制和不自制所关心的第二个主要问题:什么是无条件意义上的自制和不自制?延伸意义上的自制和不自制所涉及的对象范围有多广?亚里士多德在集中讨论该问题的 NE VII. 4 的开头提出,自制和不自制、坚强和软弱关乎快乐和痛苦[2],这应该是毫无争议的(NE 1147b21 - 23)。我们在之前的讨论中已经提到,亚里士多德在《尼各马可伦理学》全书中反复使用一种极为宽泛的快乐概念。在 NE II. 3 关于德性和快乐与痛苦之关系的探讨中,他区分了三种值得追求的事物:快乐、高贵、善好,随即指出:"快乐伴随所有值得追求的事物,因为高贵和善好也显得是快乐的。"(NE 1104b30 - 5a1)在 NE III. 10 界定放纵和节制的对象范围时,他又将快乐分为三类:身体的快乐、荣誉的快乐、学习的快乐(NE 1117b28 - 29)。而到了 NE VII. 4,他再次给快乐分类:"在带来快乐的事物中,有些是必要的,另一些自身值得追求,但是可能过度",前者指的就是饮食和性爱,而后者包括胜利、荣誉、财富等(NE 1147b23 - 31)。以上各种对于快乐的分类都承认,最基本的快乐(或者狭义快乐)指的是饮食和性爱所带来的身体快乐(具体而言,这是属于触觉的快乐),这些是人类生命最自然的快乐,也是节制和放纵所关涉的快乐。亚里士多德指出,严格意义上的自制和不自制所关涉的正是这种快乐(NE 1148a4 - 11)。此外,还存在与此"相似"的延伸意义上的自制和不自制,比如在胜利、荣誉、财富、愤怒方面的自制和不自制,甚至包括在对待父母和后代的态度方面的自制和不自制(NE 1148a22 - b14)。由此看来,延伸意义上的自制和不自制实际上涵盖

---

[1]　Jaffa, *Thomism and Aristotelianism*, pp. 53 - 54.

[2]　关于坚强和软弱,参阅 *NE* VII. 7。

了整个实践生活领域①，反过来讲，这种延伸也意味着将第七卷对于灵魂的理欲和谐状态的更高要求扩展到整个实践生活领域——与延伸意义上的自制和不自制相对应的正是延伸意义上的更高的节制。在这个意义上，第七卷所揭示的更高和更广义的节制成为继第四卷的大度、第五卷的正义和第六卷的实践智慧之后对于全部实践德性的新的统合。如果说大度将实践德性统合为个人的超群卓越和至高荣誉，正义将实践德性统合为城邦的政治秩序和公共善，实践智慧将实践德性统合为追求人类自然之善的理性欲望，那么节制就是将实践德性统合为实践理性和欲望在全部实践生活领域的和谐一致，这种和谐一致的实质是前者对于后者的彻底渗透和完全掌控（cf. *NE* 1140b11 - 12）。②

进一步讲，无论是 *NE* I 对于幸福的初步探讨，还是 *NE* II-VI 对于实践德性的系统论述，都在不同的程度上以亚里士多德的"形式-质料"学说为形而上学基础。第一卷的活动论证揭示出，为人类各种局部目的提供整全视野的政治实践为人类生活提供了总体形式，而符合德性的实践活动构成了人性完善的道德形式，包括每个人内部的伦理形式（人的各种欲望之间以及欲望和实践理性之间的健康秩序）和不同人联合为城邦共同体的政治形式（良好的法律秩序和公共善的实现）。第二卷用中道来定义伦理德性，第六卷进一步说明了实践智慧如何决定中道，而根据我们对相关文本的解释，中道的实质是道德形式在具体情境中的展开，其实现取决于实践智慧在道德形式感的指引下得出的精确选择。第三至五卷对于具体伦理德性的逐个分析更是在人类灵魂自然结构的基础上展现了伦理德性为实践生活构建道德形式的方式。第七卷的新开端进一步推进了《尼各马可伦理学》的道德形质论：第七卷所揭示的更高节制实现了个人最完美的伦理形式，而第八、九卷全面阐述了政治形式的各层次以及友爱对于人类政治本性的升华。不过，和前六卷的总体思路相比，第七卷前十章对于不自

---

① Cf. Tessitore, *Reading Aristotle's Ethics*, p. 59.

② 比较伯格：《尼各马可伦理学义疏》，第 266—267 页。

制的分析更加仰赖于亚里士多德形而上学的"现实-潜在"学说。*NE* VII. 3 正面解释不自制现象的思路正是从具有知识和使用知识的区分开始的,而这个区分的形而上学基础是《论灵魂》II. 5 提出的二级潜能和实现活动之分。*NE* I. 7 的活动论证在定义幸福的时候已经提出"灵魂的有理性部分的实践生活"作为人类特有的本质活动是在"实现活动(ἐνέργεια)的意义上讲的"(*NE* 1098a5 - 6)。基于 *NE* II-VI 对于人类德性的全面论述,我们发现,幸福,作为以符合德性的方式得以完成的人类本质活动,在最终的分析中取决于实践真理(也就是与正确欲望和谐一致的真理)在每一个具体情境中的精确实现,而第七卷关于不自制的探讨则最终揭示出,要精确地实现实践真理,道德主体必须能够现实运用他所具有的实践知识,尤其是实践三段论的小前提或者特殊前提所包含的实践知识。换句话说,道德形式的成立最终取决于实践真理的*实现活动*。

4. 4　新的开端

我们在第七卷的开头读到,亚里士多德将新的开端和超出日常善恶的更加广阔的道德谱系直接联系起来,这个谱系包含的六种品质从低到高依次为:兽性、劣性、不自制、自制、德性、英雄德性(*NE* 1145a15 - 27)。有意思的是,恰恰是在对于自制和不自制(尤其是后者)这两种比德性和劣性更加常见、更为符合一般人性处境的品质的专题分析中,亚里士多德谈到了兽性和英雄德性这两种极为罕见的、从不同的方向超出一般人性的道德状态。*NE* VII. 5 对于兽性的讨论紧接 *NE* VII. 4,实际上从属于不自制现象的延伸。在列举了种种野蛮和病态的欲望之后,亚里士多德讲道,被这些欲望所掌控的人是"在类比的意义上"(καθ' ὁμοιότητα)被称作不自制者的,正如在愤怒方面不自制的人一样(*NE* 1149a1 - 4)。① 第七卷没有对英雄德性作过多

---

① C. Natali, "*Nicomachean Ethics* VII. 5 - 6: Beastliness, Irascibility, *Akrasia*", in *Aristotle's Nicomachean Ethics*, *Book VII*: *Symposium Aristotelicum*, ed. C. Natali, Oxford University Press, 2009, pp. 104 - 113.

讨论，仅仅引用了《伊利亚特》第二十四卷中普里阿摩斯对于他的儿子赫克托尔的赞美（此时赫克托尔已经战死）："他是人中的神，不像凡人的儿子，而像天神的儿子"（*NE* 1145a20 - 22）。① 亚里士多德或许认为，普里阿摩斯相信赫克托尔的勇敢并非体现为对于战死疆场的符合中道的恐惧，而是一种彻底征服了恐惧的超越一般人性的勇敢，而根据第三卷的相关论述，勇敢这种关涉痛苦的伦理德性在形态上其实更加接近自制。② 要理解兽性和英雄德性这两种超出人性的品质与自制和不自制这两种专属于人性的道德现象之间的内在关联，我们需要更加深入地理解亚里士多德对于不自制的分析给伦理学带来的全新视野。《尼各马可伦理学》的幸福论发端于 *NE* I.7 对于政治幸福的阐述，相应的，德性论也发端于 *NE* I.13 对于政治教育的强调："因为幸福是灵魂的符合完美德性的某种实现活动，我们应该考察德性，这样我们或许才能更好地看清楚幸福的实质。真正的政治家（ὁ κατ' ἀλήθειαν πολιτικός）似乎也最关心德性，因为他希望将公民变得善好、服从法律。"（*NE* 1102a5 - 10）紧接着，在正式开始考察实践德性的第二卷开头，亚里士多德讲道："立法者（νομοθέται）通过塑造公民的习惯来将他们变好，这就是每一个立法者的希望；倘若未能很好地完成该任务，立法者就错失其目标，好政体和坏政体的区别也正在于此。"（*NE* 1103b3 - 6）实践德性最初是作为政治教育的目标进入伦理学的论述的，从这个视角出发，德性和劣性的区别似乎完全取决于城邦政体的正误，正如亚里士多德所言，"人们以不同的方式和手段追求幸福，从

---

① *Iliad* 24.258 - 259.

② 无论我们对于此处诗句的解释是否正确，可以肯定的是，赫克托尔的德性并非亚里士多德心目中真正的神性德性，尽管它可能是某种政治性的英雄德性（cf. Hardie, "'Magnanimity' in Aristotle's 'Ethics'", pp. 70 - 72）。关于英雄德性，参考 Jaffa, *Thomism and Aristotelianism*, pp. 67 - 115。伯格认为，"提出一种关于神性美德的成问题的说法……防止道德上的有德之人把自己设想为人类德性的最高典范，而这种防范对于《伦理学》的最后结论来说是一种非常重要的准备"（伯格：《尼各马可伦理学义疏》，第 207 页）。Tessitore 指出，第七卷对于超人德性的讨论，始于卷首提及的赫克托尔的英雄式勇敢，终于卷末论及的沉思生活的神性快乐，从而展现了一条从实践到沉思、从政治到哲学的上升之路（Tessitore, *Reading Aristotle's Ethics*, pp. 52, 71）。

而创造了不同的生活方式和不同的政体"。① 如果劣性根源于错误政
体的错误教育,那么道德缺陷就是城邦习俗败坏自然人性的结果。相
比之下,第七卷对于不自制的分析则预设了良好教育培养的正确的道
德目的(cf. *NE* 1146a16 - 21,1151b3 - 4),而将道德缺陷的原因归于
实践理性和欲望在灵魂自然结构中的内在冲突,甚至在理论上将不自
制的根源归于过度欲望对于行为者身体状况的影响,并反复宣称对此
的研究属于自然科学(*NE* 1147a15 - 17,1147b6 - 9)。在我们看来,这
意味着第七卷接续第六卷的运动方向,更为明确地将伦理学的论域从
城邦政治带向了自然人性,从而推进了《尼各马可伦理学》从实践到沉
思的运动。*NE* VII. 1 - 10 在探究灵魂内部张力的同时展开了比习俗
性的道德善恶更加广阔的自然视野,并且通过对于节制的更高要求展
现了一幅理性和欲望完全和谐的人性图景,揭示出理性彻底渗透和完
全掌控欲望的可能性。这种可能性的最高展现是理性将自身最本己
的欲望——"想要知道"的欲望或者对于智慧的爱(φιλο-σοφία)——加
诸整个灵魂,从而让具有高度实践德性的道德主体从属人的政治生活
走向超越人性的哲学生活。②

　　第七卷的另一个主题是快乐。事实上,快乐问题是贯穿整个第七
卷的中心线索,而正是在亚里士多德对于快乐的首次专题探讨中,《尼
各马可伦理学》的论域第一次完全实现了从政治到自然的转变。政治
与快乐和痛苦的关系在第七卷之前的论述中是比较间接的,将二者联
系起来的是亚里士多德对道德教育的理解。我们已经提到,实践德性
最初是作为政治教育的目标进入伦理学的论述的,而 *NE* II. 3 对于伦

---

①　*Pol.* 1328a41 - b2.
② 伯格:《尼各马可伦理学义疏》,第 269 页;另见 *NE* 1166a13 - 14:"好人的整个灵魂
(κατὰ πᾶσαν τὴν ψυχήν)都想要同样的东西"。比较 Broadie, *Ethics with Aristotle*,
pp. 81 - 82, Broadie 似乎认为技艺和科学理性的品质和运作都与欲望的状态无关,例
如,恐惧的情绪会影响一个工匠的技艺操作,但是我们不会据此来评价他的技艺水平。
然而,如果一个人因为求欲不够节制而影响到自己的求知和思考活动,这确实说明他的
理智境界不够高。不同于技艺,哲学生活与灵魂(尤其是在享乐方面)的道德状态是内
在相关的,对此的分析,参考 Salem, *In Pursuit of the Good*, pp. 128 - 131。

理德性与快乐和痛苦之关系的首次论述也正是着眼于苦乐在道德教育中发挥的作用："正确的教育"（ὀρθὴ παιδεία）应该让人们从小就以正确的方式趋乐避苦（NE 1104b11 - 13），而这显然是政治家"通过塑造公民的习惯来将他们变好"的基本方式。在很大程度上，正是作为公民的教育者，政治家才占据着"最为统领性的（μάλιστα ἀρχιτεκτονικῆς）"地位（NE 1094a26 - 28）。相比之下，亚里士多德在 NE VII.11 的开头提出："快乐和痛苦是政治哲学家（τοῦ τὴν πολιτικὴν φιλοσοφοῦντος）研究的对象，因为他是目的的统领匠师（τοῦ τέλους ἀρχιτέκτων）。"（NE 1152b1 - 2）[①]第七卷接下来的论述让我们看到，政治哲学家取代政治家占据实践生活之统领地位的关键，正是通过伦理学对于快乐和痛苦问题的更加直接的探讨，这份探讨在揭示出运用正确苦乐来塑造实践德性的政治教育的自然基础的同时，也逐渐离开了整个政治世界，展开了更加自然的快乐谱系。[②] 在开始讨论快乐问题之前，亚里士多德为了揭示延伸性的不自制现象区分了必要的身体快乐（饮食和性爱的快乐）和就自身而言值得追求的事物（胜利、财富、荣誉等）所带来的"高贵而严肃的"快乐（NE 1148a23）。然而，在稍后对于快乐的专题讨论中，尤其是从 NE VII.12 对于偶性快乐和本质快乐的区分来看，第七卷分析偶性快乐的模式（自然品质的缺乏和回复）其实完全取自必要的身体快乐，也就是生命最基本的自然快乐（尤其是饮食的快乐），而本质快乐的实质内容要么是作为偶性快乐之基础的健全自然品质的实现活动（例如消化系统或者免疫系统的无碍运作），要么是不带任何缺乏和回复过程的实现活动（例如沉思），胜利、财富和荣誉等属于人类生活中文化性、习俗性、政治性的部分被系统性地排除在

---

① 伯格在 NE I.2 和 NE VII.11 的上述对比中发现了《尼各马可伦理学》从第七卷开始的"自然主义转向"，这个转向最终在第十卷对于快乐的第二次高度形而上学化的论述中达到高潮。见伯格：《尼各马可伦理学义疏》，第235—237页。关于快乐和作为实体内在本原的自然概念的关系，参见 Broadie, *Ethics with Aristotle*, pp. 320 - 324, 330 - 331。

② 反过来讲，"政治哲学家"在让政治上升从而趋向哲学的同时，也让哲学下降从而回归政治。

NE VII. 11 - 14 论述的范围之外。① 由偶性快乐和本质快乐之分所建立的生活秩序虽然在原则上并未将符合实践德性的政治活动排除在外,但是这个秩序的结构毕竟是基于自然品质的缺乏和回复、完善和使用,以及贯穿其中的潜能和现实、生成和实现活动的形而上学区分。我们在第一章已经指出,第七卷和第十卷对于快乐问题的两次探讨在思路上是高度衔接的,而这两部分文本作为一个整体为亚氏伦理学给出哲学生活高于政治生活的最终论断提供了最直接的理论准备。

经由对不自制的分析而将实践德性的灵魂状态提升为更高的节制,进而论述快乐和人类至善的紧密关联,第七卷这两部分讨论有一条一以贯之的线索,那就是道德主体对于其实践品质的"使用"作为目的性的"实现活动"构成了人类实践本性的最终成全。无论在狭义的身体欲求方面还是在更加宽泛的人类欲望方面,节制和快乐都紧密相关,体现为道德主体在对于实践德性的无碍使用中获得最终的现实性。在政治实践的领域之内,实践德性的现实性完全可以止于外在的行为,统合为城邦的正义,从而无需严格区分自制和节制。但是和柏拉图在《理想国》中的立场一样,亚里士多德认为灵魂内部的和谐才是伦理学应该呈现给我们的更高的道德境界,因此,实践智慧以及实践真理在节制中的现实运用超越了正义,成为全部实践德性的最终统合。② 同时,虽然亚里士多德并没有像柏拉图那样认为只有哲学家的灵魂才拥有完美的秩序,但是他在《尼各马可伦理学》前七卷的整体论述逐步揭示出,从实践德性走向哲学智慧是人性的自然所趋。一方面,从第一卷将人类本质活动阐发为实践理性和欲望的互动,到第二

---

① 伯格非常准确地指出:第七卷对于偶性快乐的分析所遗留的重要问题在于,"远未清楚的是,那种可以应用于任何有机体之上的分析,首先如何能应用到主要涉及人类所寻求的快乐的分类之上,尤其是如何应用到对属人的快乐和不属人的快乐的划界之上"(伯格:《尼各马可伦理学义疏》,第 225 页)。

② 和《理想国》的"灵魂-城邦"类比遥相呼应,在论述自制和不自制问题的结尾处,亚里士多德将不自制者的灵魂状态类比于一个虽然创制了正确法律但却不加以使用的城邦(*NE* 1152a20 - 23)。

卷运用实践智慧来定义伦理德性,再到第六卷关于选择作为实践之本原的论述,亚里士多德一直将实践德性理解为正确欲望和实践真理的融合,而第七卷对于节制的提升最终完成了这种融合。另一方面,唯有当一个道德主体的实践理性能够完全统摄其欲望的时候,他才能够完全按照对象在善好的自然秩序中的层次来选择自己的追求;这样的选择不是为了善好的缘故而割舍快乐,而恰恰是追求最高程度的快乐。正如亚里士多德所言,哲学生活包含着最强烈的快乐,其"纯粹性和稳定性让人惊叹"(NE 1177a22 - 26),这种快乐无疑是为那些能够完全自如地使用其欲望的人准备的。① 反过来讲,实践德性向更高节制的提升,也正是这种"哲学享乐主义"向道德领域渗透的结果:最完美的实践德性不是严格的自律,而是正确的"自我使用";不是强大到能够战胜一切快乐的自制,而是通过提升快乐的趋向和享乐的境界来实现人性的上升。② 正如亚里士多德所言,节制者所追求的不是没有

---

① 也正因为如此,哲学的快乐为那些因天性"易于激动"(μελαγχολικός)而受到强烈欲望困扰的人提供了最好的解药(NE 1152a27 - 29,1154b11 - 17; cf. Pol. 1267a2 - 12)。参考 Tessitore, Reading Aristotle's Ethics, pp. 61 - 62,69 - 70, esp. p. 135, n. 15。Tessitore 指出,亚里士多德(或其后学)在《问题集》(Problemata)第 33 章提到,易于激动者包括那些天生具有强烈爱欲的人,例如恩培多克勒、苏格拉底、柏拉图。另见盖拉:"亚里士多德论快乐与政治哲学——读《尼各马可伦理学》卷七",第 161—162 页。盖拉将 NE 1154b11 - 17 关于易于激动者因天生欲望强烈而追求过度快乐的说法与 Pol. 1267a2 - 16 关于那些具有僭主潜质的人因为追求无痛苦伴随的快乐而作恶的说法联系起来。亚里士多德在对易于激动者做出诊断之后指出,"那些不伴随痛苦的快乐是不存在过度的,因为它们是自然的快乐,而非偶性的快乐"(NE 1154b15 - 17),似乎暗示唯有这种快乐才是易于激动者的真正解药;而在《政治学》的段落中,亚里士多德明确提出,只有哲学带来的不假外求的快乐才能满足人性中最强烈的自足欲望,而成为僭主的欲望只是其败坏的形式。盖拉精确地总结道:易于激动"可能是某种混合的福气。一方面,自然(天性)会折磨那些好冲动的人,由于他的灵魂受到强烈欲望的扰乱;另一方面,只有一种活动可能治疗这种病症,亚里士多德把这种活动看作是无条件的快乐和幸福"。

② Broadie 指出,亚里士多德伦理学有享乐主义的一面,其提升人性的方式是"将享乐主义能量导向更高的渠道"(Broadie, Ethics with Aristotle, p. 317)。另参考 M. Foucault, The History of Sexuality, Vol. 2: The Use of Pleasure, Vintage Books, 1990,福柯认为,古希腊性伦理的一般倾向不是压抑或规训快乐,而是以正确的方式使用快乐。

痛苦的生活,而是属于自己的快乐(*NE* 1153a27 - 35)。①

4.5　从德性到友爱

　　第七卷带来的新的开端将《尼各马可伦理学》分为两个部分:*NE* I-VI 在政治实践的语境中系统呈现了所有的人类德性和幸福生活的各个层次;*NE* VII-X 在更加自然的视野中完成了人性从政治到哲学、从实践到沉思的上升。然而,在整部伦理学呈现的这一场规模宏大而充满张力的论述运动中,最缺乏连续性之处其实并不在于第六卷和第七卷之间,而是横隔在第七卷和第十卷之间的第八、九卷。本章的分析已经揭示出,第七卷和第十卷的思路是直接贯通的,这不仅体现为 *NE* VII. 11 - 14 和 *NE* X. 1 - 5 对快乐的两次探讨为哲学幸福提供的理论准备,而且体现为 *NE* VII. 1 - 10 对于节制作为理欲完全和谐之境界的强调为哲学生活提供的灵魂基础。另一方面,第八、九卷对于友爱的专题探讨是全书中单个具体主题所占篇幅最长的,亚里士多德全面分析了友爱的类型和谱系,深入挖掘了友爱的人性根据及其对于幸福生活的构成性意义,并且系统探讨了友爱与正义的关系、友爱与家庭的关系、各种家庭友爱和城邦政体类型的类比。可以说,这两卷的文本自成一体,其论述独立而完备,实际上是从友爱的角度对于人类生活的各个层次与属人之善的各种表现进行了一次系统的梳理。同时,《尼各马可伦理学》的前七卷和第十卷作为一个整体虽然包含着政治幸福和哲学幸福的人性张力,但是其德性论的根本理路是一以贯之的。这个理路一言以蔽之就是道德实体对于自身卓越的追求,不仅各个具体的伦理德性是对于灵魂自然结构各层级的完善,甚至连正义

---

① 　Cf. Schaefer, "Wisdom & Morality: Aristotle's Account of Akrasia", pp. 245 - 247. Schaefer 认为,唯有从哲学生活与至高快乐的关联出发,我们才能理解亚里士多德在什么意义上赞同苏格拉底命题:真正的知识之所以不可能被欲望"拖着走",因为它作为哲学或者爱智欲望的对象比其他任何欲望对象都更令人快乐,从而扭转了人的欲望趋向。我们赞同 Schaefer 的思路,但是认为他忽视了哲学沉思和道德实践的层次。虽然节制者和哲学家的生活结构是相似的,即,都用对更高快乐的追求取代了与更低快乐的斗争,但是二者追求的快乐并不相同。

也首先呈现为个人的实践德性，再由此推展出人与人的政治关联。沿着这条理路，《尼各马可伦理学》的论述几乎不可避免地终于哲学智慧这个终极而孤独的自足德性。相比之下，虽然亚里士多德同样将友爱的人性基础追溯至自爱，但是也唯有友爱这种人性现象才具备超越上述德性论理路的可能性，因为友爱的实质并非自我的纵向提升，而是自我和他者的横向联合。亚里士多德说"朋友是另一个自我"，这一方面是将爱朋友归结于爱自己，另一方面也意味着在真正的友爱中，一个人要像爱自己那样去爱朋友，而这就要求友爱的双方将自我交付给他者、将他者收纳入自我，在彼此的交融中构成更加完整的生活形式、分享共同的实现活动。这样看来，在亚里士多德的伦理学中，古希腊哲学理解人性和生活的纵向和横向思路之间的结构性张力，其实最为鲜明地体现为德性论与友爱论之间的张力，而第八、九卷的论证也正是试图为这一张力寻求一种调和的解决。下面，就让我们在本书的最后一章转入亚里士多德对于友爱的探讨，以便还原上述张力及其解除的全貌。

五、 友爱

5.1　友爱的类型和谱系

　　亚里士多德在《尼各马可伦理学》第八、九卷系统论述了友爱问题。*NE* VIII. 1 是整个讨论的开端,虽然这一章的写作略显杂乱,也不被研究界所重视,但我们认为,亚里士多德探讨友爱问题的整体思路和理论框架在 *NE* VIII. 1 已经有所展现。他在开篇提出,研究友爱的理由在于友爱"是某种德性或者涉及德性,并且对于生活来说最为必要"(*NE* 1155a3 - 5)。必然之物和德性分属外在善和内在善的领域,友爱确实既是一种外在善,也是一种内在善,这种模糊性暴露了友爱的内在复杂,也让友爱成为贯通人性各层次的一条线索:实践生活从最低的必然性到最高的善好都包含着友爱。① 在 *NE* VIII. 1,亚里士多德也正是从外在善和内在善这两个角度入手,提出了友爱之于生活的基本意义。首先,友爱是必要的(ἀναγκαῖον),朋友为彼此提供各种各样的帮助;其次,友爱是高贵的(καλόν),爱朋友的人值得赞美(*NE* 1155a4 - 6,a28 - 31)。

　　然而,仔细分析即可发现,友爱的上述两个面向并非截然分离的,而是存在相当程度的相互渗透和重叠,亚里士多德的具体论述也呈现出从必要到高贵、从外在善到内在善的连续过渡。首先,在他提到的友爱为我们提供的诸多用处中,有两项超越了我们通常理解的用处:

---

① Sherman, *The Fabric of Character*, pp. 126 - 136; cf. Pangle, *Aristotle and the Philosophy of Friendship*, pp. 184 - 185.

富有而位高权重的人需要朋友作为施惠的对象（相比于贫穷和不幸的人们需要朋友的救济，*NE* 1155a6 - 9）；处在盛年的朋友激励对方从事高贵的行动（相比于年轻人需要朋友的规劝、老年人需要朋友的照顾，*NE* 1155a14 - 16）。虽然亚里士多德将这两项也列入友爱对于生活必要需求的满足，但是施惠者对于受惠者、有德性者对于志同道合者的需要显然不是一般意义上的需要，而是人性中更加深层次的需要，这种需要恰恰在生活的表层需要得到满足的情况下才会充分暴露；同时，也正是在对于这种深层需要的满足中，友爱不再呈现为纯粹工具性的外在善，而是内在于施惠者或者有德性者自身追求的善好。我们在本章接下来的讨论中将会发现，亚里士多德将友爱分为不平等友爱和平等友爱，其中，不平等友爱最典型的形态是家庭中的父子友爱和君主制城邦中的君臣友爱，而这两种友爱的人性根据都是优越的一方施惠于另一方；平等友爱的完美形态是德性友爱，而这种友爱的根本意义就在于朋友们一起从事符合德性的活动从而分享共同的善好。由此可见，*NE* VIII.1 已经为第八卷对于友爱类型的分析和第九卷对于友爱的人性根据的挖掘提供了枢纽性的线索。

紧接着，亚里士多德谈到人与人之间仅仅因为同属一个物种而相互具有的善意，并且从这个观察出发很自然地过渡到城邦的正义与友爱（*NE* 1155a16 - 28）。我们认为，这里讲的友爱不同于上文提及的友爱，因为无论是为彼此提供帮助的朋友关系，还是施惠者和受惠者或者志同道合者之间的关系，都是个别人之间（至少是有限人群范围内）的关系，而不是城邦全体公民甚至全人类之间的关系。事实上，亚里士多德此处提到的是政治友爱，这种友爱其实是正义的更高实现，而它在人性中的深层根据则是一种宽泛意义上的政治欲望，也就是亚里士多德在 *NE* I.7 已经提到的，每个人想要与"亲人、朋友、同城公民"以及一般意义上的他人一起生活的欲望，这种欲望从属于我们对于自足性的追求。① 我们

---

① 虽然 *NE* I.7 没有提及人们和一般意义上的他人一起生活的欲望，但是比较 *NE* 1169b17 - 19："没有人愿意孤独地享有哪怕全部的善，因为人在自然上就是政治的（πολιτικόν）和倾向于共同生活（συζῆν）的动物"。

在本书第一章的开头提到,亚里士多德主张政治幸福赖以成立的生活秩序构建方式主要体现为从部分到整体的横向扩展,这种扩展不仅仅包括个人生活视野的拓宽,而且包括每个人将他的自我作为部分和他人结合为更大的整体,这种自我和他人的联合是人类政治本性的基本表达。本章的讨论将在上述宽泛的意义上使用政治欲望和政治本性这两个概念,因为这种欲望和本性不仅实现和成全于城邦这个严格意义上的政治共同体,而且贯穿着不同范围和性质的人类共同体以及各种类型和层次的友爱关系。进一步讲,我们在第一章的主要任务在于揭示亚里士多德幸福论内在包含的政治幸福和哲学幸福的张力,后者依循的生活秩序构建方式更多是个人德性的纵向提升,这种提升不仅体现为符合生活层次和善好秩序的手段-目标之链,而且往往需要将他人用作自我实现的工具,事实上,作为外在善的友爱就是这种人际关系的良性形态。在最高的层次上,我们甚至可以说,哲学家利用了政治家创造的和平、秩序与闲暇来实现沉思的终极幸福。根据本书前几章的解读,正是沿着这条人性的纵向提升之路,《尼各马可伦理学》的论述从整体上呈现为一场从政治幸福到哲学幸福的运动,最终在 *NE* X.7-8 得出了哲学幸福高于政治幸福的结论,并且以全新的方式阐述了自足性的意涵:"所谓自足性在最高的程度上属于沉思生活,这是因为……有智慧的人却仅凭自己就能够沉思,他越是有智慧就越是如此。"(*NE* 1177a27-34)虽然哲学家不得不为了生活必需的缘故而进入共同体、与他人形成各种各样的关系甚至友爱,但是哲学幸福的自足性似乎意味着,所有他人和共同体都无法作为内在善出现在哲学家作为哲学家的存在之中,因为沉思生活向着神性的趋近似乎已经完全剥离了属人的政治欲望和政治本性。然而,我们也注意到,亚里士多德为哲学家的自足生活留下了友爱的空间:"有同道或许是更好的。"(*NE* 1177a34)这句看似简单的补充让我们有理由相信,哲学幸福和政治幸福或许能够以某种方式结合起来,而哲学家之间基于分享而非需要的友爱就是这种结合的实现。真正有智慧的人并不需要同道也能够完美地从事他作为智慧者的本质活动,但恰恰如此,他的政治欲望才在他与同道的友爱中以最纯粹的方式得以表达，并在这种纯粹形态中与他的哲学本性充分结合——并不真正需要彼此的人们所结成的友爱才是以*自身为目的*的友爱。也正是在这个意义上，*NE* I.7 和 *NE* X.7 对于自足性的两次阐述在人性深处是贯通的。

在 *NE* VIII.1 的最后一个段落，亚里士多德提出了这样一个问题：友爱究竟存在于相似者之间，还是不相似者之间（*NE* 1155a32 - b1）？接着，他援引了关于该问题的一些"更高的和更符合自然的"（ἀνώτερον … καὶ φυσικώτερον）的说法，例如，赫拉克利特认为"对立面相互助益"（τὸ ἀντίξουν συμφέρον），而恩培多克勒提出"相似者追求相似者"（ὅμοιον τοῦὁμοίου ἐφίεσθαι，*NE* 1155b1 - 8）。虽然这两位自然哲学家似乎并没有在讨论友爱问题，但是从赫拉克利特的说法可以推论出友爱应该存在于不相似者之间，而从恩培多克勒的说法则可以推论出友爱应该存在于相似者之间。由此看来，这两位哲学家的不同命题似乎为友爱的人性基础给出了对立的自然哲学表述，我们不妨将它们分别称作"赫拉克利特命题"和"恩培多克勒命题"。然而，在介绍完这两种观点之后，亚里士多德笔锋一转，称这些自然哲学问题不属于伦理学的研究范围，并告诉我们，接下来的两卷文本要讨论的是有关友爱的"属人的问题"（ἀνθρωπικά，*NE* 1155b8 - 9）。第八卷主要分析了友爱的类型并罗列了一幅完整的友爱谱系，第九卷主要论述了友爱的人性根源、友爱之于幸福生活的意义，在整个讨论中上述"更高的和更符合自然的"说法确实鲜有出现（cf. *NE* 1159b19 - 24）。据此，研究者普遍认为这些说法只不过是亚里士多德典型的"离题话"，和他对于友爱的论述没有实质的关联。① 与这种观点相反，我们认为，应该严肃对待第七卷为《尼各马可伦理学》带来的更加自然的论述视野，由此，我们也应该充分重视上述两个自然哲学命题对于思考和探讨人类友爱的理论意义。事实上，亚里士多德的友爱类型学在总体思路和分

---

① 参见 A. Grant，*The Ethics of Aristotle*：*Illustrated with Essays and Notes*（vol. 2），Longmans，Green and Company，1885，p. 253；亚里士多德：《尼各马可伦理学》，廖申白译注，商务印书馆，2015 年，第 230 页注释 1。

析框架上正好展现了赫拉克利特命题（友爱存在于不相似者之间）和恩培多克勒命题（友爱存在于相似者之间）的表层对立和深层交织；具体而言，他所罗列的友爱谱系呈现出从不平等友爱到平等友爱的上升，而这种上升的人性逻辑正是从不相似者之间的相互需要过渡到相似者之间的共同分享，最终揭示出对于分享的需要才是人类政治欲望的最高表达，而唯有哲学友爱才能够以最纯粹的方式满足这种欲望。在这个意义上，亚里士多德对于友爱的系统论述其实是对于赫拉克利特命题和恩培多克勒命题的结构性综合。① 本章对于《尼各马可伦理学》第八、九卷的解读，也将依据从不平等到平等、从不相似到相似、从需要到分享的总体思路，尽可能系统地呈现友爱的全部类型和整全谱系。

在正式展开讨论之前，让我们首先概括亚里士多德对于友爱的定义和分类。亚里士多德对于友爱的定义最初出现在他对三种平等友爱的区分中："基于上述可爱之物（利益、快乐、德性）中的一种而相互怀有善意、希望对方好，并且相互知晓对方的善意"的人们是朋友。他还特别强调，朋友之间的善意必须是为了对方自身之故而希望他/她好。此外，朋友们必须在一起从事共同的活动，这样的友爱才现实地存在（*NE* 1155b31,1156a3－5,1157b5－10,1171b29 ff.）。② 尽管上述定义（特别是朋友之间的善意）非常符合我们对于友爱的日常理解，但是在对于各种友爱的深层本质的分析中，亚里士多德又一以贯之地将友爱的根源追溯至自爱：不仅三种平等友爱的根据在于每个人对三种"可爱之物"的爱，甚至在某种意义上，就连不平等友爱的施惠一方爱的也是属于他自己的存在。至于友爱的分类，总体而言，友爱可以分为平等友爱和不平等友爱两大类。③ 其中，平等友爱又可以分

---

① 参阅附录二。

② Pangle, *Aristotle and the Philosophy of Friendship*，pp. 54－55. Pangle 正确地指出，相互善意和共同活动的结合才构成亚里士多德对友爱的完整定义。

③ 在文本上，《尼各马可伦理学》第八卷的论述是从平等友爱开始的。在充分讨论了利益友爱、快乐友爱、德性友爱之后（*NE* VIII. 2－6），亚里士多德在 *NE* VIII. 7 的开头提出"还有另外一种形式的友爱，也就是基于其中一方的优越性（τò καθ' ὑπεροχήν）的友爱"（*NE* 1158b11－12），从而开启了对于不平等友爱的探讨（*NE* VIII. 7－12）。不过，在 *NE* VIII. 13 的开头，他以另一种思路总结了全部分类：在利益友爱、快乐（转下页）

为利益友爱、快乐友爱、德性友爱这三种类型，而不平等友爱又包括以下两种基本形式：家庭友爱（包括父子友爱、夫妇友爱、兄弟友爱）和同性爱欲（也就是古希腊时代特有的所谓"爱者和被爱者"之间的友爱）。亚里士多德又将三种家庭关系类比于三种政体（父子、夫妇、兄弟分别类比于君主制、贵族制、共和制，其各自的败坏形式分别为僭主制、寡头制、民主制），并且认为所有的家庭关系都源自父子关系，而最原始的政体又是从家庭和村落扩张而来、实行家父长统治的君主制。[①] 因此，父子和君臣这两种在家庭生活和政治生活中最不平等、最不相似、在最高的程度上基于人性之缺乏与需要的关系是友爱谱系的起点，而整个谱系经由其他家庭关系、同性爱欲、各种政治友爱而过渡到三种平等友爱的次序，最终到达德性友爱的最高点。[②] 接下来，就让我们从父子和君臣所包含的友爱谈起。

5.2 父子和君臣

按照统治者人数的多寡，亚里士多德在 NE VIII.10 将政体分为一人统治、少数人统治、多数人统治这三种形态。其中，一人统治的正确形态是君主制，错误形态是僭主制；少数人统治的正确形态是贵族制，错误形态是寡头制；多数人统治的正确形态是资产制或者共和制，错误形态是民主制（NE 1160a31 – 35）。他随后提出，君主制可以类比于父子关系，僭主制可以类比于主奴关系；贵族制可以类比于正常的夫妇关系（丈夫统治妻子），寡头制可以类比于反常的夫妇关系（丈

（接上页）友爱、德性友爱三分的基础上进一步区分每一种所包含的平等和不平等这两种类型（NE 1162a34 – b4）。本章对于友爱谱系的重构将遵从从不平等友爱到平等友爱的线索，从友爱的视角出发揭示出一条人性的上升之路（cf. Stewart, *Notes on the Nicomachean Ethics of Aristotle*〔vol. 2〕, pp. 262 – 264. Stewart 认为亚里士多德呈现的友爱谱系反映了"友爱的自然历史"）。

① NE 1161b16 – 17；Pol. 1252b19 – 22, 1286b8 – 11.

② 由此可见，关系的亲密程度、爱的强烈程度、利己与利他的比重、涉及的人群范围等均不构成亚里士多德讨论友爱谱系的高低标准。需要注意的是，古希腊友爱观念的涵盖范围是非常广的，在亚里士多德看来，任何包含一定程度的相互善意和共同活动的人际关联都可称为友爱。相应的，我们在本章中也将在宽泛的意义上使用"友爱"和"朋友"这两个概念。

夫以专断的方式统治妻子,或者妻子基于财富或地位而非德性的优势统治丈夫);共和制可以类比于团结一致的兄弟关系,民主制可以类比于混乱无序的"无主之家"(*NE* 1160b22 - 1a9)。以上述区分和类比为基础,亚里士多德在 *NE* VIII. 11 对于属于不同政体和家庭关系的友爱进行了类比。君主和臣民的友爱类似于父子的友爱,这种友爱基于较优越的一方给予另一方的恩惠(εὐεργεσία)。君主给予臣民的恩惠是关怀和照看,而父亲给予子女的恩惠是赋予其存在、提供抚养和教育(*NE* 1161a11 - 17)。贵族和平民的友爱类似于夫妇的友爱,这种友爱表现为根据德性(κατ' ἀρετήν)来分配善好(ἀγαθόν),使得双方各得其所(*NE* 1161a22 - 25)。共和制公民之间的友爱类似于兄弟的友爱,这种友爱基于双方相似的情感和习性(ὁμοπαθεῖς καὶ ὁμοήθεις),表现为彼此的公道(ἐπιεικεῖς)以及基于平等地位的轮流统治(ἐν μέρει δὴ τὸ ἄρχειν καὶ ἐξ ἴσου, *NE* 1161a25 - 30)。

在上述分类和类比的框架中,让我们集中分析君主制和父子关系。亚里士多德认为政体的正误标准在于统治者是为了城邦整体的利益还是为了自身的利益进行统治,例如,"僭主追求自身的利益,而君主追求被统治者的利益,因为只有自足并且在所有的善好方面超过其臣民(αὐτάρκης καὶ πᾶσι τοῖς ἀγαθοῖς ὑπερέχων)的人才是君主。这样的人别无所需(οὐδενὸςπροσδεῖται),因此不追求自己的利益,而是追求被统治者的利益"(*NE* 1160b2 - 6)。[①] 从上述论述可知,亚里士多德认为君主之所以追求被统治者而非自身的利益,是因为他已经充分地满足了自身的利益,不再有进一步的需要了,而这样的人似乎会自然而然地关怀他人、照看他人的利益。值得重视的是,亚里士多德并未将君主对于臣民的关怀和照看描述为一种责任或义务,而是说这种关怀和照看也是一种"追求",也就是对于某种欲望的实现。君主的追

---

① 比较 *Pol.* 1311a4 - 7,此处提到,僭主和君主的区别在于前者追求快乐和财富,后者追求高贵和荣誉。

求揭示出,在人充分满足了自身作为个体的各种需要之后,他作为政治动物的本性就会更加充分地展现出来。① 在亚里士多德看来,人的政治欲望不仅体现为不自足的人们为了满足生活所需而彼此合作,而且体现为"即便不需要彼此的帮助,人们仍然想要一起生活(ὀρέγονται τοῦ συζῆν)"②,其实后者才是政治欲望更加纯粹的表达。而对于君主来说,和他人一起生活就意味着施惠于臣民,而这正是友爱的最为重要的人性根据之一:"即便拥有所有其他的善,也没有人会选择过没有朋友的生活,而那些富裕的人与拥有官职和权力的人被认为是最需要朋友的,因为如果不用来施惠(εὐεργεσίας)的话,这些外在善有什么用呢? 它们最应该用来施惠于朋友,这也是最值得赞赏的。"(NE 1155a5 – 9)同时,"施惠"也是君主制和父子关系能够类比的关键。③ 父亲对于孩子的爱体现为关怀和照看孩子,这是不言而喻的,而君主制的理想就是让政治统治关系趋近于父子关系(NE 1160b24 – 27)。不过,亚里士多德更加重视的是父亲赋予孩子以存在,这是父亲在施惠程度上远甚于君主的原因,也是父子友爱的深层根据:"父母爱子女是因为子女是某种属于他们自身的存在(ἑαυτῶν τι ὄντα);子女爱父母是因为其存在来自父母(ἀπ' ἐκείνων τι ὄντα)"(NE 1161b18 – 19)。也正因为如此,父子友爱在不平等程度上也远甚于君臣友爱:首先,父母知道子女甚于子女知道父母;其次,父母感觉到子女是属于他们的,甚于子女感觉到父母是属于他们的,因为"来自某物之物属于它所来自之物(τὸ γὰρ ἐξ αὐτοῦ οἰκεῖον τῷ ἀφ' οὗ)……而后者要么不属于前者,要么在较低的程度上属于前者";最后,父母爱子女的时间长于子女爱父母的时间,因为父母自从子女出生之时就开始爱子女,而子女要成长到具有理性和感觉的辨识能力之后才会开始爱父母

---

① 哲学家在实现个体自足的程度上远甚于君主,也正因为如此,哲学家的政治欲望也比君主的更为纯粹。

② Pol. 1278b20 – 21; cf. NE 1157b20 – 22.

③ 相比于夫妇关系、兄弟关系、贵族和平民的关系、共和政体中公民之间的关系,父子关系与君臣关系是最典型的施惠–受惠关系。

（*NE* 1161b19 - 26，cf. 1163b18 - 21）。亚里士多德总结道："父母爱子女正如爱他们自身（ἑαυτούς），因为从他们所出的子女通过与他们分离而像是他们的另一个自我（ἕτεροι αὐτοί），而子女爱父母是因为他们来自于后者。"（*NE* 1161b27 - 30）

让我们回到君臣关系和父子关系的类比。在亚里士多德给出的父母爱子女甚于子女爱父母的三个理由中，最重要的是第二个，因为它明确提出了"属己"（οἰκεῖον）这个关键概念，正是这个概念所捕捉到的人性现象将父子关系和君臣关系贯通了起来：正如子女对于父母来说是属己的，臣民对于君主来说也是属己的，这正是父子友爱和君臣友爱的人性基础，因为所有人根据自然本性都会爱属己之物。[①] 进一步讲，通过将父子和君臣这两种典型的不平等友爱归结于更好的一方对于另一方作为属己之物的爱，亚里士多德最终将不平等友爱的根据追溯至自爱。在 *NE* IX.7 的一个重要段落中，为了解释施惠者为什么往往爱受惠者甚于被后者所爱，他讲道：

> 工匠（τεχνιτῶν）的情况就是如此：每个工匠爱属于他的产品（τὸ οἰκεῖον ἔργον），甚于他被产品所爱（假设产品有灵魂）；这一点或许在诗人身上体现得最为明显，因为他们对属于自己的诗歌（τὰ οἰκεῖα ποιήματα）有着过度的爱，就像爱子女一样。事实上，施惠者的情况就是这样的，因为被他善待的人是他的产品，而他爱产品甚于产品爱制作者。这种现象的原因在于：存在（τὸ εἶναι）是所有人追求和爱的对象，我们存在于现实性（ἐνεργείᾳ），也就是活着和行动，而产品在某种意义上就是制作者的现实存在（ἐνεργείᾳ）。因此，工匠之所以爱产品，是因为他爱存在。这是符合自然的（φυσικόν）[②]，因为产品在现实性中揭示出工匠潜在地所

[①] Cf. *Pol*. 1262b22 - 23；Sherman，*The Fabric of Character*，pp. 144 - 151.

[②] 亚里士多德说工匠对属己存在的爱是符合自然的，而这段引文也正是要为施惠者对于受惠者的爱提出更加符合自然（φυσικώτερον）的解释（*NE* 1167b28 - 29）。

是之物（ὃ γάρ ἐστι δυνάμει, τοῦτο ἐνεργείᾳ τὸ ἔργον μηνύε）。（*NE* 1167b33 – 8a9）

施惠者爱自己的受惠者就像工匠爱自己的产品，而工匠爱自己的产品最终是因为他爱自己实现于产品中的存在。在上述类比的框架中，亚里士多德特别提到，诗人爱自己的诗歌就像父母爱子女一样。我们在第三章关于"自然-技艺"类比的讨论中已经指出，自然实体和技艺产品共享的形质论结构是该类比成立的形而上学根据，无论是自然生成（比如人类夫妇生育子女）还是技艺制作（比如诗人作诗），在本质上都是形式的自我复制，而形式正是实体的存在之所在。在 *NE* IX. 7 的上述引文中，亚里士多德没有提及形式，而是直接使用了现实性（ἐνέργεια）这个更高的形而上学概念，不仅将自然生成和技艺制作都归结为生成者和制作者将自身的现实性置于他者或他物（子女或诗歌）的过程，而且将这个过程的存在论本质推演至不平等友爱赖以成立的实现活动——施惠，从而构成了新一层类比：正如子女或者诗歌因接受了父母或者诗人赋予自身的存在而成为后者的"受惠者"，不平等友爱中的受惠者也因为接受了施惠者给予的恩惠而成为后者的"产品"，从而成为施惠者作为施惠者的现实存在，并且"在现实性中揭示出施惠者潜在地所是之物"。① 进一步讲，受惠者不仅实现或成全了施惠者，而且保存了他——施惠者的实现活动是高贵的（καλόν），而通过其"产品"，这种高贵得以留存（μένει, *NE* 1168a9 - 17）。因此，施惠者之所以爱受惠者甚于被后者所爱，归根结底是因为他爱自身的现实存在。在这个意义上，施惠者对受惠者的友爱源自施惠者的自爱，受惠者是他所爱的"另一个自我"。最后，既然施惠是君臣友爱和父子友爱赖以成立以及能够类比的关键，那么无论是君主对臣民的爱还是父母

---

① Cf. E. Millgram, "Aristotle on Making Other Selves", *Canadian Journal of Philosophy*, 17(1987)2, pp. 361 - 376.

对子女的爱,其实都源自于君主和父母作为施惠者的自爱。①

　　然而,需要特别注意的是,亚里士多德关于友爱源于自爱的主张并非一种与利他主义相对立的利己主义学说。受惠者是施惠者的另一个自我,这一方面意味着施惠者对受惠者的爱根源于他对自己的爱,另一方面也意味着施惠者要像爱自己一样爱受惠者。那么,具体到君臣关系和父子关系中,作为施惠者的君主和父亲究竟应该如何爱臣民和子女?既然友爱的根本定义是为了被爱者自身的缘故希望他/她好,而对于人而言最重要的"好"是符合德性的实践活动,那么最好的施惠自然就是为受惠者提供道德教育了。事实上,在亚里士多德提到的君主和父亲给予臣民和子女的种种恩惠中,最具实质意义的、也是贯通这两种不平等友爱的恩惠,正是道德教育:"如果君主是好人,那么他就会对臣民做好事;他关心他们的目的在于让他们能做得好(ἵν' εὖ πράττωσιν)",而父母是"子女存在并得到养育的原因,也是他们出生后便接受教育(παιδευθῆναι)的原因"(NE 1161a12 - 13,1162a6 - 7)。我们已经看到,《尼各马可伦理学》反复强调对公民进行道德教育是政治家和立法者的重要职责之一,而在这本书的最后一章和《政治学》的相关部分,亚里士多德也多次探讨了父母对子女进行道德教育的重要性。在他看来,政治教育和家庭教育是道德教育的两种基本模式,也是政治统治关系和家庭秩序的题中之义。进一步讲,在最理想的情况下,每个家庭的教育方案应该和城邦的公共教育系统保持一致:"由于每个家庭都是城邦的一部分,而这些(家内关系)又是家庭的部分,且部分的德性必须着眼于整体的德性,因此,我们对于妇女

---

① 然而,根据亚里士多德自己的生物学理论,母爱似乎无法被纳入上述解释框架,因为母亲在生育中提供的不是形式的现实性,而是质料的潜在性,参阅 GA 729a9 - 11。而在整部《尼各马可伦理学》中,也正是在描述母爱的时候,亚里士多德最接近于承认某种无法被归结于自爱的无私奉献的爱:"有些母亲把她们的孩子交给别人抚养。她们只要知道孩子是谁,就会爱孩子,而不求被孩子爱(如果不能两全的话)。如果看到孩子过得好,她们似乎就会心满意足了。就算孩子因为不认识她们而没能给她们母亲应得的,她们还是会爱他们"(NE 1159a28 - 33, cf. 1161b26 - 27,1168a24 - 25)。Cf. Salem, In Pursuit of the Good, p. 141 ff.

和儿童的教育必须着眼于政体（πρὸς τὴν πολιτείαν βλέποντας）。"①

　　这里，亚里士多德再次使用了"着眼于"这个表述。在第二章对于伦理德性的讨论中，我们已经发现，在柏拉图和亚里士多德笔下，这个表述往往以形式为宾语，正是以此为线索，我们将定义伦理德性的中道解释为道德形式。亚里士多德的道德形质论在《政治学》中体现得更为明显：城邦是一种以政体为形式，以公民为质料的复合物，而政体不仅是统治权的分配和法律习俗的安排，更是具有实质道德意涵的共同体生活，因此，政体就是对于我们所谓政治形式的制度表达。② 亚里士多德心目中最理想的政体是共和制，在他看来，城邦政治的根本特征在于平等者的自由联合，其独特的统治方式是全体公民依据法律轮流执政。我们也已经看到，在家庭关系和政体形式的类比中，共和制对应于团结一致的兄弟关系。由此可见，虽然父子和君臣这两种极端不平等的友爱是家庭生活和政治生活的必然起点，但是人类友爱和共同体的完善取决于平等关系的建立，而这正是道德教育的努力方向，也是父子友爱和君臣友爱所包含的施惠应有的实质内容。换句话

---

① *Pol.* 1260b13－17. 在《政治学》的最后两卷，亚里士多德着手构建一套系统而详尽的公共教育方案，不仅要求全面管控公民从童年到青年的生活各个环节，而且严格规定了夫妇的交配年龄和生育季节以便生产最优良的后代。虽然亚里士多德对于这套城邦教育制度的论述止于儿童的诗乐教育，但可以肯定的是，他强烈主张政治教育必须完全渗透家庭教育。关于亚里士多德的公共教育理念，参考 R. Curren, *Aristotle on the Necessity of Public Education*, Rowman & Littlefield, 2000。

② 亚里士多德在《政治学》III.1 提出："城邦是一种复合物，正如其他作为整体的复合物一样，它也是由许多部分构成的。因此，我们显然应该先研究公民，因为城邦就是公民的某种群体。"（*Pol.* 1274b39－41）接着，他在《政治学》III.3 明确采用了形质论的语言来论述公民和政体的关系："如果城邦确实是一种共同体，一种公民参与政体的共同体，那么，一旦政体的形式（εἴδει）发生改变，城邦似乎也就必然不再是同一个城邦了……与此类似，对于任何一种共同体或复合物来说，一旦其形式（εἶδος）发生了变化，它就不再是同一个了。"（*Pol.* 1276b1－4, 6－8）虽然此处没有说公民是质料，但是亚里士多德在《政治学》VII.4 讲道，正如其他技艺需要"合适的质料"（τὴν ὕλην ἐπιτηδείαν）来制作产品，政治家或立法者也需要"相应的质料"（τὴν οἰκείαν ὕλην）来完成其工作，其中首当其冲的就是人口（*Pol.* 1326a1－6, cf. 1258a21－23）。关于亚里士多德的政治形质论，参考 Chen, "The Priority Argument and Aristotle's Political Hylomorphism"；陈斯一："亚里士多德论家庭与城邦"，载于《北京大学学报：哲学社会科学版》，2017 年第 3 期。

说,施惠和道德教育的关联揭示出,不平等友爱内在具有走向平等友爱的人性机制。对于亚里士多德来说,在家庭生活中,父子关系最终要成就的是兄弟关系,而在政治生活中,君主制最终要转化为共和制,这样才能真正实现符合人性的共同生活形式。[①]

5.3 从家庭友爱到政治友爱

父子和君臣关系中的自爱与友爱、施惠与教育的关系揭示出一条人性的上升之路,也正是这一点让我们能够更好地理解 NE VIII.1 末尾的"离题话"在亚里士多德友爱学说中的结构性意义。事实上,亚里士多德对于人类友爱谱系的完整理解是对于赫拉克利特命题(友爱存在于不相似者之间)和恩培多克勒命题(友爱存在于相似者之间)的一种综合。友爱的谱系始于不相似者之间的相互需要,从而在根本上源于人性的不自足,但是通过让不平等友爱趋向平等友爱的施惠和教育,人们在德性上变得更好和更加自足,并在这个意义上变得彼此相似,从而导致人与人形成共同体和友爱关系的理由逐渐摆脱了种种被迫的需要,走向了更加自由的联合与分享。我们认为,亚里士多德友爱谱系的内在逻辑就是从不平等和不相似者的相互需要逐渐转变为平等和相似者的共同分享。在不平等友爱的领域内部,这种转变具体体现为从家庭关系到政治关系的发展。

让我们从家庭内部的关系谈起。父子、夫妇、兄弟这三种家庭友爱的序列本来就是从极端的不平等和不相似者之间的友爱逐渐过渡到相对的平等和相似者之间的友爱,而这种转变的实质正是从侧重需要的家庭关系逐渐过渡到侧重分享的家庭关系。首先,虽然孩子延续了父母的存在,但是父子之间毕竟没有太多可分享的东西(特别是在孩子诞生之初),父子关系的根据在于父亲需要孩子来传宗续族以实

---

① 亚里士多德在《政治学》全书的第一章就明确批评了那种混淆家庭和城邦、认为家父长和政治家在统治方式上没有实质区别的观点(Pol. 1252a7－16),而他对于政体的区分和关于政体发展史的论述也在很大程度上是要辨明家庭和城邦的区别、阐发家父长统治和政治统治的差异。在他看来,君主制因为接近家父长统治而是一种低于政治或者不够政治的政体。

现"身体的不朽"①，而孩子需要父亲赐予其存在、为其提供抚养和教育（*NE* 1161a16 - 17）。其次，夫妇分享着两性生殖的自然本能和不同程度的理性能力，但是因为性别的差异，夫妇在家庭中具有不同的职分（ἔργα），需要协助彼此以构建共同生活（*NE* 1162a16 - 29）。最后，就家庭生活的根本目的而言，兄弟并不彼此需要，但是由于他们都是能够具备充分理性的男性，而且有着共同的成长经历和教育背景，因此有许多可分享的相似之处（*NE* 1161b30 - 35）。② 亚里士多德认为兄弟友爱接近于伙伴（ἑταῖρος）的友爱，这种友爱的特征是"所有事情都是共享的（πάντα κοινά）"，而友爱的完善程度本来就取决于共享的程度（*NE* 1159b32 - 35，1161a25 - 26，1161b33 - 2a1，1162a9 - 15）。因此，兄弟关系是最接近政治关系的家庭关系，兄弟友爱也最接近严格意义上的友爱。

家庭内部的三种友爱从极端不平等、不相似到相对平等、相似，体现了友爱的人性基础从需要到分享的上升，这和亚里士多德在《政治学》中论述人类共同体发展以及政体形式发展的总体思路是一致的。《政治学》I.2 描述了人类共同体从家庭到城邦的发展历程：人们最初为了个体的保存和种族的延续而需要男性和女性的结合、主人和奴隶的结合。夫妇关系和主奴关系构成了基本的家庭，亚里士多德指出，家庭是为了满足最低限度的日常生活所需而建立起来的。③ 随着子孙后代的繁衍，家庭的规模逐渐扩大，直到形成由若干代父子关系累加起来的大家族，而这就构成了能够满足超出日常生活所需的村落。④ 最终，多个村落结合起来，形成一种能够完全满足生活所需，从而让美好生活成为可能的自足的共同体，而这就是城邦。⑤ 同时，亚里士多德

---

① Cf. *Symposium* 208b - 209a；*DA* 415a26 - b7.

② 亚里士多德甚至说兄弟"在某种意义上是同一个事物存在于不同的个体中"（*NE* 1161b32 - 33）。关于这种说法背后的形而上学依据，参考 E. Katayama, *Aristotle on Artifacts：A Metaphysical Puzzle*, SUNY Press, 1999, 77 - 79。

③ *Pol.* 1252a26 - b14.

④ *Pol.* 1252b15 - 27.

⑤ *Pol.* 1252b27 - 30.

指出，最初的希腊城邦是由家庭和村落逐渐扩张而成、实行家父长统治的君主制城邦。[①] 这在根本上是因为当时的希腊人道德水平普遍较低，少数卓越的人在德性上不成比例地超越了所有其他人，因此，他们既容易、也理应成为君主。[②] 然而，从道理上讲，"对于城邦而言，贵族制比君主制更加可取……只要存在足够多（在德性方面）相似的人（πλείους ὁμοίους）"；而在现实中，"随着许多在德性方面相似的人（πολλοὺς ὁμοίουςπρὸς ἀρετήν）的出现"，君主制逐渐被贵族制取代，贵族制又最终被共和制取代。[③] 在亚里士多德看来，只有在平等公民依据法律轮流执政的共和制城邦中，希腊城邦政治的典型特征和独特精神才得以充分展现，而生活在这种城邦中的人也在最高程度上实现了他作为政治动物的本性。因此，城邦政治生活内在要求公民道德水平的普遍提升，使得大多数公民不再像孩子需要父亲那样需要君主的监管和训导，而是能够以实践主体的姿态参与政治生活，分享共同体的正义和友爱。

综上所述，在亚里士多德看来，无论是家庭内部从父子到兄弟的序列，还是人类共同体从家庭到城邦的发展，以及城邦政体从更接近家父长统治的君主制到更接近兄弟和伙伴关系的共和制的进步，都体现了同一种自我和他者联合的人性逻辑，也就是从不平等和不相似者

---

① *Pol*. 1252b19 – 22.

② *Pol*. 1286b8 – 11.

③ *Pol*. 1286b5 – 7, 11 – 13; cf. C. Starr, "The Decline of the Early Greek Kings", *Historia*: *Zeitschrift für Alte Geschichte*, 10(1961)2, pp. 129 – 138. 亚里士多德这样概括 Starr 叙述的历史过程："国王是因功绩而立，而这正是优秀者的作为。然而，一旦出现许多在德性上相似的人们，他们就不再接受君主制，而是寻求建立某种公共制度，也就是共和制"(*Pol*. 1286b11 – 13)。Starr 认为在从君主制向共和制转变的希腊政治史进程中，僭主的出现是一种倒退。比较麦格琉(J. McGlew)：《古希腊的僭政与政治文化》，孟庆涛译，华东师范大学出版社 2015 年，第 22—36,238—246 页。麦格琉深刻地揭示了僭主与共和制城邦的"共谋关系"，颇具洞见地提出："后僭政城邦的自由延续了僭主的自利品性……主权的古典概念和形象是僭主们的伟大政治遗产"；在伯力克里领导下的民主制雅典，"曾一度仅供僭主独享的自由，已被吸收进了公民身份的定义之中"。事实上，僭主的人格集中承载了强调竞争和卓越的古希腊政治文化，而僭主独裁和城邦共和的"张力性共谋"正是我们在第二章第四节论及的血气的内在复杂性的体现。

的相互需要到平等和相似者的共同分享。我们已经指出，不平等友爱赖以成立的施惠及其教育内涵是实现这种人性上升的动力，其具体机制是让潜在的公民走出家庭的等级秩序，获得独立参与政治实践的能力。不过，在许多希腊城邦的习俗中，这种公民教育不是通过成型的家庭或城邦制度来完成的，而是在很大程度上利用了同性爱欲的教育功能。① 和柏拉图对同性爱欲话题的热衷相比，亚里士多德对于这个主题似乎兴趣不大，在第八、九卷的论述中也只是一笔带过，这或许是因为这种关系在性方面是不自然的（cf. NE 1148b29），或许是因为这种关系在他的"家庭-政体"类比中找不到合适的位置，也可能是因为他希望用更加理性化和制度化的教育体系来取代这种依赖于人性中极不稳定因素的习俗。② 尽管如此，亚里士多德对于同性爱欲的简要评论和他分析不平等友爱的思路完全相符，进一步印证了我们的阐释："爱者和被爱者享用的不是同一种快乐，爱者乐于观看被爱者，被爱者乐于接受爱者的关注。当被爱者的青春逝去，这种友爱有时也随之而逝，因为一方不再乐于观看另一方，而后者也不再拥有前者的关注。不过，也有许多这样的关系是持久的，如果关系双方在习性上变得相似（ὁμοήθεις）并且因此而爱这种习性（ἤθη）的话"（NE 1157a6 - 12）。和父子关系、君臣关系一样，同性爱欲也是一种典型的不平等关系，而在亚里士多德看来，这种关系的目标同样应该趋向双方的平等和习性上的相似，而这当然取决于爱者在道德品质方面向被爱者施加的良性影响（cf. NE 1164a6 - 13）。

父亲对子女、君主对臣民、爱者对被爱者的教育都是为了让受教育者成为城邦政治生活的平等成员。至此，我们事实上已经进入了平

---

① 参考 Foucault，*The History of Sexuality*，*Vol*. 2；*The Use of Pleasure*，pp. 187 - 225；另见 K. Dover，*Greek Homosexuality*，Cambridge，Massachusetts：Harvard University Press，1989。

② Cf. Pangle，*Aristotle and the Philosophy of Friendship*，pp. 41 - 43. 更深层的原因或许在于亚里士多德对于自足性的强调，比较伯格：《尼各马可伦理学义疏》，第 289 页："爱欲本质上是一种距离、不在场和不完满性的经验。相反，友爱……是一种统一、在场和完满性的经验。"

等友爱的领域。亚里士多德将平等友爱分为利益友爱、快乐友爱、德性友爱三种类型,而宽泛意义上的利益友爱也包括城邦全体公民之间应有的和谐一致和相互善意,这种最低层次的平等友爱就是政治友爱。我们已经看到,亚里士多德早在 *NE* VIII. 1 就谈到了这种友爱:"将城邦合为一体的似乎是友爱,而立法者也关注友爱甚于关注正义,因为和谐(ὁμόνοια)似乎就像是某种友爱,这就是立法者的最高目标,而内乱则是他们力求驱逐的最大敌人。朋友之间不再需要正义,但是正义的人们还需要友爱,最高程度的正义似乎是带着友爱的。"(*NE* 1155a22 – 28)由此可见,政治友爱就是正义的最高程度的实现,而严格意义上的正义是政治正义,这种正义只"存在于为了实现自足而共同生活、自由而平等(ἐλευθέρων καὶ ἴσων,要么是几何平等,要么是算数平等)的人们中间"(*NE* 1134a26 – 28)。因此,严格说来,政治正义和政治友爱都只存在于共和制城邦,而后者是对于前者的提升,是全体公民相互间在平等互惠、公平分配、团结合作的基础上形成的同胞情谊。①

我们在本章开头处已经提到,亚里士多德在 *NE* VIII. 1 谈到政治友爱的时候将人与人的相互善意推及全人类,甚至提出在鸟兽中也存在同类之间的友善(*NE* 1155a19 – 21)。和家庭友爱相比,政治友爱在亲密程度上是极其稀薄的,它更像是某种生物学意义上的同类情谊在城邦划定的共同体范围内的展现。沿着同样的逻辑,亚里士多德在 *NE* VIII. 9 提出,城邦内部的各种共同体也存在相应的同伴情谊,从而存在相应的正义与友爱。他首先指出,正义和友爱关涉的对象和人群是一致的,各种各样的共同体都具有属于自身的正

---

① *EE* 1242a9 – 11, b30 – 31; R. Mayhew, "Aristotle on Civic Friendship", *The Society for Ancient Greek Philosophy Newsletter*, 197(1996)4, p. 3. Mayhew 指出,政治友爱也能够在有限的程度上存在于君主制和贵族制统治下的臣民之间。Cf. Cooper, "Political Animals and Civic Friendship"; J. Annas, "Comments on John M. Cooper's 'Political Animals and Civic Friendship'", in *Aristoteles "Politik"*: *Akten Des XI* (Symposium Aristotelicum), ed. G. Patzig, Vandenhoeck & Ruprecht, 1990, pp. 221 – 248; Yack, *The Problems of a Political Animal*, pp. 109 – 127.

义和友爱,其边界和共同体的边界完全一致(NE 1159b25 - 31)。①接着,亚里士多德提出:"所有共同体都像是政治共同体的部分,因为人们聚在一起是为了某种利益(ἐπί τινι συμφέροντι),希望获得某种生活必需品(τι τῶν εἰς τὸν βίον)。政治共同体一开始似乎也是为了利益(τοῦ συμφέροντοςχάριν)而建立并且持存的,这就是立法者追求的目标,他们声称正义就是公共的利益(τὸ κοινῇσυμφέρον)"(NE 1160a8 - 14)。最终的结论是:所有其他共同体都是城邦的部分,它们追求各自各样的局部利益,而城邦追求生活整体的利益,在这个意义上,每一种局部共同体都有其对应的正义和友爱(NE 1160a21 - 30)。我们认为,城邦内部的各种局部共同体成员之间仅仅因为同属一个团体、共享一致的利益而具有的友爱,在性质上都属于政治友爱。

亚里士多德论述政治友爱的方式反映出他对于人类政治本性持有一种乐观的信任。在他看来,只要不存在不可化解的冲突和矛盾,聚在一起交换利益、展开合作的人们总是会自然而然地产生善意、形成友爱。② 然而,虽然政治友爱似乎是全人类的"物种情谊"在城邦范围内的体现,并且能够延伸至城邦的各个部分之中,但是这种友爱往往无法扩展到城邦之外的更加广阔的政治世界之中。这当然在很大程度上是因为古希腊诸城邦常常处于现实或潜在的敌对状态,或者至少处在高度竞争性的关系之中。不过,这并非政治友爱限于城邦内部的根本原因。竞争与友爱并不互斥,事实上,典型的希腊式友爱与竞争性的血气有着如此密切的关联,以至于亚里士多德说"是血气造就

---

① 亚里士多德提到水手和士兵的团体、部族和德谟(δημόται)以及各种宗教和社会团体(NE 1159b28 - 29,1160a15 - 20, cf. 1163b32 - 35)。这些共同体虽然低于城邦,但是成员之间的地位是相对平等的,因此,它们能够具备属于自身的与政治正义和政治友爱性质相同的正义和友爱。相比之下,虽然家庭也是城邦的一部分,但是由于大多数家庭关系天然不平等,因此无法分享政治意义上的正义与友爱(NE V.6)。

② 值得注意的是,在讨论政治正义的时候,亚里士多德没有忘记提及是不正义的可能性使得正义成为必要(NE 1134a30 - 32),但是在讨论政治友爱的时候,他却完全忽视了令城邦团结一致的一个重要原因,那就是敌对城邦的威胁。

了友爱"。① 城邦之外不存在政治友爱的根本原因其实在于：在亚里士多德看来，一切友爱或多或少都与道德品质有关，即便是政治友爱这种最低层次的利益友爱也是如此，而人们唯有在城邦之中才能获得和施展德性，也唯有同城公民才关心彼此的德性。② 我们已经看到，在不平等友爱中，父子关系、君主制、同性爱欲都涉及实质上为道德教育的施惠，夫妇关系和贵族制要根据德性来分配善好，而兄弟关系和共和制立足于平等者之间的公道。毕竟，家政智慧本来就是实践智慧的一个分支，而在政治领域中，只有正确政体才具备相应的友爱。"每一种政体都在一定程度上体现了正义，并在相应的程度上体现了友爱"（*NE* 1161a10 - 11），友爱与正义的类比本身就说明了实践德性是友爱的基础。虽然政治友爱并不要求每一个公民都是充分正义的，但是它至少要求全体公民对于何谓正义（以及在实践生活的其他重大问题方面）有着正确的、一致的观念，亚里士多德称这种政治观念的一致为"和谐"，并提出，"和谐(ὁμόνοια)似乎就是政治友爱(πολιτικὴ φιλία)"（*NE* 1167b2 - 3）。③

5.4 三种平等友爱

在 *NE* VIII.2 的开头，亚里士多德提出平等友爱的分类基于可爱之物(φιλητόν)的分类，对应于三种可爱之物，也就是善好、快乐、利益(ἀγαθόν ἢ ἡδὺ ἢ χρήσιμον)④，平等友爱可以分为三种：基于德性的友爱、基于快乐的友爱、基于利益的友爱，出于方便，我们将三者简称为德性友爱、快乐友爱、利益友爱(*NE* 1155b17 - 19)。根据可爱之物的

① Cf. *Pol*. 1327b40 - 8a3. 大度是典型的血气德性，而大度者的一个重要特征就是乐于施惠、耻于受惠(*NE* 1124b9 - 18)。
② Cf. *Pol*. 1280a34 - b12; Mayhew, "Aristotle on Civic Friendship", pp. 5 - 7.
③ 公民的政治观念不仅要一致，而且要正确，才算是和谐。例如，民主制城邦的公民对于自由放任的一致追求就不是和谐。严格意义上的和谐只存在于好人之间(*NE* 1167b4 ff.)。
④ 在第八、九卷，ἀγαθόν 一词有时候指的是德性的内在善，有时候指的是利益等外在善，我们将前一种含义译为"善好"或者"善"，将后一种含义译为"好处"。

种类来区分平等友爱的类型是亚里士多德分析平等友爱的根本思路，然而，这个思路从一开始就暴露了自爱和友爱的张力：我们在友爱中爱的究竟是朋友还是可爱之物？亚里士多德接着说，对无生命物的爱算不上友爱，因为这种爱不可能是相互的，而且我们也不可能为了这种对象自身的缘故而希望它好（NE 1155b27－31）。真正的友爱是朋友"基于（διά）上述可爱之物中的一种而相互怀有善意、希望对方好（εὐνοεῖν ἀλλήλοις καὶ βούλεσθαι τἀγαθά），并且相互知晓对方的善意"（NE 1156a3－5）。这样看来，友爱当然包括对于朋友的爱，这种爱的基本表达就是"为了朋友自身的缘故而希望他/她好"，从而使得朋友成为友爱的目的，也使得友爱成为爱者的内在善。但即便如此，朋友对于彼此的爱仍然是"基于"每一方对于利益、快乐、善好这些可爱之物的爱，而后一种爱的根源在于自爱。如此一来，友爱又显得只不过是我们满足自爱所需要的外在善。我们在本章的开头就已经指出，对于亚里士多德来说，友爱确实是内在善和外在善的结合，而他对于平等友爱的最终界定也将这两方面结合了起来："存在三种形式的友爱，数量上和可爱之物一样，因为在每一种可爱之物方面都会出现彼此知晓的互爱，而爱彼此的人在他们所爱的方面（ταύτῃ ᾗ φιλοῦσιν）希望对方好"（NE 1156a7－10）。在平等友爱中，我们确实是为了朋友自身的缘故而希望他/她好，然而同时，我们也总是在我们所爱的那个事物（利益、快乐、德性）方面希望朋友好。①

接下来，亚里士多对于三种可爱之物和三种平等友爱做出了进一步的区分：首先，利益是用来实现善好和快乐的手段，而善好和快乐则是"作为目的"（ὡς τέλη）而被爱的（NE 1155b19－21）。其次，在快乐友爱和利益友爱中，我们爱朋友是因为朋友对我们而言的某种偶性（朋友能够带给我们快乐或者利益），因此，这两类友爱是出于偶性的（κατὰ συμβεβηκός）友爱；而在德性友爱中，我们爱朋友是因为朋友就自身而言（δι' αὑτούς）的本性，或者说我们爱的是朋友本身，因此，只有

---

① Pangle, *Aristotle and the Philosophy of Friendship*, pp. 37－39.

这种友爱才是严格意义上的(ἁπλῶς)友爱,另外两种友爱只是在类似的意义上(τῷ ὡμοιῶσθαι)才被称作友爱(*NE* 1157b4 - 5)。① 将上述两个区分结合起来,我们可以将三种平等友爱的类型重新表述如下:基于利益这种手段性偶性的友爱、基于快乐这种目的性偶性的友爱、基于德性这种目的性本质的友爱。我们将会发现,三种平等友爱形成了一个连续的序列,其从低到高的上升同样贯彻着从不平等到平等、从不相似到相似、从需要到分享的原则。

首先,"那些基于利益(διὰ τὸ χρήσιμον)而爱彼此的人,其友爱不是就他们自身而言的,而是就他们从彼此那里得到的某种好处而言的"(*NE* 1156a10 - 12)。利益友爱的双方是一种相互需要的关系,朋友间的不相似使得互通有无的交换与合作成为可能。虽然这种友爱在类型上属于平等友爱,但显而易见的是,因利益结合的双方在事实上往往并不平等。正如亚里士多德所言:"出于利益的(διὰ τὸ χρήσιμον)友爱似乎最是存在于相反者之间(ἐξ ἐναντίων),例如穷人和富人,无知的人和有学识的人;因为一方追求他所缺乏的某物,并且将另外某物给予另一方作为回报。"(*NE* 1159b12 - 15)② 另一方面,亚里士多德对于不平等友爱的探讨也正是从利益交换的角度出发的:不平等友爱的基本

---

① 事实上,利益友爱和快乐友爱是对于德性友爱内在包含的更高的利益关系和快乐关系的模仿,它们只是在类似于德性友爱的意义上才被称作友爱的(*NE* 1157a1 - 3, cf. 1157a25 - 32,1158b1 - 11)。*NE* 1157a25 - 29 提到,利益友爱甚至包括城邦之间的友爱,而快乐友爱甚至包括孩子之间的友爱。这两种友爱应该是距离德性友爱最远的利益友爱和快乐友爱:不同城邦的公民不关心彼此的德性,因而只存在利益关系;孩子的理性尚未成熟,因而只追求快乐。我们认为,亚里士多德提出这两个极端例子是为了强调利益友爱和快乐友爱低于严格意义上的友爱。在通常情况下,利益友爱和快乐友爱对于其中各方的德性还是有一定要求的。关于三种平等友爱的关系,参见 J. Cooper, "Aristotle on the Forms of Friendship", *The Review of Metaphysics*, 30(1977)4, pp. 619 - 664; A. Price, *Love and Friendship in Plato and Aristotle*, Oxford University Press, 1989, pp. 131 - 161。

② 亚里士多德接着说:"或许对立的一方并不就自身而言追求另一方,而是出于偶性,其欲望指向的其实是中间状态,而这就是善。例如,干的善不在于成为湿,而在于成为干和湿的中间状态,对于热以及所有其他事物也是如此。"(*NE* 1159b19 - 23)我们认为,上述观察的理论意义在于揭示利益友爱的功利性:这种友爱的双方所爱的并非对方本身,而是对方能够带给自己的效用。

特征在于"每一方从对方那里得到的和理应追求的东西是不同的"（*NE* 1158b20 - 21）。① 当然，在家庭和政治关系中，不平等友爱双方交换的并非一般意义上的利益。例如，父亲给予孩子存在、抚养和教育，孩子以孝顺和敬爱回报父亲；君主关怀和照看臣民，臣民以服从和恭顺回报君主。这样的交换显然不同于穷人和富人在雇佣关系中交换劳力和工钱。尽管如此，在利益友爱与不平等友爱的实质差别背后存在人与人在结合根据上的一致性，那就是不相似者各自的缺乏和对彼此的需要，这些种种缺乏和需要都源自人根深蒂固的不自足。在亚里士多德看来，各式各样的交换关系和人类共同体都是在不同的领域以不同的合作方式克服个人的不自足、追求集体的自足，而城邦就是这种追求的最终成果和自足性的完满实现。我们已经指出，政治友爱就是属于整个城邦的利益友爱。不过，根据亚里士多德对于友爱的定义，政治友爱只能在不严格的意义上算作友爱，因为只具有同城公民这一层关系的人们只能在非常间接的意义上从事共同活动并且实现互惠互利，而且只能在非常宽泛的意义上关心和信任对方的品德、知晓对方的善意，更是只能在非常低的程度上为了彼此自身的缘故而希

---

① 亚里士多德紧接着提出，在不平等友爱中，爱和用处的交换应该是成比例的：更好的或者更有用的一方应该"被爱甚于去爱（μᾶλλον φιλεῖσθαι ἢ φιλεῖν）"，因为"当爱符合配得（κατ᾽ ἀξίαν），就会产生某种意义上的平等（ἰσότης），而这当然是友爱的特征"（*NE* 1158b23 - 28, cf. 1163b1 - 5）。这样看来，亚里士多德似乎是以狭义正义的几何平等模式这个政治生活原则来理解包括家庭关系和同性爱欲在内的不平等友爱的。虽然他立刻提醒我们："对正义而言，符合配得的平等是首要的，符合数量的平等是次要的；而对于友爱而言，符合数量的平等是首要的，符合配得的平等是次要的"（*NE* 1158b30 - 33），但是，这一差别并未揭示出不平等友爱与狭义正义的真正区别。根据我们在第二章第四节关于狭义正义和大度的潜在冲突的讨论，狭义正义所能接受的各方在分配标准（比如德性）方面的实质差距也是有限的。不平等友爱与狭义正义的真正区别其实在于前者的本质"更在于爱，而不是被爱"（ἐν τῷ φιλεῖν μᾶλλον ἢ ἐν τῷ φιλεῖσθαι，*NE* 1159a27 - 28），这样看来，友爱的本质与几何平等原则直接相悖（cf. Pangle, *Aristotle and the Philosophy of Friendship*, pp. 61 - 64）。在我们看来，亚里士多德探讨不平等友爱的政治视角不可避免地暴露了爱与正义的冲突，这种冲突在 *NE* IX. 7 被表述为施惠的悖论："施惠者似乎爱受惠者甚于被善待的人爱善待他的人。人们讨论这个问题，好像这是不合理的（παρὰ λόγον）。"（*NE* 1167b17 - 19）在上文对于父子友爱和君臣友爱的探讨中，我们已经详尽分析了亚里士多德对该悖论的解决。

望彼此好。① 相比之下,*NE* VIII. 2 所界定的利益友爱若要在形式上符合友爱的定义,那就应该是发生于个别人之间(或者在相对有限的群体范围之内)、基于相对密切的共同逐利活动、在互惠合作的基础上产生的彼此都明确知晓的相互善意。进一步讲,正如政治友爱对公民的德性有着一定程度的要求,更亲密的利益友爱也是如此,而且随着亲密程度的提高,这种要求也会随之加强:"正义的要求随着友爱的强度而自然地提高,因为二者以同样的程度存在于同样的人群之中。"(*NE* 1160a7 - 8)与此相应的是善意程度的提高:在互惠互利的前提下,有着个人信任与合作经历的人们要比仅仅是同城公民的人们在更高的程度上为了彼此自身的缘故而希望彼此好。②

在快乐友爱中,朋友爱彼此不是因为对方"是某一种人"(ποιούς τινας),而是因为对方给自己带来快乐(*NE* 1156a12 - 14)。我们已经看到,亚里士多德认为符合德性的实现活动具有自身的快乐。由于快乐友爱与德性友爱分属两类,因此,属于快乐友爱的那种快乐不可能包括德性活动的快乐,而主要是指感官和激情的快乐:"年轻人的友爱似乎主要是基于快乐,因为他们的生活受感性的主宰(κατὰ πάθος),从而最是追求对于他们而言的当下快乐。"(*NE* 1156a31 - 33)尽管如此,在友爱的谱系中,快乐友爱仍然高于利益友爱。首先,和利益这种手段性的外在善相比,无论何种层次的快乐,只要我们合乎中道地享用它,都是一种目的性的内在善。其次,利

---

① Cf. Mayhew, "Aristotle on Civic Friendship", pp. 7 - 8.

② 亚里士多德将利益友爱分为"伦理的(ἠθική)和法律的(νομική)"(*NE* 1162b21 - 23),我们认为,*NE* VIII. 2 所区分的利益友爱应该相对接近伦理的利益友爱,而政治友爱则相对接近法律的利益友爱。关于利益友爱所包含的相互善意,参见 Cooper, "Aristotle on the Forms of Friendship", pp. 645 - 648;关于利益友爱所涉及的德性,参见 Irwin, "Aristotle on the Good of Political Activity", in *Aristoteles "Politik"*, pp. 87 - 95; Price, *Love and Friendship in Plato and Aristotle*, pp. 193 - 205; Tessitore, *Reading Aristotle's Ethics*, pp. 85 - 91. 亚里士多德稍后提到,古希腊社会特别重视的主客之谊也是利益友爱的一种。关于主客之谊,可参阅《伊利亚特》第六卷中格劳科斯和狄奥墨得斯的遭遇与和解(*Iliad* 6. 119 ff.),并参考 Adkins, "'Friendship' and 'Self-sufficiency' in Homer and Aristotle", *Classical Quarterly*, 13(1963)1, pp. 36 - 37.

益友爱的各方在实质上往往并不平等、相似，仅仅通过正义的原则而获得了一种形式上的平等和相似，相比之下，快乐友爱的各方必须具备性情方面的实质平等和相似，否则无法分享同样的快乐（cf. *NE* 1158a18 – 20）。也正因为如此，快乐友爱比利益友爱更加稳定（*NE* 1157a12 – 14）。最后，快乐友爱比利益友爱更符合友爱的定义，因为利益友爱的各方并不需要也常常并不希望一起生活、共度时光，但是快乐友爱的各方当然需要并且希望如此（*NE* 1156a27 – 30，b4 – 6）。更不必说，相比于利益合作者，因共享快乐而结成友爱的人们必然在更高的程度上为了彼此自身之故而希望彼此好。然而，正如我们已经充分讨论过的，趋乐避苦的欲求毕竟是一种人性的低层次需要，而感性的快乐又离不开某种从缺乏到满足的回复过程，因此，这种快乐属于第七卷所区分的偶性快乐，而非本质快乐，以此为基础的快乐友爱以及这种友爱对于朋友平等和相似的要求也是基于人的偶性，而非本质。

　　利益友爱和快乐友爱有一个根本的共同点，那就是爱者所爱的并不是被爱者本身，而是他身上的某种偶性："那些基于利益而爱朋友的人，是基于对于自身的好处（τὸ αὑτοῖς ἀγαθόν）而爱；那些基于快乐而爱朋友的人，是基于对于自身的快乐（τὸ αὑτοῖς ἡδύ）而爱。这两种爱都不是因为被爱者之所是（ἡ ὁ φιλούμενός ἐστιν），而是因为他是有用的或者令人快乐的。因此，这样的友爱是出于偶性的（κατὰ συμβεβηκός），被爱者不是因为他是他所是的那个人而被爱的，而是因为他能够提供某种好处或快乐"（*NE* 1156a14 – 19）。相比之下，"完美的友爱存在于好人，也就是在德性上相似（κατ' ἀρετὴν ὁμοίων）的人们之间，因为这样的人作为好人相互希望对方好，而且他们自身（καθ' αὑτούς）就是好的。那些为了朋友自身之故希望朋友好的人最是朋友，因为他们这样做是因为对方自身（δι' αὑτούς），而不是出于偶性"（*NE* 1156b7 – 11）。

　　我们在本节的开头指出，亚里士多德根据可爱之物来界定友爱的思路暴露了友爱和自爱的张力。在这一点上，三种平等友爱似乎并没有质的区别，正如在利益友爱和快乐友爱中我们爱的是自己的利益和快乐，并且在这个前提下爱朋友，在德性友爱中，我们爱的最终也是自己的善好,并且在这个前提下爱朋友(cf. *NE* 1157b33 - 34)。[①] 这意味着,一旦作为前提的可爱之物不复存在,与之对应的友爱也就无法继续维持了。由于生活中可以用作利益的事物以及能够提供这种事物的人类偶性是复杂多变的,而感性快乐的对象和相应的提供者和分享者也是变动不居的,因此,利益友爱和快乐友爱非常容易解体(*NE* 1156a19 - 21,1165b1 - 4)。相比之下,德性在通常情况下是非常稳定的,对于德性友爱的双方来说,"只要他们是好的,这种友爱就能够持续,而德性是持久的"(*NE* 1156b11 - 12)。然而,德性的稳定和持久并不是绝对的,如果原本有德性的朋友失去了他的德性,尤其是,如果他一直堕落到无可救药的地步,那么他原本拥有的德性友爱也就无法持续了。不仅如此,如果德性友爱中的一方变得太好,以至于和另一方在德性方面已经完全不成比例,那么他们的友爱也同样面临解体(*NE* 1165b13 - 31)。正是基于这种现象,亚里士多德提出:"这就是以下问题的由来——我们真的希望我们的朋友获得最高的善,例如变成神吗? 因为在这种情况下,他就不再是我们的朋友,从而也就不再是我们的善了,因为朋友是善。对此的正确回答是:如果说我们是为了朋友自身的缘故而希望他好,那么这里的前提是他必须保持为他所是的事物,因为我们只有在朋友仍然是人的前提下才会希望他获得最高的善。或许也并非所有的最高善,因为每个人首先还是希望自己获得这些善。"(*NE* 1159a5 - 12)

既然自爱和友爱的张力存在于所有的平等友爱中,为什么亚里士多德能够断言,在德性友爱中我们爱的是朋友自身,而在利益友爱和快乐友爱中我们爱的不是朋友自身? 德性友爱和其他友爱的区别并

---

① 参阅 *NE* 1157b33 - 34:"当人们爱朋友时,他们爱的是对于自身的善好(τὸ αὐτοῖς ἀγαθόν),因为当好人变成朋友,他就变成了对于朋友而言的善好。"此处"对于自身的善好"这个表述和亚里士多德在刻画利益友爱时使用的"对于自身的好处"(τὸ αὐτοῖς ἀγαθόν)是一字不差的。虽然ἀγαθόν的实质含义在这两处表述中有所不同,但无论是"好处"还是"善好"都是对于爱者"自身"(αὐτοῖς)而言的,这意味着亚里士多德至少在形式上前后一致地将所有类型的平等友爱都归结于自爱。Cf. Pangle, *Aristotle and the Philosophy of Friendship*, pp. 43 - 44.

非它不出于自爱,事实上,亚里士多德将在第九卷论证德性友爱源自于最高层次的自爱。德行友爱的独特性在于,它存在的理由是人们对于真正的属人之善的追求和分享,而根据活动论证,这种善(德性及其实现活动)是人类本质的完善。[①] 我们在对于亚氏德性论的解读中系统采用了道德形质论的理论框架,将人类德性理解为人作为道德实体的形式,而在亚里士多德的形而上学中,实体的形式就是实体的本质。当然,从范畴论的角度来看,德性是一种品质,从而属于性质的范畴,而非实体的范畴,而亚里士多德是基于实体的形质论分析才得出本质形式这个概念的,本质形式揭示了实体之所是。[②] 然而,自然实体的本质形式只能揭示出类本质,例如,苏格拉底是人,因为他的身体(质料)具有必死的理性灵魂(形式),这个层面的形式无法告诉我们苏格拉底如何不同于卡里克勒斯,也就是说它无法告诉我们什么是苏格拉底所是的"他自身",从而也就无法告诉我们,当我们爱苏格拉底自身并且为了他自身的缘故而希望他好的时候,我们爱的究竟是什么,我们究竟在什么意义上希望他好。在亚里士多德看来,对于这个问题的回答应该是苏格拉底的德性:唯有爱苏格拉底的德性,并且在德性方面希望他好,我们才算是爱苏格拉底自身(cf. *NE* 1157b3, b33 – 34)。[③] 每个人的德性与他自身的等同意味着德性揭示出每个人的个别本质,正如必死的理性灵魂揭示出人的类本质,因此,在本质的意义上,正如

---

① Cf. G. Vlastos, "The Individual as Object of Love in Plato", in *Platonic Studies*, Princeton University Press, 1981, p. 33, n. 100; Price, *Love and Friendship in Plato and Aristotle*, pp. 103 – 110, 124 – 130. 针对 Vlastos 关于亚里士多德混淆了"为其自身的缘故而爱一个人"和"爱一个人的德性"的批评, Price 提供了一份全面而深入的辩护。

② 参阅附录一。

③ 让我们再次回到 *NE* 1157b33 – 34:"当人们爱朋友时,他们爱的是对于自身的善好,因为当好人变成朋友,他就变成了对于朋友而言的善好"。我们已经谈到,这句话将德性友爱也明确归结于自爱,但是从另一个角度来看,这句话也揭示了德性友爱和其他友爱的根本区别。在利益友爱中,我们对于朋友的爱根源于我们对于自身好处的爱,但是朋友并不等同于他/她为我们带来的好处(*NE* 1157a14 – 16);在德性友爱中,虽然我们对于朋友的爱也根源于我们对于自身善好的爱,但是这时候,我们的好人朋友(ἀγαθός)就等同于我们所爱的善好(ἀγαθόν)——"当好人变成朋友,他就变成了对于朋友而言的善好"。只有在德性友爱中,朋友和所爱之物才是等同的:"只有好人能够就自身而言成为朋友。"(*NE* 1157a18 – 19)这意味着自爱和友爱在德性友爱中是合二为一的。

必死的理性灵魂是人作为一个物种的形式,每个人的德性也构成属于他自身的个别形式。① 在伦理学的语境中,人类的本质形式呈现为牵连必死身体的欲望和能够通达不朽神性的理性之间的充满张力的结合与互动,这是活动论证的要义,而德性正是对于这种人类本质形式的完善。由于每个人在自然禀赋、成长经历、教育背景以及自身努力等方面的差异,每个人获得德性从而完善人类本质形式的程度、方式、侧重甚至风格都往往不同,从而成就了每个人作为个体的本质形式,而这就是每个人的"自身"。然而,亚里士多德所理解的个体形式不同于现代意义上的个体性,因为现代个体性是将每个人独一无二的自我视作他/她不可化约的存在内核,而亚里士多德其实认为人与人的个体差异只不过体现了每个人实现人类普遍形式的不同方式。事实上,德性的完善程度越高,有德性者之间的个体差异就越小,因为德性的提升从根本上讲是一个不断褪去不完美的个别杂多性而趋近完美的普遍单一性的过程(cf. *NE* 1106b28 – 35)。② 每个人的德性作为他的自身确实是将他与其他人区分开来的个别形式,但是在古典本质主义看来,这种区分所反映的实质并非不同个体作为个体的多样性差异,而是人们作为人的道德境界在人性秩序中的高低差异。③

正是因为每个人的德性是人类普遍本质的个别完善,而德性的完善程度又取决于个体品质趋近普遍的属人之善的程度,德性友爱的双方在最高的意义上实现了平等和相似,从而最完美地体现了友爱的本

---

① Cf. Salkever, *Finding the Mean*, pp. 79 – 80. Salkever 正确地指出,德性作为ἕξεις指的是人格(personality),也就是"定义某人,将他或她与其他人区分开来的性质"。

② 参阅 *NE* 1106b28 – 35:"再者,犯错可以有许多种方式,因为恶属于无限定的领域(τοῦ ἀπείρου),正如毕达哥拉斯主义者认为的那样,而善属于限定的领域(τοῦ πεπερασμένου)。正确的道路只有一条,所以失败易而成功难,因为偏离目标容易,正中目标很难。因为这些原因,过度与不及是恶的特征,而中道是德性的特征:'善为纯一,恶为杂多'(ἐσθλοὶ μὲν γὰρ ἁπλῶς, παντοδαπῶς δὲ κακοί)。"

③ 关于亚里士多德的自我概念和现代自我概念的差异,参考 S. Stern-Gillet, *Aristotle's Philosophy of Friendship*, State University of New York Press, 1995, pp. 11 – 35; P. Simpson, "Aristotle's Idea of the Self", *Journal of Value Inquiry*, 35(2001)3, pp. 309 – 324。Stern-Gillet 正确地指出:"亚里士多德式的自我是具象化的德性(virtue embodied)的代名词。"(Stern-Gillet, *Aristotle's Philosophy of Friendship*, p.51)

质，因为"平等和相似就是友爱（ἰσότης καὶ ὁμοιότης φιλότης），尤其是在德性方面的相似"（NE 1159b2 – 4, cf. 1156b34 – 35）。像苏格拉底这样德性很高的人之所以显得与众不同，并不是因为他有一个独特的自我，而是因为他上升到了更加接近完美人性的普遍高度，而能够到达这个高度的人是非常少的。德性越高的人们越显得与众不同，而他们彼此之间其实越是平等而相似。进一步讲，德性友爱不但是最为平等和相似的友爱，而且是在最大的程度上摆脱了需要、以分享为主导的友爱，这从根本上讲是因为有德性的人是自足的："缺乏的人想要利益，而至福之人（μακάριοι）想要共度时光（συνημερεύειν），因为对于这样的人来说孤独是最不相宜的"（NE 1157b20 – 22）。此外，德性友爱还在更高的层面统合了利益和快乐，因为德性友爱的"每一方既在无条件的意义上是好的，也对于朋友而言是好的，因为好人既在无条件的意义上是好的，也对彼此是有用的。在快乐方面也是如此，因为好人既在无条件的意义上令人快乐，也令彼此快乐……所有我们提到的可爱之物都就朋友自身而言（καθ' αὐτούς）属于这种友爱，因为在这种友爱中，其他可爱之物也相似地属于朋友双方"（NE 1156b12 – 15, b21 – 22）。一般意义上的利益和快乐是极不稳固的偶性，二者很难结合起来，因此，利益友爱和快乐友爱也很难结合起来，但是德性将这两种偶性提升为符合人类本质之善的利益和快乐，也就是"伴随德性的快乐（ἡδεῖς μετ' ἀρετῆς）和着眼于高贵行动的利益（χρησίμους εἰς τὰκαλά）"，在这个意义上，德性友爱将所有的可爱之物完美地结合在一起（NE 1157a33 – 36, 1158a27 – 31），从而是最完善的友爱。

综上所述，利益友爱、快乐友爱、德性友爱这三种平等友爱的序列延续了整个友爱谱系的上升之路，而三者的递进仍然符合从不平等到平等、从不相似到相似、从需要到分享的总体原则。基于同样的原则，平等友爱又在总体上高于不平等友爱，尽管在现实中这两类友爱并非泾渭分明，而是存在许多重叠和交织。我们再次看到，亚里士多德对于友爱的类型学研究遵从着 NE VIII.1 结尾处的"离题话"所揭示的线索：友爱的谱系作为一个整体呈现出从赫拉克利特式的友爱向恩培多克勒式的友爱上升的趋向，也就是从彼此不相似的缺乏和不自足逐渐过渡为彼此相似的充盈和自足，从不自足者的相互需要到自足者的共同分享。

5.5 德性友爱的根据与意义

在第八卷全面呈现了友爱的类型和谱系之后，亚里士多德在第九卷的主要任务是阐述德性友爱的人性基础。在 *NE* IX.4，亚里士多德将德性友爱的各种特征追溯至每个人和自身的关系："我们与邻人的友爱，以及规定这类友爱的特征，似乎是从每个人与他自身的关系（πρὸς ἑαυτόν）中衍生而来的"（*NE* 1166a1 - 2）。这些特征包括：（一）为了朋友自身的缘故而希望他好并且做对他好的事（βουλόμενον καὶ πράττοντα τἀγαθά）；（二）为了朋友自身的缘故而希望他存在并且活着；（三）一起生活、共度时光（συνδιάγοντα）；（四）追求同样的事物（ταὐτὰ αἱρούμενον）；（五）分担痛苦、分享快乐（συναλγοῦντα καὶ συγχαίροντα，*NE* 1166a2 - 8）。显然，只有德性友爱才完全符合以上所有特征。[①] 亚里士多德指出，好人与他自身的关系在最高的程度上满足上述所有要求，而这从根本上是因为，好人将自己的理性（διανοητικοῦ）等同于他自身，从而实现了理性和欲望的完全和谐（*NE* 1166a10 - 29）。在这个意义上，德性友爱的根源在于好人的自爱：

> 由于这些特征中的每一种都符合好人与他自身的关系，而好人与朋友的关系就像是他与自身的关系，因为朋友是另一个自我（φίλος ἄλλος αὐτός），友爱也被认为是这些特征，而具有这些特征的人们就被认为是朋友。（*NE* 1166a29 - 33）

我们再次遇到"朋友是另一个自我"这个说法。在不平等友爱中，

---

① 利益友爱往往不符合（三）、（四）、（五），而快乐友爱不一定符合（四）。

施惠者之所以爱受惠者就是因为后者是前者的另一个自我，这一点在父子友爱中体现得最为明确："父母爱子女正如爱他们自身，因为从他们所出的子女通过与他们分离而像是他们的另一个自我（ἕτεροι αὐτοί，*NE* 1161b27 - 29）。由此可见，最典型的不平等友爱和最完美的平等友爱都在最鲜明的意义上源自于自爱。然而，父亲的自爱不同于好人的自爱，前者爱的是自身的存在，后者爱的是自身的德性，后一种自爱当然是更加重要的。① 如果父亲同时也是一个好人，那么他对于子女的爱也应该在双重的意义上源自于他作为父亲和作为好人的自爱：他既希望将属己的存在，也希望将属己的德性，传续和留存给另一个自我，这分别体现为生育和教育。不过，亚里士多德并没有在讨论父子友爱的语境中明确分析自爱。在提出德性友爱源自好人的自爱之后，他才在 *NE* IX.8 澄清了自爱的意义：正确的自爱指的不是"给自己分配更多的财富、荣誉、身体快乐……满足自己的欲求以及一般而言的感性的、非理性的灵魂部分"（*NE* 1168b16 - 17，b19 - 21），而是"给自己分配最高贵和最好的事物，满足自己身上最具权威性的部分，在一切事情上都听从它。② 正如一个城邦或者其他复合整体似乎就等同于其最具权威性的部分，人也是如此，因此，爱它和满足它的人最是自爱者（φίλαυτος）"（*NE* 1168b29 - 34）。亚里士多德指出，错误的自爱所追求的事物是大众争夺的外在善，而如果人们能够转而争夺高贵的内在善（也就是说，争先恐后地做高贵的事），那么，每个人在追求各自真正的善的同时也就实现了城邦的公共善（*NE* 1168b18 - 19，1169a6 - 11）。③ 在这个意义上，自爱和友爱在好人的生活中是完全

---

① 值得注意的是，父子友爱和德性友爱是整个友爱谱系的最低和最高层次。同时，二者也在不同的意义上是最自然的友爱：父子友爱的基础在于一切生命都追求的种族不朽，而最高的德性友爱是哲学家对于神性沉思的分享。正是在这两个层次，亚里士多德才明确提出孩子或朋友是"另一个自我"这个表述。

② 伯格发现，承载自我同一性的灵魂概念"在第六卷之后实际上就或多或少消失了"，并在很大程度上被理智概念所取代。伯格：《尼各马可伦理学义疏》，第 266 页注释 2。

③ 这印证了伦理德性和广义正义的关系。然而，根据我们对于大度的分析，个人高贵和城邦公共善之间也存在潜在的张力。事实上，亚里士多德在 *NE* 1169a18 - b2 对于好人的自我牺牲精神的描述非常接近他在 *NE* IV.3 对大度者的描述，而好人在一切（转下页）

融洽一致的:"好人应该是自爱者,因为他通过高贵的行动既有利于自己也有利于他人;坏人不应该是自爱者,因为他听从恶劣的激情,从而既伤害自己又伤害他人。"(*NE* 1169a11 - 13, cf. 1167b4 ff.)

在 *NE* IX.4 和 IX.8 关于友爱源自自爱的论述中,亚里士多德将灵魂的和谐、正确的自爱和好人的德性紧密结合起来,相比之下,由于缺乏德性,坏人并不真地爱自己,其灵魂也是不和谐的。亚里士多德在这里描绘的坏人形象似乎与他在论述伦理德性时对于劣性的界定相矛盾,因为他将所有坏人一概等同于不自制者,而不区分劣性和不自制(*NE* 1166b2 ff., cf. 1152a4 - 6)。我们认为,这是因为第七卷已经通过对于不自制的分析提出了一种更高的节制作为实践德性的标准,凡是达不到该标准的道德品质都不算严格意义上的德性。而从理性和欲望完全和谐一致的节制标准来看,不自制和劣性的区别就显得不那么重要了,因为劣性和不自制一样无法符合这一标准(cf. *NE* 1166b5 - 7)。① 换句话说,第七卷对于自制和节制的更严格区分并没有带来与此对称的、对于不自制和劣性的更严格区分,反而揭示出坏人不可能真正实现灵魂的和谐状态,也就是说,一种"整个灵魂(κατὰ πᾶσαν τὴν ψυχήν)都想要"同样的恶的和谐状态是不可能的(cf. *NE* 1166a14)。② 这一点对于自爱和友爱的关系是至关重要的:如果

(接上页)利他行为中的动机也最终被归结于"给自己分配更多的高贵",似乎高贵成了更高层面的争夺对象。在这个意义上,自我牺牲的机会确实是有限的,甚至连将这种机会让给朋友的机会也是有限的。或许,只有哲学沉思才是一种不涉及任何意义上的竞争,从而能够在最完全的意义上被分享的善。参考 Jaffa, *Thomism and Aristotelianism*, pp. 126 - 128; Pangle, *Aristotle and the Philosophy of Friendship*, pp. 172 - 176; C. Kahn, "Aristotle and Altruism", *Mind*, 90(1981)357, pp. 34 - 40。Kahn 提出,在哲学友爱中,同一个神性努斯作为双方都明确认识到的"真正的自我"彻底消融了自我和他人的张力。另见 Plutarch, *The Life of Alexander* 7。亚历山大抱怨亚里士多德将所谓的内传学说公之于众,导致他无法"在智慧方面胜过别人",这恰恰意味着他误解了哲学生活的实质。

① *NE* 1166b5 - 7 仍然区分了"坏得透顶的人"(κομιδῇ φαύλων)和一般程度的坏人(ἀγαθός),但这里说的恰恰是前者比后者更不具备灵魂的内在和谐(cf. *NE* 1166b25 - 27)。

② Cf. Price, *Love and Friendship in Plato and Aristotle*, pp. 127 - 129; Pangle, *Aristotle and the Philosophy of Friendship*, pp. 143 - 145.

说德性友爱源自好人的自爱,也就是说,有德性者对于朋友自身的爱源自于他对于他自身的爱,那么坏人就无法拥有这种形式的友爱,而这恰恰是因为坏人并不拥有真正的自爱:坏人既不爱他的自身,也不爱朋友自身。① 我们在上一节指出,只有在德性友爱中,我们才爱朋友自身,而不是爱他的偶性,这是因为每个人的德性才是揭示其个别本质的个体形式,也就是他的自身。这很自然地带出一个问题:如果好人的德性是他自身,那么坏人的劣性是否也是他自身? 坏人和坏人之间能否结成一种可以称作"劣性友爱"的友爱,在这种友爱中,坏人们爱的不是对方的偶性,而是对方自身,也就是对方的劣性? 亚里士多德有时候确实用中性的表述来刻画德性友爱:好人"相互的爱是涉及选择的(μετὰ προαιρέσεως),而选择出自品质。人们为了被爱者自身的缘故而希望他们好,这不是出于激情,而是出于品质"(NE 1157b30 - 32)。德性和劣性都是品质,而且具有这两种品质的人都认为自己的选择是正确的,这样看来,似乎正如一个好人会由于另一个好人的品质而爱后者,一个坏人也会由于另一个坏人的品质而爱后者。然而,在唯一看似承认这种可能性之处,亚里士多德说:"坏人不具备稳定性,他们甚至不与自身保持相似。他们因为喜欢彼此的坏而结成短暂的友爱。"(NE 1159b7 - 10)由此可见,即便坏人真的能够因为对坏本身的爱而爱彼此,这种友爱也是短暂的。在分析平等友爱的时候,亚里士多德反复强调德性是稳定的,因而德性友爱也是稳定的。就范畴而言,德性和劣性作为品质都是稳定的性质。② 如果德性是稳定的,那么劣性似乎也应该是稳定的,正如好人不会轻易变坏,坏人也不会轻易变好。既然如此,为什么德性友爱是稳定的,而"劣性友爱"却是短暂的? 回答这个问题的关键在于澄清德性和劣性的真正区别。

① Sherman 正确地指出,坏人在其行动中很难贯彻"以自身为目的"的内在善原则(Sherman, *The Fabric of Character*, pp. 113 - 117)。我们认为,这是坏人无法真正"为朋友自身之故而希望他/她好"的深层原因。

② Cf. *Cate.* 8b26 - 28;*Phys.* 246a13 - 17. 在伦理学中,亚里士多德往往只在德性的意义上讨论品质,这正是因为稳定本身就是一种规范性。既然坏人的典型特征在于不具备稳定性,那么劣性在何种意义上是一种稳定的品质就是成问题的。

虽然德性作为人性的完善构成了每个人的道德形式,但是劣性并非一种相反的个体形式,而恰恰是人性的不完善,从而是道德形式的缺乏,而且在越坏的人身上这种缺乏就越是严重。如果说德性作为个别形式构成了有德性者的自身,那么缺乏德性从而缺乏个别形式的人,也就在这种缺乏的程度上不具备统一而稳定的自身,这就是为什么"坏人不具备稳定性,他们甚至不与自身保持相似"的根本原因。[1] 以上述推论为基础,我们才能更好地理解亚里士多德关于好人和坏人在友爱方面的差别的论断,例如:"只有好人能够就自身而言成为朋友,因为坏人不喜欢他们自身,除非存在某种利益"(NE 1157a18 - 20);"坏人能够基于利益或者快乐而成为朋友,如果他们在这方面变得相似的话,而好人则就自身而言成为朋友,即,就他们是好人而言"(NE 1157b1 - 3)。

然而,正因为好人具备完善的道德形式和正确的自爱,获得了灵魂的高度和谐,德性友爱何以必要就成了一个非常棘手的问题。如果好人是自己最好的朋友(cf. NE 1166a33 - b2),他为什么会去爱另一个好人并与他成为朋友呢?德性友爱不仅看上去很不必要,而且还严重威胁着好人的自足:虽然一个孤独的人是不幸的,但是一个被死亡夺走了很好的朋友的人是更加不幸的(NE 1099b3 - 6)。[2] 在阐述自爱的时候,亚里士多德也提出,好人"希望和自己共度时光(συνδιάγειν),因为这对他而言是快乐的,而这又是因为他对过去实践的记忆是愉悦的,对将来的期待是好的,这些都是快乐的"(NE 1166a23 - 26)。相比之下,"坏人寻求和他人一起消磨时间(συνημερεύσουσιν),以便逃避他们自身(ἑαυτούς),因为当他们独处的时候,他们就会记起许多卑劣的事,并且期待其他类似的事,而与别人在一起的时候就会遗忘这些。由于没有可爱之处,坏人也不爱他们自身"(NE 1166b13 - 18)。且不

---

[1] 换句话说,劣性作为一种稳定品质在坏人身上的体现恰恰是导致他稳定地不具备稳定性。关于"自身"或者"自我"概念在亚里士多德伦理学中的规范性,参考 Stern-Gillet, *Aristotle's Philosophy of Friendship*, pp. 25 - 29;Simpson, "Aristotle's Idea of the Self", pp. 316 - 318。

[2] Cf. Sherman, *The Fabric of Character*, pp. 129 - 130.

论这里对坏人的刻画是否符合一般坏人的自我理解，总之，根据这一刻画，坏人恰恰因为厌恶自身的坏而具有与他人共处、结交朋友的强大动力。坏人正因为处于极度的缺乏状态，所以一方面非常渴望友爱，另一方面又无法享有真正的友爱，至多与他人结成利益友爱、快乐友爱，或者短暂的"劣性友爱"。不过，坏人"求友爱而不得"的悖谬处境恰恰从反面凸显出好人同样悖谬的处境：自足的好人似乎既不需要，也没有任何动力去寻求德性友爱，尽管他们完全可能需要并寻求基于利益和快乐的友爱(cf. *NE* 1169b23 - 27)。①

根据我们基于 *NE* VIII.1 末尾的"离题话"而采纳的论述线索，我们已经能够大致预测亚里士多德对上述问题的回答方式了。从父子到兄弟，从君主制到共和制，从爱者和被爱者到习性相近的伙伴，从利益友爱到快乐友爱再到德性友爱，友爱的谱系作为一个整体呈现出从赫拉克利特式的友爱向恩培多克勒式的友爱上升的趋向，从不平等和不相似者的相互需要逐步过渡到平等和相似者的共同分享。这样一个上升的过程同时也是人与人的关系愈加接近严格意义上的友爱的过程，因为"平等和相似就是友爱，尤其是在德性方面的相似"(*NE* 1159b2 - 4)。既然德性友爱的双方在本质层面实现了最高程度的平等和相似，那么这种友爱的根据也就在最高的程度上摆脱了人性的需要，而走向了人性的分享。在 *NE* IX.9，亚里士多德详尽论述了幸福的人为什么需要朋友，在他给出的种种理由之中，有两个特别值得我们重视②，因为他对于这两个理由的论证不仅具体阐述了何谓分享，揭示了存在于人性深处的对于分享的需要，而且暗示了不同层次的德性友爱在这方面的差异，从而最终论证了哲学友爱的至高地位。

让我们首先来看第一个论证：

如果幸福在于生活和实现活动(ζῆν καὶ ἐνεργεῖν)，而好人的

---

① Cf. Pangle, *Aristotle and the Philosophy of Friendship*, pp. 150 - 152.
② 亚里士多德还提出了另外两个理由：施惠于朋友比施惠于陌生人更好；朋友使得有德性的实现活动可以更加持续(*NE* 1169b10 - 13, 1170a4 - 8)。然而，这两个理由都是在具体阐述"朋友是最大的外在善"(*NE* 1169b10)，而没有深入到友爱作为内在善的层面。

实现活动就自身而言是好的和令人快乐的,正如我们一开始就说过的;又如果属己(οἰκεῖον)是令人快乐的事,而我们更能观看(θεωρεῖν)邻人而非我们自身,邻人的实践而非属于我们的实践;再如果好人朋友的实践是令好人快乐的(因为这种实践在双重意义上自然地令人快乐);那么至福之人(μακάριος)就需要(δεήσεται)这种朋友,如果说他选择观看(θεωρεῖν)善好的和属己的实践(πράξεις ἐπιεικεῖς καὶ οἰκείας)的话,他的好人朋友的实践就是如此。(NE 1169b30 – 70a4)

这个论证从一系列前提推出最后的结论,指出德性友爱之于好人(而且是至福之人)的最终意义在于让他能够更好地观看"善好的和属己的实践"。[①] 这一点的理据在于,虽然每个好人自己的实践都是善好的和属己的,但是当一个好人在从事这样的实践时,他往往无法或者很难同时观看自己的实践,正如一个优秀的运动员无法或者很难在竞技中展现卓越的同时观看自己的卓越表现,因为这种观看的享受乃是观众的特权。然而,两个同样优秀的运动员或许可以在各自精彩表现的同时观看对方的表现,又由于他们的水平平等而相似,因而他们各自的表现都可以被视作是属于另一个的,这就使得相互观看的双方成了彼此的"镜子"。[②] 以这种方式,运动员和观众的角色合二为一,双方在进行卓越竞技的同时也实现了对于卓越竞技的观看。在亚里士多德看来,好人在德性友爱中获得的最高满足就在于行动和观看两全其美,就像两个共同竞技和彼此欣赏的运动员。[③] 特别重要的是,在这个

---

① 柏拉图在《会饮》中将善好和属己对立起来,让苏格拉底(或者蒂欧提玛)和阿里斯多芬分别为爱欲的这两种人性根据代言。我们在第一章的开头指出,柏拉图认为对善好的爱最终成全于哲学,而对属己的爱最终成全于政治。在这个意义上,亚里士多德将善好和属己结合起来,就是要在最高的友爱中将人的哲学本性和政治本性结合起来。

② Cf. Plato, *Alcibiades I* 131c – 133c; Price, *Love and Friendship in Plato and Aristotle*, pp. 120 – 124.

③ 比较 NE 1167a18 – 21,此处亚里士多德将善意与人们对于彼此德性的欣赏联系起来,"就像在我们谈到的竞技活动中那样"。另见 Cicero, *Tusculanae Quaestiones* 5.3,在这个据称是毕达哥拉斯讲的寓言中,运动员和观众分别类比的是政治家和哲学 (转下页)

论证中,亚里士多德既没有提及朋友是德性实践的受惠方,也没有提及一方为另一方的行动创造条件或者提供帮助,而是强调两个好人各自从事完善而自足的德性实践,并且同时观看对方的、但同时也是属己的实践之善好。正是在这个意义上,德性友爱的人性根据不在于需要,而在于分享。然而,亚里士多德说这个论证说明了好人何以"需要"(δεήσεται)好人朋友,这不仅仅是在阐述一种更加深层的需要,我们不妨称之为对于分享的需要,而且也揭示出不同层次的德性友爱的区别:对于实践德性来说,行动和观看不是一回事,因此才会出现二者难以兼顾的困难。德性友爱解决了这个困难,从而在这个意义上也确实满足了某种需要。但是对于哲学智慧来说,符合德性的实现活动本身就是观看或者沉思①,因此不存在活动和观看难以兼顾的困难,这一方面再次印证了哲学生活的高度自足,同时也更加尖锐地提出了德性友爱对于哲学家的意义问题:获得了最高的智慧从而在最高的意义上实现了自足性的哲学家,究竟为什么要和另一个与他平等而相似的哲学家做朋友呢?

当然,哲学家会需要其他类型的友爱,特别是老师与学生之间的不平等友爱,而这种友爱的人性根据就是最高层面的施惠,因为哲学智慧是最高的善。亚里士多德提出,哲学老师给学生的恩惠就像父亲给孩子或者神给人的恩惠,对此,学生无论如何回报都是不够的(NE 1164b2 - 6)。事实上,《尼各马可伦理学》第一次提到友爱就是在说哲学师生的友爱:"我们或许应该考察普遍善,厘清其意义,尽管这样的研究很困难,因为提出理念的人们是我们的朋友(φίλους)。然而,或许为了维护真理,即便摧毁属己之物也是更好的和应该的,尤其是因为我们是哲学家。虽然二者都是可爱的(φίλοιν),但是推崇真理才是

(接上页)家。亚里士多德认为德性友爱满足了好人对于善的"观看"欲望,其实质正是将哲学维度引入政治生活,实现两种幸福的融合。Cf. Joachim, *Aristotle*, *The Nicomachean Ethics*, pp. 242 - 243; Tessitore, *Reading Aristotle's Ethics*, pp. 93 - 94.

① 希腊语θεωρέω的基本含义是"观看",由此引申出用心灵之眼"观看"真理的含义,也就是"沉思"。

虔敬的要求。"(*NE* 1096a11 - 17)接下来,亚里士多德用整整一章的篇幅批判(他所理解的)柏拉图的"善的理念"概念(*NE* I.6)。在他看来,为了真理的缘故批判老师的学说,这或许才是学生能够给予老师的最高回报。

然而,我们要探究的不是哲学师生的不平等友爱,而是哲学家之间的平等友爱。① 为此,我们需要仔细分析亚里士多德在 *NE* IX.9 为德性友爱提出的第二个重要理由②:

> 让我们考察事情更加自然的(φυσικώτερον)层面:好人朋友对于好人来说在自然上(φύσει)似乎就是值得追求的。因为我们说过,对于好人来说,自然上善好的事物就其自身而言(καθ' αὐτό)也是善好和令人快乐的。活着对于动物来说可被界定为感觉的能力,对于人来说可被界定为感觉和思考的能力。能力(δύναμις)指向现实活动(ἐνέργειαν),在现实活动中得以严格意义上的实现。因此,活着在严格的意义上指的就是感觉和思考。活着属于就自身而言善好和令人快乐的事物,因为它是有限定的(ὡρισμένον),而限定性属于善好的自然(τῆς τἀγαθοῦ φύσεως),而在自然上善好的对于好人也是如此,这也是为什么活着对于所有人来说都是快乐的。但这一点不适用于恶劣和败坏的生活或者在痛苦中度过的生活,因为这样的生活是无限定的(ἀόριστος),其属性也是如此。(*NE* 1170a13 - 24)

上述引文的第一句话是整个论证所要证明的目标:对于好人来

----

① Cf. Salem, *In Pursuit of the Good*, pp. 158 - 163. Salem 提出,哲学家和学生(既包括潜在的哲学家,也包括潜在的政治家)之间的"施惠-受惠"友爱实现了政治和哲学、实践和沉思的完美融合。我们同意 Salem 立论的实质:伦理学这项教育事业是实践和理论的结合,但我们还是认为,这种教育关系终究是一种不平等从而不完美的友爱关系,因此,它在善的层级上低于最高的平等友爱——哲学家之间的友爱。

② 对于该论证的细致分析,参考 Z. Hitz, "Aristotle on Self-Knowledge and Friendship", *Philosophers' Imprint*, 11(2011)12, pp. 8 - 11。

说,另一个好人在自然上就是值得追求的。为了证明这一点,亚里士多首先确立了这个论证的根本前提,即,好人的生命是善好和令人快乐的,这是因为,对于人而言,生命在本质上就意味着从事感觉和思考这两种实现活动。我们认为,这是在用更加自然主义的语言表达人之为人的本质活动,也就是欲望和理性的互动,因为理性活动就等同于思考活动,而欲望根植于感觉。因此,当亚里士多德接着说,对于好人而言,感觉和思考这两种实现活动所构成的生命是有限定的,他指的就是好人所从事的人类本质活动是有限定的。进一步讲,所谓"有限定",指的就是具备完善的形式。① 好人的生命之所以具备完善的形式,就是因为好人有德性,德性为人类本质活动提供了完善的道德形式。事实上,道德形质论的根本理路就在于善好和限定性、限定性和形式的内在关联。

接下来,亚里士多德用一系列条件句给出了论证所需的其他前提:如果好人的生命是最值得追求的(NE 1170a25 - 29);如果当我们感觉的时候我们能够感知到我们在感觉,当我们思考的时候我们也能够感知到我们在思考,而这种对于感觉和思考的感知就是对于我们自身的存在和生命的感知,并且这种感知就其自身而言是善好和令人快乐的(NE 1170a29 - b5)②;如果好人与自己和他与朋友的关系是一样的,因为朋友是他的另一个自我(NE 1170b5 - 7),那么:

---

① 亚里士多德常常用"限定的载体"($\acute{\omega}\rho\iota\sigma\mu\acute{\epsilon}\nu o\nu$ $\acute{\upsilon}\pi o\kappa\epsilon\acute{\iota}\mu\epsilon\nu o\nu$)这个表述来指代实体,例如 $Meta$. 1028a26 - 27,1055b25。形式不是实体,而是让实体获得限定性的本质,参见 $Meta$. 1033b19 - 26。Pangle 将生命的限定性理解为死亡,并从这一点出发阐述了友爱的根本意义。虽然 Pangle 误解了亚里士多德的限定性概念,但是她关于友爱如何弥补生命之短暂的洞见是相当敏锐的,参见 Pangle, *Aristotle and the Philosophy of Friendship*, pp. 189 - 191。

② 亚里士多德在用词上并没有区分"感觉"和对于感觉(和思考)的"感觉",但是我们认为,这应该是两种不同的感觉,因此,我们用"感知"一词来表达后者(Pangle 称之为"二阶感觉",见 Pangle, *Aristotle and the Philosophy of Friendship*, p. 190)。在第三章第五节阐述实践理智的时候,我们就已经发现亚里士多德明确提出了一种宽泛意义上的、非感官性的感觉($\kappa o\iota\nu\omega\nu\epsilon\tilde{\iota}\nu$)概念。Stewart 结合 NE 1169b30 - 70a4 提出,"唯有在对于他人的感知中,人才能真正感知自我"(Stewart, *Notes on the Nicomachean Ethics of Aristotle* 〔vol. 2〕, p. 392)。

正如每一方自己的存在对于他来说是值得追求的,朋友的存在也是如此,或者几乎如此。他的存在是值得追求的,因为他感知到它是善好的,而这样的感知就自身而言是令人快乐的。因此,他必须和朋友一起感知(συναισθάνεσθαι)他自己和朋友的存在,要实现这一点就需要共同生活、分享言论和思想(κοινωνεῖν λόγων καὶ διανοίας)。(NE 1170b7 – 12)

好人的生命值得追求和令人快乐的原因是它具有完善的形式,而好人不仅这样感知他自己的生命,也这样感知朋友的生命,如果他的朋友确实和他一样好,以至于可以在最严格的意义上被称作他的"另一个自我"的话。由于对于生命的完善形式的感知是对于完善的实现活动的感知,因此,德性友爱就是两个具备完善形式的人在共同的实现活动中的相互感知。这种感知不是符合德性的人类本质活动所直接包含的感觉和思考,而是对于这种感觉和思考所构成的德性实践的反身性感知。在上一个论证中,亚里士多德指出,从事德性实践和观看这种实践的善好在一个人身上很难两相兼顾;而在现在的论证中,他却提出我们在感觉和思考的同时也能够感知到我们在感觉和思考,在这个意义上,我们在从事实践的同时也能够观看我们自身的实践。相应的,在上一个论证中,实践和观看难以兼顾的困难证成了德性友爱对于好人的意义,而在现在的论证中,德性友爱不再呈现为实践和观看的嵌套交换,而是朋友双方共同感知彼此的完善存在并且分享这种让彼此的存在变得完善的感知。①

虽然亚里士多德没有说这种共同感知只适用于哲学沉思,但是哲学沉思无疑最完美地符合其分享的形式,这是因为哲学沉思本身就消融了实践与观看、活动与感知的界限,从而在最高的程度上摆脱了需

---

① 由于哲学家作为哲学家的存在(在实现活动的意义上)是对于普遍真理的感知,Jaffa 提出,哲学家朋友的共同感知在对于同一个真理的感知之中融合为同一个感知,从而瓦解了每一个哲学家的个体性,令他们在普遍性中实现了最完美的结合:"所有个体哲学家的意识,就他们获取了真理而言,是同一的……哲学友爱朝向一种超越了自我意识的圆满"(Jaffa, *Thomism and Aristotelianism*, p. 133)。

要,也在最纯粹的意义上实现了分享。① 哲学家不需要彼此来充当观看自我的"镜子",但是他们仍然想要"共同生活、分享言论和思想",因为"对于至福之人来说存在就其自身而言是值得追求的,因为它在自然上是善好的和令人快乐的,而他的朋友的存在也是如此或接近如此,所以朋友也是值得追求的"(*NE* 1170b14 - 17, cf. 1171b34 - 35)。这就是为什么即便对于自足的哲学家来说,有同道也是更好的(*NE* 1177a34)。在整个论证的结尾处,亚里士多德再次回到了人性的需要:"对于一个人来说值得追求的事物,他就必须拥有它,否则他就将在这方面陷入缺乏(ἐνδεής)。因此,要过幸福生活的人需要(δεήσει)好人朋友。"(*NE* 1170b17 - 19)显然,这里所谓的"需要"比第一个论证提出的"需要"更加超越一般意义上的需要,而且,正是在完全满足了所有一般意义上的需要的条件下,人性中最深层的需要才会显露出来。② 这种最深层的需要就是最纯粹的政治需要,也就是每个人想要和他人一起生活的政治本性、将自身作为部分与他人结合为更大整体的政治欲望:"没有人愿意孤独地享有哪怕全部的善,因为人在自然上就是政治的(πολιτικόν)和倾向于共同生活(συζῆν)的动物。"(*NE* 1169b17 - 19)

我们认为,《尼各马可伦理学》*NE* IX. 9 对于德性友爱之意义的论述是亚里士多德伦理学的至高点,因为它揭示出哲学幸福和政治幸福完全融合的可能性。在政治家之间基于实践德性的友爱中,亚里士多德将观看(θεωρεῖν)的满足引入行动的生活,因此,这种友爱所实现的

---

① 正如 Pangle 所言:"在亚里士多德看来最好的生活同时也是最能被分享的生活。"(Pangle, *Aristotle and the Philosophy of Friendship*, p. 191)Jaffa 从另一个角度得出了同样的结论:"在其他非哲学的友爱中,言论和思想都是从那些自身并不等同于言论和思想的活动中延伸而来的,只有在哲学友爱中,作为友爱之标志的言论和思想并非从其他活动延伸而来,因而只有在哲学友爱中,友爱活动才自存于言论和思想的活动。"(Jaffa, *Thomism and Aristotelianism*, p. 126)

② Cf. *EE* 1244b15 - 21. Pangle 准确地指出:"亚里士多德的深刻洞见在于,无论相互助益在多大程度上支撑和巩固友爱,友爱的核心都不在于此,而在于一种不含算计的社会性和对于同伴的欲望,这是所有友爱的前提。"(Pangle, *Aristotle and the Philosophy of Friendship*, p. 52)

正是哲学沉思(θεωρεῖν)和政治实践的某种综合,让政治家也在某种意义上满足了潜藏在他本性中的哲学欲望;而在与同道的哲学友爱中,哲学家反过来以最纯粹的方式展现和满足了人性深处的政治需要——拥有最高智慧的哲学家并不需要同道也能够完美地从事沉思活动,正因为如此,他对于同道的需要才在最高的程度上是他对于另一个人本身的需要,而他们的友爱也在最高的程度上是一种以*自身为目的*的友爱。哲学生活的理想是人性趋向于神性的纵向上升,然而,人性毕竟不可能真正获得神性的自足,因为即便是最自足的人也无法在自我内部获得人性的全部满足,而是需要从自我到他人的横向扩展。① 最接近神的人往往最清楚人和神的差距。因此,与其说哲学家是非政治的,不如说他正是因为超越了政治所以才更加理解也更加珍视政治。毕竟,哲学家研究政治是他的哲学欲望和政治欲望共同起作用的结果,而《尼各马可伦理学》就是这种混合欲望留下的不朽杰作。

---

① Cf. *EE* 1245b18 - 19;Cooper,"Friendship and the Good in Aristotle",*The Philosophical Review*,86(1977)3,pp. 310 - 312.

附录一：
德性在亚里士多德思想体系中的位置

　　许多学者认为，亚里士多德是作为一门独立科学的伦理学的创立者，而亚氏伦理学的独立性（因而其科学性）正体现为它不需要一套形而上学作为基础。在西方古代哲学研究界，持上述观点的学者往往极为强调《尼各马可伦理学》在论述方法上的辩证性，即，亚里士多德经常从大多数人都认可的观点入手，剖析这些日常道德观念的前提和实质，厘清其相互关系并解决其内在困难，从而建构出一套系统而融贯的伦理学说。[①] 例如，《尼各马可伦理学》第一卷第五章对于幸福的正面探讨就是从下面这个值得严肃对待的日常观念出发的："那些体面的、热衷实践的人们认为幸福就是荣誉，因为这大体上就是政治生活的目的。"（NE 1095b22 - 23）亚里士多德虽然并不认可这一观念，但是也没有直接否定它，而是以此为出发点，分析和挖掘持有这种观念的人的深层关切及其生活方式的真实要旨究竟何在，从而提出一个那些"体面的、热衷实践的人们"根据自己的生活目标和价值取向而理应认可的更加恰切的幸福观念。以这种方式，亚里士多德指出，首先，既然我们追求荣誉的意义在于确认自身的德性，那么德性就比荣誉更称得上是生活的目的。其次，获得德性的意义在于现实的运用，因此，符合德性的实践活动才是生活的真正目的，并且在这个意义上构成了幸

[①]　在狭义的西方古代哲学研究界之外，对于上述观点的典型辩护可见 McDowell，*The Engaged Intellect*，pp. 23 - 40。

福或者至善（*NE* 1095b23 - 6a2）。整个论证无需引入任何超出伦理学范畴的概念和原则，这就是辩证方法在伦理学中的典型运用。然而，如果上述方法是《尼各马可伦理学》的唯一论证方式，那么此书的第一卷似乎就应该以第五章为核心，因为这里已经得出了"幸福是符合德性的实践活动"这个关键命题，接下来的探讨可以直接进入第一卷第十三章基于灵魂结构对于德性的分类了。但我们知道，第一卷的真正重点是第七章的活动论证，亚里士多德通过澄清人的本质活动而正式给出了他对于幸福的定义。在这个论证中，无论是"如果一个事物具备本质活动，那么它的善就在于其本质活动"这个根本前提，还是人作为人自身（而非作为在家庭结构、社会分工、政治秩序中扮演的特定角色）也具备本质活动的观点，以及将专属于人类的本质活动界定为灵魂在宽泛的意义上具备理性之部分的实现活动的主张，都并非取自大多数人持有的日常观念，而是预设了或者至少契合于亚里士多德对于人性、自然甚至存在本身的根本理解。对于这些理解的系统阐述并非伦理学的任务，而是亚里士多德思想中更具理论性部分的任务。在这个意义上，我们认为，唯有联系亚氏哲学对于实体、活动、目的等概念的根本规定，我们才能真正把握《尼各马可伦理学》阐述幸福观念的深层思路。

不过，虽然《尼各马可伦理学》第一卷第七章的活动论证并未采用辩证方法，而是与亚氏理论哲学的重要观念和命题密切相关，但是亚里士多德提出，并且在第一卷第八章详细论证了，活动论证的结论与日常幸福观念所包含的各个要素都相符合（*NE* 1098b9 - 12）。这样看来，第一卷第七章的理论论证和第一卷第五章的辩证论证是殊途同归的。这样的论证策略和亚里士多德对真理的理解息息相关：虽然每个人都能够看到真理的一部分，因而将所有人的看法整合起来就将得到相当程度的真理，但是只有极少数人能够通晓真理的全体。① 在亚里士多德看来，甚至他自己的伦理学说也不见得已经充分地揭示了相关真理的全体（cf. *NE* 1098a20 - 26），然而不可否认的是，亚氏伦

---

① Cf. *Meta*. 993a30 - b7.

理学研究在很大程度上确实完成了对于日常观念的系统整合。著名的《尼各马可伦理学》注家斯图亚特（A. Stewart）在讨论亚里士多德的论述方式时讲道："在亚里士多德看来（他的这一观点无可否认是正确的），道德学家的功能在于将形式（form）、清晰性、一致性引入人们在实践事务方面通常持有的诸多意见。这些意见大体上是正确的（若非如此，在对于人类种族如此重要的事情方面，它们就不可能流行甚广了），但是作为一个整体它们缺乏清晰性和一致性。道德学家将它们视作一体，发现并清除不一致，从而构建出一个体系，而他的同代人能够从中认出对于他们自身模模糊糊地持有的道德情感的一份清晰表达。"①斯图亚特的注释通篇采纳了形质论的视角来解读亚里士多德的伦理学说，此处，他又将这一视角运用于对于亚氏伦理学方法的解读：如果说大众关于道德生活的种种意见是伦理学的质料，那么哲学家的伦理学研究就是赋予这一质料以形式的过程。如果这是对于《尼各马可伦理学》的准确描述，那么伦理学的形式（体现为全书的概念系统、核心思路和整体结构）就不（至少不完全）来自大众意见本身，而是来自哲学家的思想。亚里士多德在《尼各马可伦理学》中也多次提出，学习此书的人需要在一定程度上掌握关于人类灵魂的知识（cf. *NE* 1098a29 - 32,1102a18 - 26）。虽然出于实践的目的，伦理学的学生不必掌握《论灵魂》中那些精深的科学原理，但是我们有非常合理的理由认为，伦理学的老师——至少讲授《尼各马可伦理学》的老师——必须同时是一位能够写出《论灵魂》的哲学家。进一步讲，《论灵魂》自身的概念系统、核心思路和整体结构，又显然以亚里士多德关于实体与属性、形式与质料、现实和潜在的哲学思想为基础。

在这个意义上，我们认为，将亚里士多德的伦理学置于其哲学思想的整体架构之中加以观察是一条饶有意义的研究进路。在这一信念的指导下，本文将聚焦于《尼各马可伦理学》的核心概念——德性，分别从亚里士多德的范畴论、形质论、活动论的视野出发，尝试探究德性概念在亚里士多德哲学思想整体架构中的位置。我们认为，范畴

---

① Stewart，*Notes on the Nicomachean Ethics of Aristotle* (vol. 1)，pp. 117 - 118.

论、形质论、活动论体现了亚里士多德的理论哲学的三个逐步深化的思想层次。概括地说，在范畴论中被界定为首要存在者的实体的形而上学结构在形质论中得到了进一步的分析，而实体存在方式的各个层次最终在活动中得到了充分的阐述。从这三个思想层次的视野出发即可发现，首先，亚氏伦理学所探讨的德性是人这种实体的个别本质和完善形式；其次，符合德性的活动实现了人这种实体的完满存在方式和终极存在目的；最后，哲学沉思和政治实践在幸福等级上的差异最终源自于作为完备现实的活动和作为不完备现实的运动之间的差异。这样看来，亚里士多德的伦理学以德性为核心的整体思路忠实反映了其理论哲学研究实体的思想进路。正是在这个意义上，我们认为，范畴论、形质论、活动论的概念系统和理论框架为《尼各马可伦理学》的论述提供了最根本的形式。

一、范畴论中的德性

在《范畴篇》第一章，亚里士多德区分了同名异义（ὁμώνυμα）和同名同义（συνώνυμα）这两种现象。[①] 所谓同名异义，指的是不同的事物"仅仅共享了名称"（ὄνομα μόνον κοινόν），而对应于这个名称的"实体的逻格斯"（λόγος τῆς οὐσίας）对于其中的每一个事物来说都是不同的。例如，ζῷον这个希腊词既可以指"动物"，也可以指"画"。因此，在希腊语中，动物和画这两种事物共享了ζῷον这个名称，但是显然并不共享"实体的逻格斯"。[②] 我们认为这个例子准确地说明了通常意义上的同名异义现象，然而，亚里士多德实际给出的例子却与上述例子略有不同。他指出，虽然人和画都是ζῷον，但是"'是ζῷον'对于它们来说意味着什么"（τί ἐστιν αὐτῶν ἑκατέρῳ τὸ ζῴῳ εἶναι）是不同的。[③] 在我们的例子中，画和动物这两种事物与ζῷον这个名称的关系是平行的，

---

① 亚里士多德还提到同源派生（παρώνυμα）现象（*Cate.* 1a12 – 15），我们在此不作讨论。
② *Cate.* 1a1 – 6.
③ *Cate.* 1a4 – 6.

而在亚里士多德的例子中，画和ζῷον是词与物的指涉关系，人和ζῷον则是种与属的包含关系，这种不对称似乎表明，亚里士多德心目中的同名异义现象所揭示的并非ζῷον作为名词的多义性，而是我们在给事物进行归类时发生的歧义。① 由此看来，亚里士多德真正关心的不是词与物的关系，而是事物的分类，这一点在他接下来对于同名同义的解说中表现得更加明显。所谓同名同义，指的是不同的事物不仅名称相同，而且各自实体的逻格斯也相同。例如：人和牛都是动物（ζῷον），二者不仅共享同一个名称，而且"'是动物'对于它们来说意味着什么"（τί ἐστιν αὐτῶν ἑκατέρῳ τὸ ζῴῳ εἶναι）也是相同的。② 由此看来，亚里士多德所谓的同名同义现象指的不是我们通常理解的同义词现象（例如，"狗"和"犬"这两个名称指的是同一种事物），而是不同的事物根据种属归类而分享同一个名称（人和牛是不同种类的动物）。③由此可见，从第一章开始，《范畴篇》就宣布了它的理论关切：亚里士多德通过语词分析试图阐明的是事物因种属分类而形成的自然秩序，而不是词与物的关系，更不是语言自身的结构。④ 进一步讲，事物的种属秩序是由"是什么"这个问题来揭示的。如果我们指着某个人问：

---

① 比较聂敏里：《存在与实体——亚里士多德〈形而上学〉Z卷研究（Z1－9）》，上海：华东师范大学出版社，2011年，第62页；溥林：《〈范畴篇〉笺释——以晚期希腊评注为线索》，上海：华东师范大学出版社，2014年，第156—157页。溥林联系 DA 412b18－22指出，在同名异义的例子中，画可能指的是人的肖像，因此，该例子可以解读为：人是动物，而肖像只是对动物的模仿，正如雕像中的眼睛只是对眼睛的模仿。然而，这个解释仍然未能说明该例子的不对称性。DA 412b18－22 的结论是雕像中的眼睛只在同名异义的意义上是眼睛，但是 Cate. 1a4－6 并没有说肖像画中的人只在同名异义的意义上是人。

② Cate. 1a6－12.

③ 进一步讲，也唯有在仅限于揭示实体种属秩序的语境中，"人和牛在相同的意义上是动物"这一点才是成立的。若考虑不同实体的本质差异，那么人和牛显然是在完全不同的意义上"是动物"的。人是有理性的动物，但是人性并非动物性和理性的机械叠加，而是理性对于动物性的渗透和统摄，使得后者（也就是感官欲望）在"能够听从理性的意义上是具备理性的"（NE 1098a4）。

④ 溥林：《〈范畴篇〉笺释》，第143—145页；比较聂敏里：《存在与实体》，第44—49页。严格意义上的实体指的是自然实体，而非人造产品。关于这一点，参考 Katayama, *Aristotle on Artifacts*。

这是什么？答案是：这是人；如果我们接着问：人是什么？答案是：人是一种必死的理性动物。对于"是什么"的追问将我们周遭的世界呈现为层层扩展的种属结构，而这正是实体及其逻格斯所构成的存在秩序。

我们看到，在《范畴篇》第一章对于同名异义和同名同义的对比中，亚里士多德已经开始使用"实体"（οὐσία）这个概念，然而，第一章的讨论并未澄清实体的意涵，只是模糊地暗示实体与表述一个事物"是什么"的逻格斯密切相关。[①] 接下来的第二至四章初步探讨了实体概念，也初步界定了其他范畴。首先，第二章对于全部存在者进行了四重区分：有些存在者谓述载体但是不在载体之中，有些存在者在载体之中但是不谓述载体，有些存在者既谓述载体也在载体之中，有些存在者既不谓述载体也不在载体之中。[②] 其中，第一种存在者是实体的种属（例如人、动物），第二种存在者是个别属性（例如这片树叶的绿色），第三种存在者是普遍属性（例如绿色），第四种存在者就是作为终极载体（ὑποκείμενον）的实体，例如某个个别的人或动物。[③] 虽然此处

[①] 在《形而上学》Z卷，亚里士多德将οὐσία重新理解为实体的本质或形式。溥林认为，《范畴篇》第一章出现的"实体的逻格斯"（λόγος τῆς οὐσίας）这个短语中的οὐσία指的不是实体，而是本质（溥林：《〈范畴篇〉笺释》，第155—156页），我们对此持保留意见。应该说，"实体的逻格斯"以及与此对应的"'是……'意味着什么"的表述在亚里士多德笔下确实常用来指本质，但是《范畴篇》第一章毕竟没有明确提出本质概念，而且此书接下来出现的οὐσία均指实体，因此，我们认为οὐσία在《范畴篇》中指的就是实体。为避免混淆，我们将分别采用"实体"和"本质"这两个词，以便严格区分οὐσία的两种意涵。

[②] *Cate*. 1a20 – b6.

[③] 关于ὑποκείμενον的翻译问题，参见溥林：《〈范畴篇〉笺释》，第170—171页；另见聂敏里：《存在与实体》，第83—84页。溥林指出，在《范畴篇》中，ὑποκείμενον既可以指陈述关系中的主词，也可以指存在秩序中的载体，并认为将前者译为"载体"不妥。我们认为有必要给这个重要概念一个统一的翻译，又由于我们认为《范畴篇》主要关注的是存在秩序而非陈述关系，因此，我们将ὑποκείμενον统一译为"载体"。聂敏里主张译为"主体"，虽然他特别说明了亚里士多德的主体概念不同于现代认识论意义上与客体相对的主体概念，但是鉴于现代主体概念的流行，为避免误解，我们还是不选择"主体"的译法。不过，本书在解读亚氏伦理学的时候经常使用"道德主体"或"实践主体"这个表述，但是这里所谓的"主体"指的不过是道德实践的从事者（agent），不存在与现代认识论主体概念混淆的风险。

区分了"谓述"和"在……中"，但是亚里士多德又常在宽泛的意义上使用"……说……"这个表述，无论是"甲谓述乙"还是"甲在乙中"，都是甲在宽泛的意义上"说"乙，我们称这种"说"为"陈述"。四重区分中的前三种存在者都陈述第四种存在者，但是后者不陈述前者。在亚里士多德看来，不陈述其他事物的存在者就是所有陈述关系的终极载体，即实体（亚里士多德稍后区分了第一实体和第二实体；若无特殊说明，我们用"实体"一词指的是第一实体）。例如，当我们说"苏格拉底是人"，或"苏格拉底是智慧的"，或"苏格拉底具有这一则知识"的时候，我们就是在用种属、普遍属性和个别属性来陈述实体；但是我们不能以同样的方式用"苏格拉底"来陈述种属、普遍属性和个别属性。[1] 在第二章利用陈述关系的不对称性将实体界定为终极载体之后，亚里士多德在第四章给出了一份范畴列表：实体、数量、性质、关系、地点、时间、位置、具有、施行和遭受。[2] 在我们看来，第二章的陈述分析所揭示的正是第四章的范畴秩序，而这个秩序的要旨是实体针对其他范畴的存在论优先性：实体的存在独立于其他范畴，其他范畴的存在都依附于实体："如果第一实体不存在，所有其他事物都不可能存在。"[3]

许多学者都注意到，《范畴篇》前两章之间的关系是不太明确的，似乎采用了截然不同的思路。[4] 在我们看来，第一章的重点是将事物收归于种属，突出种属结构对于自然秩序构建意义，第二章的重点是

---

[1] 虽然我们能够说"这是苏格拉底"或"柏拉图的老师是苏格拉底"，但是这类表述中的"是"所连接的内容并非陈述关系，而是等同关系。然而，基于形式质料分析，亚里士多德在《形而上学》中提出一种新的谓述，也就是"本质谓述"，例如：这些砖头是一座房子。范畴论中的第一实体似乎能够充当本质谓述的谓词，例如，这一具身体是苏格拉底。参阅 Meta. Z.17。

[2] Cate. 1b25 - 27.

[3] Cate. 2b5 - 6.

[4] 古代注家传统上这样理解同名同义和同名异义与诸范畴之间的关系：横向地看，范畴之间的关系是同名异义，即，所有范畴同名异义地是存在者；纵向地看，每一个范畴作为最高的属和它下面的种和个体之间的关系是同名同义，例如：苏格拉底、人、动物同名同义地是实体，这片树叶的绿色、绿色、颜色同名同义地是性质，参见溥林：《〈范畴篇〉笺释》，第159—160页。我们认为，传统的解释没有足够重视《范畴篇》前两章之间的张力。

揭示包括种属在内的其他范畴对于实体的依附,强调实体作为终极载体的独立性和存在论优先性。虽然第一章出现了实体这个概念,但是在亚里士多德举的例子中,第二章界定的实体并未出现,无论是人、牛、画,还是动物,都不是作为终极载体的个别存在者。特别是在同名同义的例子中,亚里士多德提出,两个从属于同一个属(动物)的种(人和牛)的"实体的逻格斯"是相同的,但却没有告诉我们如何将它们区分开来。而另一方面,第二章对于实体独立性的强调也是单方面的。尽管其他范畴对于实体的依附性是绝对的,实体针对其他范畴的独立性却不是绝对的,因为不存在不具备任何数量和性质、不处在任何时间和地点、不与任何事物处于任何关系之中、也没有发生任何施行和遭受的实体。正如其他范畴必须依附于实体才能存在,实体的存在也总是这样那样、或多或少地携带着其他范畴。其中,尤其重要的正是实体和种属的关系。在亚里士多德看来,任何个别存在者总是某个种属的一员,既不存在赤裸的载体,也不存在纯粹的个体。《范畴篇》前两章的张力准确地反映了我们看待世界的基本方式:一方面,我们所经验和感知到的世界确实是由不同的个别事物构成的,这些个别事物也确实在某种意义上先于它们的属性,例如,在大多数情况下,我们直截了当地看见一只黑白相间的奶牛,而非某个碰巧被称作奶牛的黑白相间物;但是从另一个角度看,事物之所以能够呈现为界限分明的不同个体,前提恰恰在于它们已经在种属的自然结构中得到了分类。如果我们发现某个不属于任何已知种属的事物,那么只有在我们认识到它的种属并将它纳入我们对于世界的认知之后,我们才能明确地指出这个事物是什么。

在《范畴篇》第五章,亚里士多德系统论述了实体概念,将前两章的张力表述为第一实体和第二实体的复杂关系。所谓第二实体,就是第一实体的种属。[①] 种属之所以有资格被称作第二实体,所根据的标

---

① *Cate*. 2a11 - 19. 亚里士多德将最贴近第一实体的种称作 εἶδος,将更高的属称作 γένος。为方便起见,我们将这两个概念分别译作"种"和"属"。不过,不光实体有种属,其他所有范畴都有自身的种属。在宽泛的意义上,各个范畴就是各类存在者的最高属。

准一方面延续了第二章的陈述分析：正如第一实体是其他所有范畴的载体，种属也是除第一实体外其他所有范畴的载体，因此，只有种属才有资格被称作第二实体；进一步讲，由于属能够谓述种，但是种不能谓述属，因此，种是属的载体，正是在这个意义上，种比属"更是实体"（μᾶλλον οὐσία）。① 另一方面，亚里士多德又引入了暗含于第一章的标准来论证同一个结论：种属之所以有资格被称作第二实体，是因为只有种属能够"显明"（δηλοῖ）第一实体，也就是揭示出第一实体的本质；进一步讲，在第二实体中，种之所以比属"更是实体"、距离第一实体"更近"（ἔγγιον），也是因为前者比后者更能揭示出第一实体的"特殊"（ἴδιον）本质。② 我们不妨称第二章的标准为承载原则，称第一章的标准为显明原则：根据承载原则，第一实体承载其他所有范畴，第二实体承载除第一实体外的所有范畴，而在实体内部，第一实体承载种属，种承载属。根据显明原则，在所有的范畴中，只有第二实体能够显明第一实体，其中，（最低）种显明第一实体的特殊本质，更高的种或属显明第一实体的更为普遍的本质。③ 容易看出，虽然在论证最低种是最接近第一实体的存在者这一点上，以上两项原则是一致的（最低种既承载除第一实体之外、包括更高种属在内的其他所有范畴，也最明确地揭示了第一实体的本质），但是在第一实体自身这里，以上两项原则却并非殊途同归：虽然第一实体是承载其他所有范畴的终极载体，但是它无法显明包括自身在内的任何事物。就此而言，《范畴篇》前两章的张力最终可以被归结为实体（οὐσία）和最低种（εἶδος）的关系。

在阐述了第一实体和第二实体的关系之后，亚里士多德提出一个重要的比较：第一实体指涉的是"某个这一个"（τόδε τι），因为它是"不可分割之物并且在数量上为一"（ἄτομον γὰρ καὶ ἓν ἀριθμῷ）；第二实体

---

① *Cate.* 2b37 – 3a6, 2b15 – 22.

② *Cate.* 2b29 – 37, 2b7 – 14. 亚里士多德提出，特殊本质对于第一实体来说是"更属己的"（οἰκειότερον）。

③ 关于种属关系的相对性以及最高属、最低种，见溥林：《〈范畴篇〉笺释》，第194—195页。

指涉的不是"某个这一个"，而是"某种性质"（ποιόν τι）。① 他接着讲道，第二实体指涉的不是偶性，而是能够揭示实体本质的性质，这是因为，种属"就实体来标示性质（περὶ οὐσίαν τὸ ποιὸν ἀφορίζει），因为它指涉某种实体（ποιὰν γάρ τινα οὐσίαν σημαίνει）"。② 例如：动物是有灵魂的事物，人是理性的动物，苏格拉底是人。在这几个存在者中只有"苏格拉底"是第一实体，因为只有他指涉的是"某个这一个"；"人"和"动物"都是第二实体，它们所指涉的是揭示苏格拉底之本质的性质，也就是"理性的"、"有灵魂的"，其中前者比后者更能揭示苏格拉底的特殊本质。由于这些性质是将不同的种属区分开来的差异性，因而亚里士多德又称它们为"差异"（διαφορά）；又由于最低种是最接近并且最能够显明第一实体的，因此，他最为重视的是那些能够将不同的最低种区分开来的差异，也就是"种差"。进一步讲，"双足的"、"直立的"、"理性的"都是能够将人与其他动物区分开来的种差，但是只有"理性的"才是能够揭示人之本质的种差，我们不妨称之为"本质种差"。如果种属指涉的是某种性质，那么本质种差指涉的就是构成和定义最低种从而揭示第一实体之本质的性质，正是在这个意义上，亚里士多德的古代注家波菲利（Porphyrius）称本质种差为"实体性质"（ποιότης οὐσιώδης）。③ 最低种之所以最能够显明第一实体，正是因为它包含着后者的本质种差或实体性质。这样看来，在范畴论的框架中，实体和最低种的关系其实就是实体和性质的关系：一方面，任何性质都要依附于实体才能存在；另一方面，实体自身的显明又依赖于

---

① *Cate.* 3b10 – 18.

② *Cate.* 3b18 – 21. 这句话中的"性质"（ποιόν）和"某种"（ποιάν）都是形容词ποιόν的变形。比较聂敏里的翻译："但种和属却是在划定关于实体的性质；因为它表示某个实体如何"（聂敏里：《存在与实体》，第 85 页）。

③ 波菲利还提出属相当于质料，种差相当于形式，见溥林：《〈范畴篇〉笺释》，第 279—281 页。在《范畴篇》第三章首次引入种属概念的时候，亚里士多德就提到种差，例如，属于动物的种差包括有足的、有翅的、水生的、双足的，等等。他特别指出，相互没有隶属关系的"不同属"（ἑτερογενῶν）的差异"在种上"（τῷ εἴδει）是不同的，例如，上述种差属于动物，但不属于知识（*Cate.* 1b16 – 20；cf. 3a21 – b9；*Top.* 107b19 – 26）。另见 *Meta.* 1020a33 ff. 。

一种揭示其本质的性质。

然而，本质种差或实体性质只能区分出不同的种，而无法区分出同一个种的不同实体；这个进一步区分的任务是由其他性质来完成的，特别是"品质"（ἕξις）："品质和性状的不同在于它更加稳定和更加持久；这样的性质包括知识和德性。"①所谓"性状"（διάθεσις），指的是实体具有的冷或热、健康或疾病等性质，亚里士多德说，这类性质是易变的，"除非其中的某个经过很长时间而已经成了自然的一部分（πεφυσιωμένη）并且不可改变或极其难以改变，那么这时候或许我们可以称之为品质"。② 由此可见，品质是一种构成实体之自然本性的稳固和持久的性质。既然本质种差作为实体性质所揭示的就是实体的本质或自然本性，那么本质种差是否就是一种品质？本质种差和品质确实关系密切，但是二者并不等同。本质种差是实体的自然，而品质则是实体的第二自然。③ 人的自然是宽泛意义上的理性，包括能够听从实践理性的欲望、实践理性自身以及科学理性④，而知识和德性作为品质则是人类理性的完善状态，是人性的成全。⑤ 在《尼各马可伦理学》第八卷论述友爱的不同类型的时候，亚里士多德说，当我们因为一个人的德性而爱他的时候，我们爱的就是他自身（NE 1156b7 - 11）。每个人的德性与他自身的等同意味着德性揭示出每个人的个别本质，正如理性揭示出人的类本质。⑥ 由于每个人在自然禀赋、成长经历、教

---

① *Cate.* 8b26 - 29.

② *Cate.* 9a1 - 4.

③ 亚里士多德说πεφυσιωμένη是性状成为品质的前提，这个词是动词φυσιόω的完成时被动分词，而它所形容的就是一个性质成为事物的第二自然。

④ 参阅 *NE* 1097b34 - 8a5,1102b28 - 31,1103a1 - 3,1139a5 - 12。在亚里士多德看来，这些能力是健全的男性天生就具备或者随着年龄增长而自然生成的。

⑤ Cf. *Meta.* 1046a16 - 17；*Phys.* 246a11 - 17.

⑥ 关于亚里士多德是否承认个别本质，研究界存有争论。亚里士多德在 *Meta.* Z.4 提出只有种（εἶδος）才具有本质或者"是其所是"（τὸ τί ἦν εἶναι，*Meta.* 1030a11 - 14），进而又在 *Meta.* Z.6 提出每一个事物和它的本质都是同一的（*Meta.* 1031b18 - 20,1032a4 - 6）。这两方面说法似乎证明：亚里士多德只承认类本质，实体的本质就是它所从属的种的类本质。此外，亚里士多德在 *Meta.* Z.10 将种（例如人）理解为"特定逻格斯和特定质料在普遍意义上（ὡς καθόλου）的结合"，但是在分析个体（例如苏格拉底）（转下页）

育背景以及自身努力等方面的差异，每个人获得德性从而完善人类本质的程度和方式往往不同，从而造成了每个人的独特品质。如果说理性是人的本质种差，那么德性高低就是人的"本质个体差"。由此看来，亚里士多德所理解的个体性不同于现代意义上的个体性，因为后者将每个人独一无二的自我视作他/她不可化约的存在内核，而前者的实质在于德性水平对于人类普遍本质的完善程度。事实上，德性的完善程度越高，有德性者之间的个体差异就越小，因为德性的提升从根本上讲是一个不断褪去不完美的杂多性而趋近完美的单一性的过程："善为纯一，恶为杂多。"（*NE* 1106b35）当然，人不仅可能养成德性，也可能养成劣性，从而败坏自己的类本质。① 但是，亚里士多德并没有将各种各样的劣性也等同于每个坏人的自身，而是认为坏人正因为缺乏德性而缺乏稳固统一的自身："坏人不具备稳定性，他们甚至不与自身保持相似。"（*NE* 1159b7–9）虽然品质既包括完善也包括败

（接上页）的时候却只提到个别质料或者"最终的质料"（τῆς ἐσχάτης ὕλης），没有提出个别形式（*Meta.* 1035b27–31），并且断言个体是无法定义的（*Meta.* 1036a2–5, cf. 1036a28–29）。然而，他在 *Meta.* Z.11 又提出个体和种的形式质料构成方式是完全一致的，正如人是灵魂和身体的普遍结合，苏格拉底是"这个灵魂和这个身体"（ἡ ψυχὴ ἥδε καὶ <τὸ>σῶμα τόδε）的特殊结合（*Meta.* 1037a5–10），而"这个灵魂"应该就是一种个别形式。此外，在 *Meta.* Z.11 的末尾，亚里士多德提出只有本质或者形式才和自身的本质同一，形式质料复合物（也就是实体）和自身的类本质并不同一（*Meta.* 1037b1–5, cf. 1043b2–4），这就以以下可能性打开了空间：与每个实体同一的那种本质不是类本质，而是属于每个实体的个别本质。在 *Meta.* Z.13，他更是提出本质不能是普遍物，而只能是专属于（ἴδιος）每个实体的个别物（*Meta.* 1038b8–12, cf. 1040b23–24）。最终，*Meta.* Z.17 从本质谓述（例如，这些砖头是一座房子；这一具身体是一个人）的角度重新解释了形式和本质在什么意义上是它们所属的事物是其所是的原因（*Meta.* 1041b4–9），而这种原因显然是专属于每个事物的。这样看来，*Meta.* Z 对于本质的论述始于类本质而终于个别本质，后者才是该卷最终的论证目标。这一点也可以从整卷论证的首尾呼应得到印证：亚里士多德在 *Meta.* Z.1 提出"什么是οὐσία?"这个问题，从 Z.3 开始正面回答这个问题并提出οὐσία要满足"这一个"和"可分离"这两项标准。在范畴论的框架中，实体满足这两项标准，而亚里士多德在《形而上学》Z 卷的任务正是追问实体为什么能够满足这两项标准，而 *Meta.* Z.17 就是对这个问题的最终回答：每个实体是一个统一体并且能够与其他实体分离，这是因为它具有一个专属于自身的个别本质，而这也就是它的形式。我们同意聂敏里的说法："形式和个体事物不是对立的，实际上，形式恰恰是规定个体事物之为'这一个'的那个本质。"见聂敏里：《存在与实体》，第138—139页。

① 我们用"德性"和"劣性"来翻译ἀρετή和κακία。

坏，并在这个意义上似乎是一个价值中性的概念①，但是品质作为性质的两项特征——稳定性和持久性，本身就具有规范意涵。因此，在伦理学的语境中，亚里士多德往往将品质等同于德性。② 在下文的论述中，我们也将遵照这一规范性倾向。

在《范畴篇》第八章，亚里士多德还谈到了和个体本质相关的另外两种性质，而这两种性质在伦理学对于德性的探讨中都有对应。首先，人不仅能够后天习得知识或者德性这样的品质，而且还可能天生具备不同的自然能力（δύναμιν φυσικήν），例如天生善于拳击、跑步或者天生体质健康。③ 亚里士多德在《尼各马可伦理学》第六卷提到的"自然德性"就是这种自然能力在伦理生活中的展现："所有人都认为每一种习性在某种意义上自然地（φύσει）存在于我们身上，因为我们从刚一出生起（εὐθὺς ἐκ γενετῆς）就具有正义、节制、勇敢以及其他的德性。"（NE 1144b4 – 6）当然，正如自然能力不是品质，自然德性也不是真正的德性："德性的产生既不是出于自然，也不是违背自然，而是，我们自然地（εφυκόσι）适于获得德性，并由习性所完善"（NE 1103a23 – 26），而这一完善过程就是道德教育："立法者就是通过塑造公民的习性来使他们变好的。"（NE 1103b3 – 4）其次，亚里士多德谈到灵魂的"感性性质和感受"（παθητικαὶ ποιότητες καὶ πάθη），其中，感性性质指的是先天具备或者后天造成的某种永久性的或者很难根除的秉性，例如疯狂或者脾气暴躁，而感受指的是人们在特定情境中产生的暂时性的欲望、情绪、激情等，例如陷入苦恼的人变得怒气冲冲。④《尼各马可伦理学》第二卷对于德性的定义正是从感受的领域入手的：人类的"灵魂中存在

---

① *Phys*. 246a11 – 17.

② 特别参阅 *NE* 1105a31 – 33，此处，亚里士多德提出具备德性的三项标准："首先，他必须知道（自己在从事什么实践）；其次，他必须选择这种实践，并且必须为其自身之故而选择它；最后，他的实践必须出自稳固不变（βεβαίως καὶ ἀμετακινήτως）的品质。"品质自身的规定性——稳固不变，同时也构成了好的品质的规范性标准。

③ *Cate*. 9a14 – 16. 当然，亚里士多德还提到了自然能力的缺陷，比如天生体质病弱的人，但是我们主要关注的是正面的性质。

④ *Cate*. 9b33 – 10a10.

三种事物：感受、能力、品质（πάθη δυνάμεις ἕξεις），德性必定是其中之一"（*NE* 1105b20 – 21）。这里感受指的是所有伴随快乐和痛苦的情感，能力指的是让我们能够产生感受的灵魂官能，而品质指的就是让我们能够以或好或坏的方式产生感受的灵魂官能之性质，其中好的品质当然就是德性，而坏的品质则是劣性（*NE* 1105b21 – 28）。在亚里士多德看来，单纯的感受在伦理上是无所谓善恶的，伦理善恶取决于我们的感受是符合中道还是过度或不及；又因为特定感受往往导致相应的行动，因此，在行动方面也存在符合中道、过度或不及的可能性。德性就是让我们的感受和行动符合中道的品质（*NE* 1106b21 – 23），而《尼各马可伦理学》的主体部分就是对于这种品质的系统分析。

二、形质论中的德性

在《范畴篇》中，形式和质料这对概念并未出现。不过，亚里士多德在专论实体的第五章的末尾提出，实体最典型的特征在于"作为相同的和在数量上为一的事物（τὸ ταὐτὸν καὶ ἐνάριθμῷ），能够接受对立之物（ἐναντίων）"。[1] 例如，苏格拉底能够在与自身保持同一的前提下从疾病变为健康、从无知变为有知。由此可见，实体不仅在陈述关系所揭示的范畴秩序中居于终极载体的地位，更重要的是，它也是变动的承载者。然而，以实体为载体的变动显然只能是非实体范畴方面发生的变动，而不能是实体自身的生成与毁灭。那么，亚里士多德如何解释后一种变动？在《物理学》第一卷，特别是第五至七章，亚里士多德概述并批评了早期自然哲学家的本原论，以此为基础提出了自己对实体生成的理解。我们会发现，他正是通过将实体承载对立之物的变动模式延伸至实体的生成而得出了形式和质料这对概念，从而阐明了生成的本原和实体的形而上学结构。[2]

---

[1]　*Cate*. 4a10 – 11.

[2]　关于《物理学》I. 5—7 的论证，参见陈斯一："亚里士多德对早期自然哲学家的批判和质料概念的生成"，载于《哲学动态》2017 年第 9 期。

在《物理学》第一卷，亚里士多德总结了早期自然哲学家取得的两大成就：首先，他们大体上都承认生成变化是自然世界的基本现象，而他们所追问的本原（ἀρχή）就是"存在物首要的从何而来之所"（ἐξ ὧν γὰρ τὰ ὄντα ἐστὶ πρώτων），这个本原又被进一步认定为亚里士多德所谓的"载体"（ὑποκείμενον）。我们已经看到，在《范畴篇》中，终极的载体指的就是实体。其次，大多数早期自然哲学家都注意到了对立的现象，"他们将'一'视作承载性的质料（ὑποκείμενον ὕλην），将对立之物（ἐναντία）视作事物之间的差别和形式（εἴδη）"。[1] 从上述两方面总结即可发现，质料和形式这对概念与作为事物之本原的载体和作为事物之差别的对立之物有着密切的关系，然而，早期自然哲学家提出的本原和对立之物与亚里士多德思想中的对应概念之间其实有着相当实质的差别。《物理学》I. 5—6 的一系列例证和讨论正是旨在引导读者从前者过渡到后者。

这些例证和讨论可以概括如下：对立的现象是井然有序的，例如，我们不说一个事物从没有教养变成白色，而是说它从黑色或者黑白之间的过渡色变成白色。[2] 与此类似，我们也说事物从不具有某种结构变得具有某种结构，比如砖头变成房子；或者从不具有某种形状变得具有某种形状，比如铜变成雕像。[3] 事实上，房子的结构和雕像的形状作为技艺产品的成型状态是亚里士多德在《物理学》中给出的最早的形式的例证，而与之相应的砖头和铜则是质料的例证；再者，在接受技艺的加工之前，砖头缺乏房子之结构和铜缺乏雕像之形状的状态就是缺乏（στέρησις）的例证。这样一来，形式和缺乏就成了对立之物，亚里士多德称它们为"首要对立"（πρῶτα ἐναντία），进而指出，尽管前人都观察到了对立的现象，但是他们都没有认识到首要对立，究其原

---

[1] *Phys.* 184b22 - 23, 187a12 - 20.

[2] 关于对立的秩序性，参见 *Meta.* 1069b3 - 6 对于 ἀντικείμενα 和 ἐναντία 的区分。

[3] *Phys.* 188a19 - b25.

因,是因为这一对立"尚未命名"。① 亚里士多德显然认为自己是第一个给首要对立命名的人:首要对立就是形式与缺乏之间的对立。黑和白、有教养和无教养等次要对立只是事物的偶性变化的本原,形式和缺乏的首要对立才是事物的本质性生成的本原。②

亚里士多德接着指出,对立之物(无论是次要对立还是首要对立)不足以构成事物变动的全部本原,这是因为,首先,对立双方不能作用于彼此;其次,对立之物不构成实体;最后,一个实体不对立于另一个实体。③ 在他看来,这三点证明了存在对立之外的第三种本原,也就是所谓的载体。显然,这里作为变动之本原的载体指的并非质料,而是实体,而上述论证也只不过重述了《范畴篇》第五章末尾提出的实体承载变动的观点。④ 然而,《物理学》最终关心的并非由实体和次要对立为本原的偶性变化,而是由另一种非实体性的载体和首要对立为本原的实体生成。形质论成立的关键就在于找到那个如实体承载其偶性一样承载实体自身的最终载体,也就是质料。经由《物理学》I. 5—6 的准备,亚里士多德终于在第七章提出了对于质料的论证:"生成(γίγνεσθαι)是在多种意义上被言说的。在一些情况下,事物并非生成了,而是成了如此这般的样子(τόδε τι γίγνεσθαι),唯有实体才在无条件的意义上生成(ἁπλῶς δὲ γίγνεσθαι)。在其他情况下,显然必须有某物承载(ὑποκεῖσθαι),也就是生成之物,因为数量、性质、关系、[时间]、

---

① Cf. *Phys.* 188a28 - 30, 188b10 - 11. 在 *Phys.* 188a28 - 30 提 出 " 首 要 对 立 " (ἐναντίοις τοῖς πρώτοις)是真正的本原之后,亚里士多德说:"我们必须用论证来考察这一点如何成立",紧接着就开始分析对立现象的有序性,并且逐渐从各种次要对立推进到形式和缺乏的对立(*Phys.* 188b8 的ὁμοίως标示了这一推进)。因此,我们认为从 *Phys.* 188a30 开始的论证结束于 *Phys.* 188b21,其目的在于将首要对立阐述为形式和缺乏的对立。
② 然而,亚里士多德又经常在衍生的意义上使用形式和缺乏这两个术语来指称各种次要对立。研究者们往往用实体形式(substantial form)和实体缺乏(substantial privation)指称严格意义上的形式和缺乏,用偶性形式(accidental form)和偶性缺乏(accidental privation)指称衍生意义上的形式和缺乏。事实上,亚里士多德常常在非常宽泛的意义上使用形式和质料这对概念,例如,风平浪静(γαλήνη)的质料是海洋,形式是平静(*Meta.* 1043a24 - 26)。
③ *Phys.* 189a21 - 34;cf. *Meta.* 1087a29 - b4.
④ Cf. *Cate.* 4a10 - 11;*Phys.* 189a30 - 31.

地点这些方面的生成都附着于某个载体。只有实体不陈述另一个载体，其他所有事物都陈述实体。然而，若仔细思量，以下事实也将变得明显起来：实体，或者其他任何无条件意义上的存在者，也是从某种载体生成而来的。总有承载之物，生成之物正是从它而来。"①在上述引文中，事物"成了如此这般的样子"指的是偶性变化，"无条件意义上的生成"指的是实体生成。显然，这个论证的实质是将偶性变化的三本原模式延伸至实体生成：正如实体承载偶性变化的对立方转化，另一种载体承载实体生成的对立方转化（即，从缺乏到形式的转化）。接着，亚里士多德用一个类比阐发了这种载体的具体所指："承载性的自然（ὑποκειμένη φύσις）可以通过类比来理解。正如铜之于雕像或木头之于床，或者[质料]（ὕλη），也就是说，没有形状（μορφήν）的在获得形状之前之于有形状的；它也以同样的方式之于实体（οὐσίαν）、'这一个'或者存在者。"②我们认为，这个类比的实质是技艺与自然的类比，也就是说，方括号中的"质料"指的是我们熟悉的技艺产品的材料，比如雕像用到的铜、床用到的木头，这些材料承载着技艺制作的过程。而根据上述类比，在自然生成中，也存在一种"承载性的自然"发挥着技艺材料在制作过程中起到的作用。因此，正如铜或木头是雕像或床的质料，这种"承载性的自然"也就是自然实体的质料。

至此，亚里士多德终于得出了自然生成的三大本原：质料、形式、缺乏。又因为形式规定缺乏、缺乏只不过是形式的缺席，因此，本原可以简化为质料和形式。③ 此外，由于亚里士多德将自然实体的本原称作"自然"（φύσις），因此，质料和形式都是自然，或者说二者是自然的不同意涵，其中前者在"每个事物首要的载体质料（πρώτη ἑκάστῳ ὑποκειμένη ὕλη）"的意义上被称作自然，而后者在"符合定义的形式

---

① *Phys.* 190a31 – b4.

② *Phys.* 191a7 – 12.

③ *Phys.* 190b17 – 20,191a3 – 7, a12 – 14. 亚里士多德在这几处文本中交替使用μορφή和λόγος来指称形式。

(εἶδος τὸ κατὰ τὸν λόγον)"的意义上被称作自然。[①] 自然生成是质料获得形式的过程，而自然实体作为生成的结果就是形式和质料的复合物。自然形质论的理论框架就这样搭建起来了。

在《物理学》Ⅱ.1，亚里士多德进一步论证了形式和质料的关系，确立了形式针对质料的优先性。这个关键的论证始于对智者安提丰(Antiphon the Sophist)的"种床生木论"的反驳。根据亚里士多德的转述，安提丰提出了这样一个论证：如果我们把一张床像种子一样种在地里，那么，最终从地里长出来的将会是一棵树，而非一张床。由此可见，构成床的木材所来自和所生出的树木才是真实的自然，而床只是一种"基于习俗和技艺的安排"(τὴν κατὰ νόμον διάθεσιν καὶ τὴν τέχνην)。[②] 需要注意的是，安提丰的"种床生木论"并不是一个自然哲学命题，而是一个政治哲学命题，其主旨不是要揭示实体的本质，而是要凸显自然与习俗的对立，证明前者的真实和后者的虚假，并以此为基础提倡一种典型智者式的自然主义道德观。[③] 亚里士多德不可能不知道安提丰的政治学说，也不可能不知道"种床生木论"的实际主旨，然而，他并没有在自己的伦理政治著作中直接处理安提丰的观点，而是将问题转移到了形而上学层面，并从自然形质论的架构出发重新解释了安提丰的命题，也在更高的理论层面批判了这位智者的政治哲学。

首先，亚里士多德将安提丰的结论表述为"床的自然"(κλίνης φύσις)是其质料，并且推论道，"每个自然存在者的自然和本质"(ἡ φύσις καὶ ἡ οὐσία τῶν φύσει ὄντων)是其"首要的成分，而这是一种就其自身而言缺乏秩序的东西(ἀρρύθμιστον καθ᾽ ἑαυτό)"。[④] 安提丰的本意是通过"种床生木"的思想实验去除习俗道德的遮蔽，还原纯

---

① *Phys*. 193a28 – 31. 其中，"首要的载体质料"指的是最切近的质料。

② *Phys*. 193a9 – 17. 安提丰利用了"自然"(φύσις)与"生长"(φύω)这两个词的同源性：能够生长的才是自然的。

③ 参阅安提丰残篇 44 A2 – B，编号参照 Hermann Alexander Diels and Walther Kranz eds., *Die Fragmente der Vorsokratiker* (6th ed.), Weidmann, 1952。

④ *Phys*. 193a9 – 11.

粹的自然人性；床在泥土中的腐烂和树的重生象征着摆脱了政治权威和礼法禁锢的自然生活。然而，亚里士多德却将这个论证重新表述为一种寻找存在者的"自然"（φύσις）和"本质"（οὐσία）的错误尝试。此处οὐσία指的显然不是《范畴篇》讨论的实体，而是实体的本质。亚里士多德将本质概念和自然概念等同起来，因为自然已经被定义为内在于自然实体的运动和静止的本原，这种本原就是自然实体的本质。[①] 虽然床并非自然实体，但是床也具有本质意义上的自然。以这种方式，亚里士多德将他和安提丰的对立表述为：床（以及一切存在者）的本质或自然究竟是它的形式还是它的质料？

接着，根据他的重新解读，亚里士多德把安提丰将事物的自然和本质等同于质料的逻辑推至极端：如果说床的本质是作为其质料的木材，而木材又有自身的质料，那么木材的质料岂不就是床的更深层次的本质？以此类推，最终的结论只能是，在存在秩序中位于最低地位的原初质料（prime matter）反而成了一切事物的普遍本质。[②] 和柏拉图在《法律篇》中的论述相同，亚里士多德将这种极端的唯物论视作早期自然哲学的主要特征，而通过对于安提丰的批判，他揭示出这种自然唯物论和智者政治哲学的内在关联。不过，不同于柏拉图认为早期自然哲学颠倒了技艺和自然的先后关系、误认为自然先于技艺的观点，亚里士多德认为早期自然哲学颠倒了质料和形式的先后关系，误认为在界定事物本质方面质料先于形式。[③] 在驳斥了安提丰的论证之后，亚里士多德提出："形式比质料更称得上是事物的自然（φύσις），因为每一个事物是在其现实存在中（ἐντελεχεία），而非在其潜在存在中

---

① *Phys.* 192b13 – 23.

② *Phys.* 193a17 – 28. 由于此处是在阐述（亚里士多德所理解的）早期自然哲学的观点，这段文本没有提到原初质料，但是我们可以根据这里的逻辑推论出原初质料是万物本质的结论。亚里士多德显然认为这个结论是荒谬的（cf. *Meta.* Z. 3），因此，这构成了他对质料是本质的观点的反驳。参考聂敏里：《存在与实体》，第 133—139 页。不过，关于亚氏自己是否持有原初质料概念，研究界是存在争议的。我们比较认同 M. Scharle 的研究，参考 M. Scharle, "A Synchronic Justification for Aristotle's Commitment to Prime Matter", *Phronesis*, 54(2009), pp. 326 – 345。

③ Plato, *Laws* 888d ff.

(δυνάμει)，才最称得上是它所是的事物。"①亚里士多德用以支持这一点的论证仍然是技艺和自然的类比：正如没有被制成床的木头称不上是"符合技艺的(κατὰ τὴν τέχνην)"，尚未生成为骨和肉的东西也称不上是"自然的"(φύσει)，前者只是潜在的床，后者只是潜在的骨和肉。② 这个类比最成问题的地方在于，虽然木头确实不是技艺产物，但是骨和肉的成分显然是自然事物。亚里士多德之所以能够说后者不是自然的，是因为他没有就其自身来看待它，而是将它视作构成骨和肉的质料，同时又认为骨和肉的形式才是其自然。因此，当亚里士多德说"尚未生成为骨和肉的东西不是自然的"，他的意思是这种东西还没有获得骨和肉的形式。由此可见，形式和质料的关系往往是相对的，正如骨和肉的成分相对于骨和肉来说是质料，骨和肉这个形式相对于人的身体这个更高层次的形式来说也是质料，而人的身体相对于人的灵魂(也就是人这种自然实体的形式)来说同样是质料。③

那么，是否存在更高层次的形式，相对于它来说人的灵魂也能够被视作质料？我们认为答案是肯定的，而这种更高层次的形式就是德性。首先，对于自然实体而言，形式、自然、本质这三个概念是等同的。我们已经看到，从本质的角度讲，如果说理性是人作为一个物种的类本质，那么每个人的德性就是他的个别本质。对于自然概念的分析将得出同样的结论。既然自然是自然实体运动和静止的内在本原，那么什么是"人的自然"？亚里士多德在《尼各马可伦理学》I. 7 提出，人类特有的本质活动(ἔργον)是实践(πρᾶξις，NE 1097b34 – 8a5)，我们认为，这个结论用《物理学》的语言来表述就是：人之为人的"运动和静止"就是各种实践活动。④ 在《尼各马可伦理学》VI. 2，亚里士多德又

---

① *Phys*. 193b6 – 8.
② *Phys*. 193a31 – b3.
③ *DA* 412a19 – 21；*Meta*. 1035a17 – 20, b14 – 16.
④ 在亚氏伦理学中，实践是一个非常宽泛的概念，它既包括人类的感受和行动，也包括实践理性和科学理论的运作。人当然也可以发生各种各样的位移，进行新陈代谢，追求纯粹感官的满足……但是这些"运动和静止"是人和无生命体、植物、其他动物共享的，唯有实践是人类独有的。

提出实践的本原是选择（προαίρεσις），并且说"这样的一种本原就是人"（NE 1139a31 – b5）。将这一点与《物理学》的自然概念相结合即可得出：选择是人之为人的运动和静止的内在本原，因此，选择是人的自然。进一步讲，人们能够以或好或坏的方式运用选择的能力，从而以或好或坏的方式从事实践；以好的方式进行选择从而以好的方式从事实践的能力就是德性：德性是"有关选择的品质"（ἕξις προαιρετική，NE 1106b36）。因此，如果说选择是人的自然，那么德性就是对于人的自然的完善。综上所述，由于实体的本质和自然就等同于其形式，又由于人的本质是理性、人的自然是选择，因此，理性和选择也就构成了人的形式。进一步讲，由于德性是人类理性和选择能力的完善，在这个意义上，德性也就构成了人类形式的完善，或者说，德性就是人性的完善形式。人类灵魂的理性和选择能力内在具有被塑造为德性的潜能，在这个意义上，人类灵魂是德性的质料，而德性是人的更高层次的形式。① 在亚里士多德看来，德性的养成以良好的政治秩序为前提："正如人类如果得以完善（τελεωθείς）就是最好的动物，如果脱离了习俗和正义（νόμου καὶ δίκης），人类就会是最坏的动物。"②没有政治生活提供的道德教育和法律规范，人就不可能完善自身的理性和选择能力，从而不可能完善自身的本质。这意味着，和智者的主张相反，习俗和自然并不是对立的，人类需要习俗来完善其自然。至此，我们也看到，亚里士多德对于以安提丰为代表的智者政治哲学的驳斥，实际上是形式优先于质料的形而上学原则在人性论中的运用：在规定实体本质的意义上，形式优先于质料；在规定生命体本质的意义上，灵魂优先于身体；在规定人类本质的意义上，德性优先于灵魂。在习俗与自然之争的政治哲学论域中，这种优先性最终体现为习俗优先于自然："城邦就自然而言先于家庭和我们中的每个人。"③

---

① 德性的培育也符合生成的模式，因为它是一个以灵魂为载体、从缺乏（无德性）到形式（有德性）的生成过程。见下文对《物理学》VII. 3 的分析。

② Pol. 1253a31 – 33.

③ Pol. 1253a18 – 19. 关于此处的政治优先性命题与形式优先于质料的形而上学命题之间的关系，参考 Chen，"The Priority Argument and Aristotle's Political Hylomorphism"。

三、活动论中的德性

在进入形而上学讨论的最后一个环节之前,让我们对前两节的论述作一番总结。在范畴论的框架中,亚里士多德一方面强调实体的优先性和独立性,一方面又将实体纳入种属秩序以便显明其本质,而最低种之所以最能够显明实体的类本质,是因为它包含着实体的本质种差或者实体性质。进一步讲,同一个种的不同实体也具有各自的个别本质,而这就体现为品质的差异,也就是不同实体对于它们的类本质的不同程度和不同方式的完善。人作为一个物种的类本质是理性,而每个人的个别本质就是他的德性。在形质论的框架中,实体生成是质料获得形式的过程,而实体就是质料和形式的复合物。自然实体的本质是其自然,也就是实体的运动和静止的内在本原,而形式比质料更称得上是实体的自然,事实上,亚里士多德往往将实体的形式等同于其自然。作为一种实体,人独特的运动和静止是实践活动,由于实践活动的本原是选择,因而选择是人的自然和形式。作为选择能力的完善品质,德性是对于人的自然和形式的完善。从这一点出发,结合形式-质料关系的相对性,我们认为,正如人作为自然实体的生成是质料获得形式的过程,人作为实践主体或者道德实体的完善也是质料获得形式的过程。前一个过程以身体为质料,以灵魂为形式;后一个过程以灵魂为质料,以德性为形式。①

综上所述,在范畴论中,德性是揭示个体本质的性质,而在形质论中,德性是人性的完善形式。那么,这两点是否矛盾? 德性究竟是性

---

① 我们同意 Broadie 的如下观点:(在亚里士多德看来,)正如在科学研究中我们根据实体的自然本性来给它们归类,"我们也可以根据不同的伦理自然(ethical natures)来给人们归类,这种或好或坏的自然就是伦理本质或者实体(ethical essence or substance)"(Broadie, *Ethics with Aristotle*, p. 103)。然而,鉴于亚里士多德的自然概念的内在规范性,我们不同意 Broadie 对于伦理实体的中性理解,她认为"或好或坏"的伦理自然都构成了伦理实体,"如果我们获得的确定品质是劣性,那么我们也在某种意义上被完成了"(Broadie, *Ethics with Aristotle*, p. 104)。事实上,只有德性才真正符合人类的伦理自然,因此,只有当一个人获得了德性并且根据德性而生活,他才真正称得上"被完成了"。

质还是形式？我们认为，德性既是性质又是形式，这并不矛盾，因为形式本身就是一种性质。我们已经看到，在《范畴篇》中，种属作为第二实体指涉的是某种性质，而最低种（εἶδος）指涉的是波菲利所谓的实体性质，也就是本质种差。虽然这里εἶδος一词指的不是形式，而是最低种，但是最低种和形式有着密切的关联，形式就是将实体纳入最低种的本质规定性。在《形而上学》Z.12，亚里士多德提出，"定义是由种差构成的逻格斯（ἐκ τῶν διαφορῶν λόγος）"，而由于定义所表达的就是形式的本质规定性，因此，"最后的种差（τελευταία διαφορά）就是事物的本质和定义"，也就是说，"最后的种差就是形式（εἶδος）和本质"。① 这里的εἶδος指的显然是形式，而不是最低种。由此看来，最低种和形式作为εἶδος的不同意涵所指涉的都是本质种差或者实体性质。既然形式归根结底是一种特殊的性质，那么德性既是性质又是形式就不足为怪了。②

进一步讲，亚里士多德认为质料获得形式从而生成实体的过程，和实体获得德性从而完善自身的过程，在变动的类型上是相同的，这就在更深的层面上阐明了德性作为揭示个别本质的性质在什么意义上是一种形式。在《物理学》VII.3，亚里士多德指出，质料获得形式的过程和实体获得品质的过程都不是偶性变化（ἀλλοίωσις）。例如，当冷的铜变热，我们就称之为热的铜，这说明铜发生了偶性变化；然而，当一块铜被塑造成一座雕像之后，我们显然不会称之为"雕像样的铜"，而是称之为"铜制的雕像"，这说明这个变动不是铜作为某种实体发生了偶性变化，而是铜作为质料获得了雕像的形式，从而生成了新的实体。③ 亚里士多德接着说，实体获得品质的过程也是一样："有些品质是德性，有些是劣性……前者是完善的过程，后者是败坏的过程，因

---

① *Meta.* 1038a8 - 9, a19 - 20, a25 - 26.

② 在《范畴篇》第八章对于性质的分类中，其中一种性质是"形式"（μορφή）或"形状"（σχῆμα），参见 *Cate.* 10a11 - 16；另见 *Meta.* 1033b21 - 26，此处亚里士多德明确说形式指的不是"这一个"，而是"这样的"。

③ *Phys.* 245b9 ff.

此，二者都不是偶性变化。"①我们或许会认为，这个结论不符合亚里士多德对偶性变化和实体生成的区分。例如，在苏格拉底从没有德性变得有德性的过程中，有一个不变的实体在承载对立面的转化，因此，这一变动应该是一种偶性变化。然而，我们已经看到，德性并非实体的偶性，而是能够揭示实体的个别本质的性质，因此，在上述变动中，苏格拉底并非没有发生本质变化，而恰恰是通过获得德性而成为了我们知道的那个苏格拉底。也就是说，通过获得将他自己和其他人区分开来的个别本质，苏格拉底真正成为了他自己。在这个意义上，虽然德性的获取不是一种实体生成，但是它也不是一种偶性变化，而是一种本质生成的过程。作为本质生成，它在变动的类型上更加接近实体生成，事实上，实体生成和德性获取的区别仅仅在于，前者是类本质的生成，而后者是个别本质的生成。进一步讲，这两种生成是相互连续、彼此重叠的：苏格拉底并非首先成为一个不好不坏的纯粹的"人"，再成为一个好人，而是在长大成人的过程中成为好人。事实上，只有成为好人才是真正实现了"成人"，因为在亚里士多德看来，只有当事物获得属于自身的德性从而被完善之后，它才达到了"最符合其自然的状态"(μάλιστα [τὸ] κατὰ φύσιν)。② 在亚里士多德的思想中，实体的形式、本质或者自然是一个规范性概念，这是他将实体生成和德性获取理解为连续而重叠的同一种变动的根本原因。实体的生成内在要求德性的获取，只有获得了德性才算成功地生成了实体。在这个意义上，德性才是最终的形式。

然而，德性虽然是实体的最终形式，但是它并非实体的最终目的："一个睡着了或者终生不从事实践(ἀπρακτεῖν)的人，似乎也能够拥有德性。"(NE 1095b32 - 33)既然人的德性是让人能够从事良好实践的完善品质，那么符合德性的良好实践本身才是人这种实体的最终目的，而这就是人的至善或者幸福。从这一点出发，亚里士多德对实体的探究不可能限于范畴论和形质论，而是必须迈向活动论。在《论灵

---

① *Phys.* 246a10 - b3.
② *Phys.* 246a13 - 16.

魂》II. 5 的一个重要段落中,亚里士多德用潜在和现实的概念分析了知识的获取和运用:首先,任何一个(正常)人都是知者,因为他有获得知识的潜能(δύναμις);其次,已经获得了知识但是并未运用知识的人是知者,因为他有运用知识的能力(δύναμις);最后,正在运用知识的人"在现实(ἐντελεχεία)的和最恰切的意义上"是知者,因为他正在从事知的实现活动(ἐνέργεια)。① 上述第一种知者是完全潜在的知者,第二种知者就其已经获得知识而言是现实的知者,就其并未运用知识而言是潜在的知者,而第三种知者是完全现实的知者。我们不妨遵照学界的习俗,将第一种知者具有的潜能称作一级潜能,将第二种知者具有的能力称作二级潜能或者一级现实,将第三种知者的活动称作二级现实。这三个形而上学层次之间的关系是相对的,其具体所指取决于分析的语境。在实体的生成和存在中,质料或身体是一级潜能,形式或灵魂是二级潜能/一级现实,各种各样的生命活动是二级现实。在德性的获取和运用中,灵魂在感受和行动方面的各种自然能力和禀赋是一级潜能,德性是二级潜能/一级现实,而符合德性的实践活动(也就是幸福或者至善)是二级现实,体现为以良好的方式进行感受和行动。

在范畴论中,行动和感受对应于施行和遭受(ποιεῖν ἢ πάσχειν)。② 这一对在范畴列表中排在末尾的范畴,在活动论中成为首要的分析对象。专论潜在和现实概念的《形而上学》IX 就是从各种施行和遭受及其对应的潜能出发展开论述的,而即便在这一纯粹形而上学的论述语境中,德性仍然占有一席之地:"我们所说的这些潜能(δυνάμεις)要么仅仅是施行或遭受的潜能,要么是良好地(καλῶς)施行或遭受的潜能。"③我们不妨将此处的区分称作单纯潜能和卓越潜能的区分,这一区分其实就等同于《尼各马可伦理学》II. 5 在定义德性的时候对于能力和品质的区分(NE 1105b20 - 21)。同时,亚里士多德认为首要意

---

① *DA* 417a22 - 29.
② *Cate.* 1b27.
③ *Meta.* 1046a16 - 17.

义上的施行和遭受是不同实体之间的相互作用，"潜能的首要意涵……指的是在他者之中（或者在作为他者的自身之中）引发变化的本原（ἀρχὴ μεταβολῆς）"。[①] 用伦理学的语言来说，行动和感受往往是自我和他者的相互作用，而这就打开了政治生活的空间：不仅德性的获取需要城邦立法提供的道德教育，德性的发用也需要自我和他者相互作用的政治生活环境。《尼各马可伦理学》对于实践德性的系统论述从个人灵魂内部的感受、能力、品质之分出发，沿着从感受到行动和从个人到城邦的整体论述趋向，逐步勾勒了良好政治生活的全景，并且用广义的正义概念涵盖了所有伦理德性与他人相关的政治维度。

然而，亚里士多德的活动论并未止于首要意义上的潜在和现实，也就是事物之间相互进行施行和遭受的能力和活动。虽然《形而上学》IX 以此为出发点，但是其根本目标是要探讨超出运动（这里指的就是施行和遭受）范畴的潜在和现实概念，特别是超出运动范畴的现实概念。[②] 亚里士多德在《形而上学》IX.6 分两个步骤完成了这一至关重要的推进，从而突破了我们到目前为止论及的范畴论和形质论的理论架构。我们会看到，这一突破对伦理学造成了重要的甚至是结构性的影响。

首先，亚里士多德通过类比指出，正如运动（κίνησις）之于能力的关系是现实之于潜在的关系，本质（οὐσία）之于质料的关系也是现实之于潜在的关系。[③] 这里所谓的运动指的是宽泛意义上的活动，而此处亚里士多德列举的运动的例子既包括事物间的相互作用（如工匠造房子），也包括至少表面上不涉及相互作用的活动（如视觉）。[④] 同时，这里所谓的本质指的就是形式。我们在上一节看到，亚里士多德在

---

① *Meta.* 1046a10 – 11, cf. 1047a30 – 32. Beere 指出，亚里士多德所说的 δύναμις 的首要意涵，指的就是这个词在日常古希腊语中的意义，见 J. Beere, *Doing and Being*: *An Interpretation of Aristotle's* Metaphysics Theta, Oxford University Press, 2012, pp. 50 – 53。

② *Meta.* 1045b – 6a4,1048a25 – 30.

③ *Meta.* 1048b8 – 9.

④ *Meta.* 1048b1 – 2.

《物理学》I. 7也是通过类比的方法实现了从实体载体到质料载体的推进，从而提出了质料概念，并且建立了比范畴论更加基本的形质论理论框架。而《形而上学》IX. 6的上述类比，其实质正是将形式和质料这对概念纳入现实和潜在的概念体系①，从而建立比形质论更加基本的活动论理论框架，这一架构既能够解释宽泛的运动意义上的能力－活动之分，也能够解释实体存在结构意义上的形式－质料之分。显然，亚里士多德笔下的ἐνέργεια在前一组区分中应该译为"活动"（activity）或者"实现活动"，在后一种区分中应该译为"现实"（actuality）。我们之所以将ἐνέργεια-δύναμις的理论称作活动论而非现实论，是因为现实（形式）的最终实现在于活动（形式的运用）。

然而，反过来讲，在ἐνέργεια-δύναμις的理论框架中，最高层次和最终极的活动并非任何意义上的施行和遭受，甚至并非作为一种过程的运动，而是一种自足的、因为目的完全在自身之中所以非过程性的存在状态，这种存在状态结合了活动和现实，既是一种时刻展现着饱满而恒定的现实性的活动，又是一种生生不息、始终活跃着的现实。② 阐明这种至高的活动和现实的存在方式是《形而上学》IX. 6的第二步推进的任务：亚里士多德提出："'正在看'和'已经看'，'正在知'和'已经知'，'正在思'和'已经思'是一同（ἅμα）成立的，但是'正在学习'和'已经学会'，'正在治疗'和'已经治好'却不是。'正在活得好'和'已经活得好'，'正在幸福'和'已经幸福'是一同（ἅμα）成立的……我们应该称一类事情为运动（κινήσεις），称另一类为活动（ἐνεργείας）。"③这里提出的"正在做某事"和"已经做成某事"能否一同实现的思想测试，其实质正是澄清事情与其目的的关系，从而验证活动的完满性。我们已经指出，在《形而上学》IX. 6从能力－运动到质料－形式的类比论证中，

①　我们已经看到，形质论内在包含了形式针对质料的优先性学说，而《形而上学》IX. 8进一步将这种优先性纳入现实针对潜在的优先性。

②　用Beere的话来说，这种ἐνέργεια"既是活跃的，又不是变化的；既是稳定的，又不是惰性的"，见Beere, *Doing and Being*, p. 15。

③　*Meta*. 1048b23 – 28.

亚里士多德将"看"举作运动的例子；而在此处运动和活动的区分中，"看"在更加严格的意义上被界定为活动，而非运动，这是因为"看（ὅρασις)似乎在任何时刻都是目的性的（τελεία)，它不缺乏任何后续生成的部分来完善自身的形式"（NE 1174a14 - 16)。在亚里士多德看来，虽然运动和活动都是现实，但是运动因为与其目的（τέλος)相分离而只是不完备的现实，唯有"目的在自身之中"（ἐντελέχεια)的活动才是完备的现实。① 目的之于运动的外在性和施行与遭受（在运动中体现为推动与被推动）的他者性密切相关②，因此，唯有彻底克服了他者性的实现活动才能超越施行与遭受的运动层次而实现目的的内在性，从而成全最完满自足的存在方式。这样的实现活动当然是相当有限的，而亚里士多德最爱举的例子就是观看与沉思。在《尼各马可伦理学》的最后一卷，正是观看和沉思这两种活动在目的内在性和自足性方面的结构相似性，构成了亚里士多德将最高层次的幸福归给哲学生活的核心论证。③ 进一步讲，内在目的性和自足性作为善的标准，不仅是哲学生活的典型标识，而且也是政治生活能够分享善的根据：在亚里士多德看来，真正符合德性的政治实践虽然往往指向异己的目的，但是它至少应该包含目的在自身之中的维度："良好实践就是目的。"（NE 1139b3 - 4)

在某种意义上，《形而上学》IX.6 的第二步推进是从范畴表中施行和遭受的范畴回到了实体的范畴，继形式概念对于实体的本质阐发之后，运用活动概念，不仅最终说明了实体作为存在者的"存在之所在"究竟为何，而且说明了最高层次的实体活动，也就是最高层次的实体存在方式，在什么意义上展现了超越施行和遭受的自足的现实性，从而理所应当地位列范畴表之首。就概念的层次而言，如果实体的形式界定了德性的存在论性质，而符合德性的感受和行动打开了生活的政治维度，那么目的完全在自身之中的自足活动就揭示了有德性者超

---

① Cf. Meta. 1050a21 - 23.
② Meta. 1050a30 - b2，另参阅《物理学》III.3。
③ Cf. NE 1177b1 - 15.

越政治实践、走向哲学沉思，从而成全最完美的实体存在状态的可能性。这样看来，唯有范畴论、形质论、活动论这三个思想层次所构成的不断深化的整体，才能为亚氏伦理学以德性为概念核心的理论架构提供充分的哲学基础。

让我们回到《论灵魂》II.5 的潜能-现实的层次学说，以此为框架勾勒亚里士多德伦理学的基本思路。《论灵魂》II.5 以知识为例，我们不妨换之以德性：首先，正常的男孩都是有德性者①，因为他具有通过道德教育获得德性的潜能；其次，已经获得了德性但是并未运用德性的人是有德性者，因为他有运用德性的能力；最后，正在运用德性的人在最现实和最恰切的意义上是有德性者，因为他正在从事符合德性的实现活动。也正是在这个意义上，第三种有德性者在最严格的意义上是幸福的。不过，由于德性有不同种类，符合德性的实现活动也有不同的种类，其中，最根本的分野存在于伦理、道德、政治的实践德性和沉思的哲学智慧之间。和柏拉图不同，亚里士多德不相信同一个人能够完全兼具最高程度的实践德性和最高程度的哲学智慧，因此，政治生活和哲学生活也不可能完全融合为同一种幸福生活。正因为如此，如何理解政治德性和哲学德性的关系、如何处理二者之间的张力就成了亚氏伦理学的核心问题。在很大程度上，正是对这一核心问题的探讨确立了《尼各马可伦理学》全书的思路和结构。

---

① 严格说来，亚里士多德在伦理学中探讨的德性是只属于男性的。

附录二：
柏拉图《吕西斯》中的爱欲与友爱①

序幕：逻格斯与美少年

一天，苏格拉底从阿卡德米出发前往吕克昂，途中遇见希波泰勒斯和克特西普斯等一伙青年人，希波泰勒斯主动招呼苏格拉底，邀请他一同前往附近新建的摔跤学校，称"这里真值得你来"，因为有不少"美少年"(καλοί)。苏格拉底不为所动，而是询问他们在那里如何"打发时间"(διατριβή)②，希波泰勒斯回答"我们大部分时间在讨论(λόγοις)"，苏格拉底这才表示"不错"(203a—204a)。显然，希波泰勒斯对苏格拉底有一定的了解，知道他平生所爱不外乎二：美少年和逻各斯；然而，他给苏格拉底的邀请之辞将美少年置于逻各斯之前，一开始还以为仅凭前者就足以抓住苏格拉底的心思了，殊不知苏格拉底其实更关心后者。③ 柏拉图在《吕西斯》对话的开场就交代了"美少年"和"逻各斯"这两个关键要素，而这篇对话也确实围绕这

① 本文的删节版已发表，见陈斯一："柏拉图论爱欲与友爱：《吕西斯》释义"，载于《哲学与文化月刊》2019 年第 2 期，第 183—196 页。

② 希腊语 διατριβή 一般指"打发时间"，但这个词亦有更为严肃的"以一定的方式生活"之意。本文引用的柏拉图对话录文本均由笔者自希腊文译为中文。由于本文的讨论主要基于《吕西斯》和《会饮》，文中凡引用这两篇对话之处，只在引文后以括号标出 Stephanus 码。

③ 参考 D. Bolotin, *Plato's Dialogue on Friendship：An Interpretation of the* Lysis, *with a New Translation*, Ithaca：Cornell University Press, 1977, pp. 70‑71；黄群："柏拉图《吕西斯》的场景设计"，载于《浙江学刊》2010 年第 2 期，第 31—32 页。

二者展开：就整体情节而言,苏格拉底向匿名的听众(这包括柏拉图的读者们)讲述了他向希波泰勒斯展示如何通过逻各斯俘获美少年的过程。

在答应和他们同去之后,苏格拉底问希波泰勒斯的第一个重要问题是:"谁是那美少年(καλός)?"希波泰勒斯的邀请提及复数的καλοί,而苏格拉底的问题则针对单数的καλός,这个微妙的转变表明,苏格拉底从一开始就知晓希波泰勒斯的真实用意:希波泰勒斯并非泛泛地喜欢少年的美貌,而是爱上了某个具体的美少年,想向苏格拉底讨教求爱的言辞。希波泰勒斯的回答耐人寻味:"我们对此看法不一,苏格拉底。"他一方面不肯透露所爱之人的姓名,另一方面将自己隐藏于众多爱者之中,提出不同的爱者各有所爱。苏格拉底追问道:"但是你认为是谁呢,希波泰勒斯? 这是你可以告诉我的。"正是这个问题让希波泰勒斯脸红了,从而确认了苏格拉底的猜想:"希波泰勒斯,你用不着告诉我你是否爱上了某人,因为我知道你不仅爱上了,而且已经陷得很深。我这个人呢,尽管在其他事情上没有什么能力,甚至一无是处,但是不知怎么搞的,神给予我一种能力,使我能够很快地识别出爱者和被爱者(ἐρῶντά τε καὶ ἐρώμενον)。"(204b-c)①希波泰勒斯听见这番话,脸红得更厉害了。作为一个具体的爱者,希波泰勒斯被苏格拉底所识别,势必要回答谁是他所爱的对象,尽管最后是不耐烦的克特西普斯道出了吕西斯的名字。希波泰勒斯既不愿意暴露爱者与被爱者的个别性,又想掌握求爱的言辞,他想从苏格拉底那里学习的是某种程序化的技艺,一旦学会便可用来追求任何心爱的对象,用普遍的逻各斯俘获复数的美少年,而吕西斯不过是其中之一,只是希波泰勒斯

---

① 苏格拉底善于识别爱者和被爱者,这不是说他善于判断哪一个具体的人爱上了哪一个具体的人,而是说他善于判断一个人是什么意义上的爱者、他所爱的对象究竟是什么。正如 Penner 和 Rowe 指出的:在苏格拉底看来,在一切爱欲中,真正的被爱者是善好,而就此而言,每个人都是爱者(T. Penner and C. Rowe, *Plato's* Lysis, Cambridge University Press, 2009, p.5, n.7)。虽然尚未听闻和见到吕西斯,但是苏格拉底很快就观察到,追求吕西斯的希波泰勒斯其实是政治爱欲的主体,他所爱的善好归根结底是自己的荣誉。

现在碰巧爱上他罢了。这样看来，希波泰勒斯对苏格拉底的了解是肤浅的，他对苏格拉底的误解倒是很深，把苏格拉底当作了教授程序化技艺的智者。这样看来，希波泰勒斯尚不理解苏格拉底式辩证和智者式修辞的根本区别：前者基于不同个体的心智之别而采用不同的说服和教导，后者通过调动与迎合大众的情绪以实现诱导或煽动的效果。①

　　随着对话情节的发展，苏格拉底很快将向希波泰勒斯展示辩证言辞在"爱与被爱"方面的运用，但在此之前，希波泰勒斯还需进一步暴露他爱吕西斯的方式。克特西普斯向苏格拉底抱怨道，希波泰勒斯日夜念叨吕西斯，甚至为他写诗、写歌（204d）。苏格拉底对这些诗和歌的内容甚是好奇，因为它们正是希波泰勒斯关于美少年的逻各斯。他对希波泰勒斯说："给我看看你在他面前的表现吧，这样我就可以确定，你是否知道，作为一个爱人应该如何谈及（λέγειν）他爱的少年，无论是对其本人还是对其他人。"为避免误解，苏格拉底还特意澄清，他想听的不是那些诗歌，而是希波泰勒斯的"想法"（διανοίας，205a-b）。对苏格拉底而言，关于美少年的逻各斯指的不仅是爱者向被爱者诉说的言辞，比这更为重要的是爱者关于被爱者的思想，而且爱者和被爱者的交流不应只限于二者之间，还应该和其他人分享。作为最高境界的爱者，苏格拉底即将在希波泰勒斯和克特西普斯等人面前同吕西斯和梅尼克奇努斯这两个美少年交流关于爱的言辞和思想，而正是这番交流构成了这篇对话的主体内容。然而，希波泰勒斯再次误解了苏格拉底，他让苏格拉底问克特西普斯关于他写的那些诗歌的事情，因为

───────────

① 参见［法］布里松（L. Brisson）：《柏拉图哲学导论》，黄唯婷译，北京大学出版社，2018年，第33—56页。参阅 Phaedrus 271c-274a；Gorgias 462b-466a。比较204a，希波泰勒斯称摔跤学校的老师米库斯为苏格拉底的"伙伴"（ἑταῖρος）和"仰慕者"（ἐπαινέτης），对此苏格拉底不置可否，而是称赞米库斯是一个"够格的智者"（ἱκανὸς σοφιστής）。另见206c，希波泰勒斯向苏格拉底请教的是一种普遍适用的求爱技艺，而苏格拉底则强调这种技艺的教授只能通过具体案例的展示。参见黄群："柏拉图《吕西斯》的场景设计"，第32—33页；H. Gadamer, "Logos and Ergon in Plato's Lysis", in Gadamer, Dialogue and Dialectic: Eight Hermeneutical Studies on Plato, trans. P. Smith, Yale University Press, 1983, pp. 3-6。

"他知道得一清二楚,记得很熟",但即便克特西普斯能够一字不差地转述这些诗歌的内容,他也无法转述希波泰勒斯的思想。苏格拉底只能从希波泰勒斯写给吕西斯的诗歌中推断这位爱者关于其被爱者的思想,而事实证明,苏格拉底的推论竟比希波泰勒斯的自我理解更加准确。

克特西普斯告诉苏格拉底:关于吕西斯,希波泰勒斯说不出任何"自己的话"(ἴδιον),只会说"整个城邦都会说的赞美的话",这些赞美的话关乎吕西斯的高贵出身和家中的财富、赛马、运动会荣誉等,甚至还扯上吕西斯的先祖和赫拉克勒斯的亲戚关系以及对他的款待(205c-d)。关于吕西斯,希波泰勒斯没有自己的思想,他所表达的都是城邦的思想;他写的诗歌也没有提及吕西斯自身的任何特点,而只有对这个少年所拥有的大众公认的各种外在善的赞美。苏格拉底听后说道:"荒唐的希波泰勒斯啊,你是否在胜利之前就在创作和歌唱对自己(σαυτόν)的赞歌啊?"希波泰勒斯对这番话甚为不解,苏格拉底解释道:"这些诗歌主要是为你自己而作的。如果你俘获了这样一位少年,那么你所说的和唱的就会是你的荣光(κόσμος),事实上,它们就如同给胜利者(νενικηκότι)的赞歌,因为你得到了这样一位少年;但是,如果他逃离了你,那么你现在把少年捧得越高,你将来要失去的美的和好的事物(καλῶν τε καὶ ἀγαθῶν)就会越多,你也就会显得越可笑。"(205d-e)苏格拉底的解释有几个要点:首先,从他的诗歌来看,希波泰勒斯爱的并不是吕西斯,而是吕西斯拥有的那些"美的和好的事物",对于希波泰勒斯这样的爱者来说,正是这些事物构成了被爱者的身价;其次,希波泰勒斯追求吕西斯,并非想要获得吕西斯拥有的事物,而是想要获得拥有那些事物的吕西斯。占有那些事物构成了吕西斯一家在城邦中的荣誉,而占有吕西斯将构成希波泰勒斯作为爱者的荣誉。正是在这个意义上,希波泰勒斯对吕西斯的赞美其实是给自己唱的赞歌。最后,通过俘获吕西斯,希波泰勒斯将成为胜利者。苏格拉底没有明言他战胜的是被爱者还是其他爱者,但是无论如何,提前庆祝胜利显然是不智的,因为一方面,爱者能否成功俘获被爱者尚属未知;另一方面,过分的赞美会让被爱者变得骄傲自负,从而更难被爱者俘获(206a-b)。①

　　总之,苏格拉底一针见血地指出,希波泰勒斯对吕西斯的爱实际上指向了自身的荣誉,这种荣誉的真正基础是外在善在政治生活中的意义:一个人通过直接或间接地占有这些外在善而获得其他人的承认。希波泰勒斯并不真的喜欢在关于美少年的逻各斯中打发时间,他其实属于那个爱者和被爱者围绕荣誉而相互竞争和征服的世界,这个世界就是城邦。② 在这篇对话中,希波泰勒斯是政治人的代表,他的爱欲是政治化的爱欲。追求荣誉的政治爱欲虽然仍然根植于追求美和善(美少年和逻各斯)的自然爱欲,但必然在一定程度上破坏自然和爱欲的根本关联:正如苏格拉底即将向吕西斯和梅尼克奇努斯展示的那样,爱欲应该基于自然的缺乏和满足,其实质是爱者通过被爱者来成全自身的本性。政治爱欲同样利用了人性中根深蒂固的自然缺乏,却将人性的满足导向与之没有直接关联的荣誉。荣誉真正关涉的并非爱者和被爱者的结合,而是爱者之间的竞争;如果说自然的爱者和被爱者是相互归属的,因而自然爱欲能够成全双方的本性,那么荣誉作为政治爱欲的对象则注定徘徊在自我的满足和他者的认可之间,既是对于爱者自身的"赞歌",又无法用爱者"自己的话"写成。希波泰勒斯对吕西斯的赞美体现了城邦对政治爱欲的根本规定,而苏格拉底给他的建议就是要剥除这种政治规定而还原自然爱欲的实质:希波泰勒斯想要在爱者中间获得荣誉,就必须俘获他的被爱者,而这恰恰要求他贬低而非吹捧吕西斯。贬低和吹捧的互斥印证了自然爱欲和政治爱欲的冲突:如果说爱者的荣誉取决于被爱者的身价,那么希波泰勒斯对吕西斯的吹捧就并非简单的失策,而是政治爱欲的必然要求;

---

① 比较 206a-b 和 218c,柏拉图两次使用了打猎的比喻:希波泰勒斯想要猎取的是吕西斯(美少年),而苏格拉底想要猎取的是朋友的定义(逻各斯)。

② Bolotin 提出,希波泰勒斯和克特西普斯一伙影射的是政治共同体,我们认为,这个解读能够说明前者为何不厌其烦地在后者面前赞美吕西斯。如果希波泰勒斯能够占有身价颇高的吕西斯,他也就能够向克特西普斯等人证明自己的价值;反过来讲,克特西普斯对希波泰勒斯的怨气也正是源于这伙青年围绕爱欲和荣誉进行竞争的政治性语境。参见 Bolotin, *Plato's Dialogue on Friendship*, pp. 73 - 74; cf. Foucault, *The History of Sexuality* (*vol.* 2), p. 215。

反过来说,苏格拉底建议希波泰勒斯贬低吕西斯以便俘获这位少年,其实是希望他将政治爱欲还原为自然爱欲,追求吕西斯本人,而非吕西斯能够带给他的荣誉。①

希波泰勒斯恳求苏格拉底指教他"该怎么说、怎么做,才能让被爱者爱上自己",苏格拉底则告诉他,这种技艺不能言传,只能身教,"如果你能让他(吕西斯)过来和我谈谈话,也许我就能向你展示应该怎么和他说话"。对于这个提议显而易见的危险,希波泰勒斯竟然没有丝毫觉察:"这一点都不难,如果你跟克特西普斯进去并坐下交谈,我想他(吕西斯)就会自己过来,苏格拉底,因为他喜欢听人谈话。"(206c-d)希波泰勒斯总算基于吕西斯自己的特点道出了他自己对于吕西斯的赞美:吕西斯是"爱倾听的"(φιλήκοος),但讽刺的是,这份赞美无限增加了苏格拉底从他手中夺走吕西斯的可能性。毕竟,苏格拉底最擅长的便是用关于美少年的逻各斯俘获喜欢逻各斯的美少年。

一、善恶与属己

《吕西斯》这篇短小的对话在研究史上备受忽视,然而其副标题——"论友爱",却暗示着它在柏拉图对话录中的独特地位。通常认为,相比于"友爱"(φιλία),柏拉图更加重视"爱欲"(ἔρως),但《吕西斯》却包含着柏拉图对"爱"的全面思考。正如 D. Robinson 所言:"柏拉图在《吕西斯》中探讨的主要哲学问题是'什么是爱',他试图定义'爱'(τὸ φίλον)这个概念";然而,希腊文 τὸ φίλον 既可以指单向爱欲的对象,也可以指双向的友爱关系。② 通过探讨广义的"爱"的意涵,柏拉图

---

① 根据《会饮》中蒂欧提玛的教导,从身外的荣誉回归身体的美善是爱者爬升"爱之阶梯"的第一步。克特西普斯向苏格拉底介绍吕西斯的时候说:"我敢肯定你能认出那个孩子的模样(εἶδος)。"(204e)虽然相貌之美处在"爱之阶梯"的最低层次,但正是这种美至少是属于吕西斯本人的;相比之下,"爱之阶梯"似乎没有荣誉的位置。希波泰勒斯对吕西斯的赞美唯独不提这位少年的美貌,这意味着追求荣誉的政治爱欲恰恰因为忽视身体的自然吸引而错失了"爱之阶梯"的第一个台阶。

② D. Robinson, "Plato's 'Lysis': The Structural Problem", *Illinois Classical Studies*, 11(1986)1/2, pp. 69, 77.

写作这篇对话的实际目的是追问爱欲和友爱的区别和关联。事实上，这不仅是《吕西斯》的核心问题，也是柏拉图探讨"爱"这种人类现象以及它所揭示的人类本性与处境的根本关切。

上个世纪初，两位德国学者马克思·波伦茨（Max Pohlenz）和汉斯·冯·阿尼姆（Hans von Arnim）关于《吕西斯》的一系列争论，正是围绕柏拉图对爱欲和友爱之关系的理解而展开的。波伦茨认为柏拉图将友爱也视作一种爱欲，指出友爱和爱欲一样基于人性的缺乏，而阿尼姆则提出柏拉图区分了友爱和爱欲，且认为真正的友爱只发生于已经获得至善从而实现了完满的人们之间。[1] 这场争论最终归结于一个根本的分歧：根据《吕西斯》，人究竟是否能够完全为了至善自身之故而追求和获得至善？[2] 阿尼姆认为答案是肯定的，他将爱欲和友爱理解为爱在人追求和占有至善这两个阶段中的展现：在获得至善之前，人作为"既不好也不坏"的存在，欲求朝向善的提升；而在获得至善之后，人继续爱他所占有的至善，这种爱不再是"由于坏的缘故而追求好"，而是因为"好是属己的"，同时，两个占有属己之善的好人也能够基于同样的原因而爱彼此的善，从而相互归属形成友爱。[3] 与上述理解针锋相对，波伦茨认为，柏拉图在《吕西斯》中否认人能够完全为了至善自身之故而追求、获得、占有至善。作为有限的存在，人对于任何善的追求都不可能摆脱恶的生存背景，也就是由人性之缺乏所规定的不完满处境，这意味着人与人不可能形成独立于爱欲的纯粹友爱，也不可能为了朋友自身的缘故而爱朋友，相反，一切友爱归根结底源自于每个人对于自身之善的爱欲，而所有朋友从根本上讲只是每个人实现自身爱欲的工具。[4]

---

[1] 参阅 Bolotin 对这场争论的概括和评析：Bolotin, *Plato's Dialogue on Friendship*, pp. 201 - 225。

[2] 两个经典的现代注本再现了这一解释分歧：比较 Bolotin, *Plato's Dialogue on Friendship*, p. 225；Penner and Rowe, *Plato's* Lysis, p. 249。

[3] Bolotin, *Plato's Dialogue on Friendship*, pp. 211 - 216. 阿尼姆的解释太过接近亚里士多德的立场，比较 *NE* 1169b30 - 70a4, 1170b10 - 12。

[4] Bolotin, *Plato's Dialogue on Friendship*, pp. 216 - 219；cf. Vlastos, "The Individual as Object of Love in Plato"。

不难看出，阿尼姆和波伦茨各自的立场都存在一些根本的困难，而我们认为，这些困难的共同症结在于两位学者都忽视了柏拉图在《吕西斯》中做出的根本区分：善恶和属己是爱的两种截然不同的人性根据，人既可以因为恶的威胁而进行向善的努力，也可以因为对缺失的感知而追求属己的整全。前一种追求展现了爱欲的人性逻辑，其实质是个人的纵向提升；后一种追求展现了友爱的人性逻辑，其实质是人与人的横向联合。正是这两条紧密相关但是方向不同的人性线索，构成了柏拉图思考爱的根本框架。阿尼姆试图为友爱正名，但是他实际采用的解释思路却用作为爱欲之根据的善恶之分整合了作为友爱之根据的属己，从而错失了友爱最纯粹的形态，那就是独立于善恶的彼此归属。波伦茨的解释对缺乏的强调更加忠实于这篇对话的文本，但是他将友爱完全还原为爱欲、将缺乏等同于恶，这同样忽视了苏格拉底在对话末尾提出的独立于善恶的缺乏和属己观念，以及据此而得出的友爱理解。本文力图更加准确地还原柏拉图在这篇对话中的整体思路，以纠正阿尼姆和波伦茨的解释偏差。接下来，我们将首先在本节的余下部分阐发《吕西斯》关于善恶和属己作为爱的两种根据的区分，然后分别于第二节和第三节论述爱欲与善恶、友爱与属己的关系，从而完整地呈现柏拉图在这篇对话中关于爱的哲学反思。

我们已经看到，就《吕西斯》的情节而言，苏格拉底关于爱的探讨缘起于希波泰勒斯对吕西斯的追求，前者偶遇苏格拉底，希望向他讨教求爱的技艺。为了向希波泰勒斯展示一个爱者究竟应该如何向被爱者说话，苏格拉底开始了他和吕西斯的对话。苏格拉底问道："吕西斯啊，我想你爸爸妈妈应该非常爱你吧？"吕西斯的答案自然是肯定的。接着，苏格拉底引导吕西斯认同下述两点：第一，爱一个人就是希望他幸福；第二，幸福就是能够做自己想做的任何事情（207d-e）。这两点都不像看上去那么简单。我们很快就会发现，通过对这两点的挖掘和检讨，苏格拉底的目的是要引导吕西斯从归属于父母的被爱者成为追求智慧的爱者[1]；而在这个过程中，他揭示了爱的两个基本根据

---

① Penner and Rowe, *Plato's* Lysis, p. 33.

及其相互关系。

让我们首先分析第二点。苏格拉底提出，如果一个人不能做他想做的事情，那么他就是奴隶而非主人，这一点又进一步和"统治"（ἄρχειν）的观念相联系：吕西斯的父母既不让他掌管家里的财物（208b），也不让他统治他自己（208c），这样看来，吕西斯应该是家里的奴隶而非主人；相比之下，父母倒是放心让家里的奴隶去掌管财物和吕西斯（208e—209a）。造成这种状况的原因有两个：吕西斯缺乏知识、吕西斯的父母爱他。因为缺乏知识，吕西斯无法正确使用家里的财物，也不能正确运用自己的能力，如果获得为所欲为的自由，他只会受到伤害，而不会获得好处。同时，因为父母爱吕西斯，不愿他受到伤害，所以他们剥夺了吕西斯在他不具备知识的事情方面的自由。然而，苏格拉底一方面引导吕西斯承认他因为无知而处于被统治的境地，从而意识到自身最根本的缺乏（209c，210d），另一方面刻意淡化父母对他的爱，以至于最终推论出，如果他不获得知识他的父母就不会爱他（208e—209a，210d）；从表面上看，这个近乎诡辩的推论只是为了向希波泰勒斯展示爱者应该如何与被爱者交谈，也就是如何"贬低他（吕西斯），杀掉他的威风，而不是像你（希波泰勒斯）那样吹捧、表扬他"（210e），但是细究起来，其实苏格拉底还有更深的用意。他当然知道吕西斯的父母对他的爱和他有没有知识无关，事实上，父母爱孩子与其说是因为孩子是"好的"，不如说是因为孩子是"属于他们的"。①苏格拉底深知"善好"（ἀγαθόν）和"属己"（οἰκεῖον）是爱的两种最为基本的根据，二者虽然并非必然冲突，但是毕竟归属不同的人性逻辑，而且指向了完全不同的生活理想。在和吕西斯的交谈中，苏格拉底的一个重要任务就是将善好和属己完全对立起来，并且用前者来规定后者，从而将吕西斯从属己的世界领向善好的世界。这一点最明确地体现为苏格拉底将"我们"（即，拥有知识的苏格拉底和吕西斯）的爱者从父母扩展到邻居，从邻居扩展到全体雅典人，最终从希腊人扩展到波

---

① Cf. F. Gonzalez, "Socrates on Loving One's Own: A Traditional Conception of ΦΙΛΙΑ Radically Transformed", *Classical Philology*, 95(2000)4, pp. 382 – 383.

斯国王。他提出，一旦这些人意识到"我们"比他们更有智慧，他们就会把他们的财物和他们自己都交给"我们"掌管（209c—210a）。当然，从日常的属己观念出发，"我们"再有智慧，周围的邻居和全体雅典人都不见得会信任"我们"；事实上，"我们"越有智慧，波斯国王就越不可能信任"我们"。在苏格拉底设想的这个以智慧为唯一标准的世界中，家内和家外之别、家庭和城邦之别、甚至希腊和波斯的敌我之别全都不复存在，从属己到异己的层层界限都被爱欲和善好的单方面关联彻底瓦解。①

　　然而，即便排除了爱者之间的属己界限，从而导致所有人不分亲疏、甚至不分敌友全都爱智慧和善好的对象，我们仍然可以问：爱者对于被爱者的爱欲究竟是为了爱者，还是为了被爱者？这将我们带回苏格拉底和吕西斯在对话之初确立的第一点：爱一个人就是希望他获得幸福。吕西斯认为他的父母就是这样爱他的，而苏格拉底在一开始也提出，一旦吕西斯获得智慧，"无论是希腊人还是野蛮人，男人或是女人"都会像他父母那样爱他，他们将自己的财物和他们自身交付给吕西斯的目的乃是为了让吕西斯（而非他们自己）从中获益，正是在这个意义上，拥有智慧的吕西斯将成为"所有人的统治者"（ἄλλων ἄρχοντες，210b-c）。然而，苏格拉底举的例子暴露了其论证遮蔽的真相，尤其在波斯国王让吕西斯为他的王子治疗眼疾的例子中（210a），懂得医术的吕西斯不是从父母的奴隶变成了世界的主人，而是从自己家的宠儿变成了别人家的雇工。因内在的善好而为他人所爱者，其实是他人追求自身善好的工具，这一点最终被苏格拉底的总结所道明："如果你变得智慧，所有人都会成为你的朋友，所有人都会变成属你的（οἰκεῖοι），因为你会是有用的、好的；但是如果你没有智慧，那么所有人，包括你的父母和亲戚（οἰκεῖοι）②，都不会是你的朋友。"（210d）智慧作为最高的善好被等同为"有用"，而在"有用"的意义

---

① Bolotin，*Plato's Dialogue on Friendship*，pp. 97 – 99.

② 希腊文οἰκεῖος作为形容词的原意为"属于某家的"，"与某人有家属关系的"，进而可以指"属于某人的"，"对于某人是合适的"。

上成为"好的"的吕西斯虽然是所有人爱欲的对象，却失去了原初的爱：现在，似乎连他的父母都不再以希望他幸福的方式爱他，而是和其他人一样爱他的好处和用处。从表面上看，苏格拉底是要让吕西斯认识到人性的自私自利，并以此为前提教导他如何成为最好的被爱者，但事实上，他更深的用意是让吕西斯准备好离开亲人们因为彼此归属而相互爱护的世界，走进每个人独立追求自己的善好和幸福的世界，成为成熟的爱者。后一个世界确实充满了人与人的相互利用，这是每个步入政治生活的成年人无法逃避的处境；但是苏格拉底指出，这种利用的背后其实有着坚实的人性基础，因为它根植于爱欲和善好在每个人内部的自然关联。

苏格拉底和吕西斯的第一场交谈已经确立了这篇对话探讨爱欲和友爱的基本思路，那就是善恶和属己的两分。其中，属己的爱更接近一般日常观念对于爱的理解，而基于善恶的爱则是哲学作为一种人性追求的基础。在苏格拉底成功引导吕西斯（以及读者）从属己之爱过渡到善恶之爱之后，在这篇对话的余下部分，柏拉图通过苏格拉底与梅尼克奇努斯和吕西斯这两位少年的几番对话，先是分析了爱欲和善恶的关系，然后回到友爱和属己的关系，线索清晰、结构明确地阐发了他关于爱的整体思考。

二、爱欲与善恶

苏格拉底首先问梅尼克奇努斯："当一个人爱上另一个人，他们中哪一个变成了朋友？是爱者是被爱者的朋友，还是被爱者是爱者的朋友？还是这之间没有什么不同？"（212a-b）梅尼克奇努斯在苏格拉底的引导下讲出了他原本的理解：唯有相互爱着的两个人才是对方的朋友（212d）。显然，梅尼克奇努斯讲出的是他所熟悉的双向的友爱，而苏格拉底却要引导他理解单向的爱欲：朋友或"亲爱的"（φίλος）的定义不应该排除那些不会反过来爱爱者的被爱者（212d-e）。[①] 一旦实

---

① 希腊文φίλος作为名词可译为"朋友"，作为形容词可译为"亲爱的"。关于φίλος的含义，参考 Robinson，"Plato's 'Lysis'：The Structural Problem"，pp. 66 – 68。

现双向友爱向单向爱欲的转化，苏格拉底很快就让梅尼克奇努斯看到，在爱欲关系中，无论是爱者还是被爱者都不是另一方的朋友。如果被爱者是爱者的朋友，那么被恨者就是恨者的敌人。假设张三爱李四，李四却恨张三，那么李四是张三的朋友，而张三是李四的敌人，因此，李四是他的敌人的朋友，而张三是他的朋友的敌人。反过来讲，如果爱者是被爱者的朋友，那么恨者就是被恨者的敌人，结果也是一样（213a-c）。从爱者和被爱者这一组对立出发定义朋友的尝试失败了，苏格拉底换之以相似者和相反者的对立，对话者也换成了吕西斯。然而，苏格拉底和吕西斯很快就发现，相似者互为朋友的实质其实是好人和好人互为朋友，因为只有好人们才和自己、和对方相似，坏人们无论是和自己还是和对方都不相似。问题在于，一方面，相似者对于其相似者来说，在二者相似的方面，是没有用处的；另一方面，好人是完全自足的，从而无所需要。因此，相似者作为相似者不可能是被爱者，而好人作为好人不可能是任何事物的爱者，这样一来，两个相似的好人就不可能相互成为朋友了（214a—215c）。反过来讲，如果相反者互为朋友，那么就会出现正义者和不正义者、节制者和放纵者、好人和坏人、甚至朋友和敌人互为朋友的情况，而这显然也是不可能的（215c—216b）。基于爱者和被爱者、相似者和相反者、好人和坏人这三组对立都无法给出朋友的定义，苏格拉底提出，剩下唯一的可能性是：既不好也不坏者，由于坏的缘故、为了好的目的，成为好的朋友或将好视作朋友（216c—220b）。事实上，这是柏拉图在这篇对话中给出的对于爱欲的最终定义。

对于这一定义的两个关键环节（"由于坏的缘故"、"为了好的目的"），苏格拉底分别加以澄清。首先，既不好也不坏者不能因为坏的介入而真正变坏，否则它将彻底失去追求好的欲望和能力（217c—218b）。再者，既不好也不坏者所追求的任何具体的善好和目的都可能是为了进一步的善好和目的，以此类推，唯有终极的善好和目的才是真正的朋友，苏格拉底称之为"第一朋友"（218c—219d）。接着，他又举了两个例子来说明这个定义：既不是完全健康也没有病入膏肓的病人，因为疾病的缘故、为了健康的目的，成为医生的朋友，或视医生为朋友；既不拥有智慧又没有无知到自以为拥有智慧的人，因为无知的缘故、为了智慧的目的，成为智慧的朋友，或视智慧为朋友（217a-b，218a-b）。这两个例子并非随意选取的，它们一个关乎身体，一个关乎灵魂，而且二者的同构之处和微妙差别进一步阐明了苏格拉底对于爱欲的理解。

首先，在病人的例子中，"目的"和"朋友"并不重合，前者是健康，后者是医生，医生其实只是病人恢复健康的手段，健康才是病人真正的爱欲对象；而在爱智的例子中，"目的"和"朋友"之间不存在手段和目标之别，二者都是智慧。苏格拉底似乎在暗示：如果说很多事物是"为了其他朋友的目的而成为朋友的"，而我们"应该追溯到一个起点（ἀρχήν），这个起点不再引向其他的朋友"（219c-d），那么唯有智慧才是"朋友之链"的起点，唯有对于智慧的爱欲才真正指向了"第一朋友"。另一方面，两个例子共同揭示出，无论对于何种层次的"好"的爱欲都是由于某种"坏"的缘故，追求健康是由于疾病，追求智慧是由于无知，总之，没有任何目的是完全因为自身的善好而被欲求的，这意味着爱欲和善好的关联其实根植于人类更为深层的存在处境："是因为坏的缘故，我们才欢迎和喜爱好，因为好是对坏的治疗，而坏是一种疾病。"（220d）

苏格拉底进一步提出，"坏"之于"好"的优先性所暴露的严峻真相恰恰在我们对终极善好的至高爱欲中有着最极致的体现：一般层次的善好都是"为了其他朋友的目的而被称为朋友，而真正的朋友具有与之相反的性质，因为它是为了敌人的目的（ἐχθροῦ ἕνεκα）才对我们显现为朋友"（220e）。从表面上看，这个悖谬的说法只不过体现了苏格拉底故意混淆"为了（ἕνεκα）某种目的"和"由于（διά）某种缘故"这两个用语以便强调"第一朋友"的独特性①；但实际上，"第一朋友"和一般朋友、终极善好和日常善好的区别，确实极为深刻地揭示了"好"和

---

① Cf. Bolotin, *Plato's Dialogue on Friendship*, p. 60, n. 70.

"坏"在爱欲结构中的复杂关系。在我们对日常善好的追求中，由于有更高目的的指引，我们常常忽视了这种追求的深层原因，"好"的前景掩盖了"坏"的逼迫；而在我们对终极善好的追求中，正是因为没有更高目的，这一追求的深层原因才充分暴露出来。从根本上讲，这个深层原因就是人类作为一种有限存在的不完满。人类是一种具有根深蒂固的不完满、同时又无法安于这种不完满的存在，这种存在内在包含了一种自我施加的不适和指向自身的敌意，而这恰恰是一切爱欲最终的人性根据。[1]

在苏格拉底看来，智慧才是爱欲应该朝向的终极的被爱者，同时，也唯有在对智慧作为至善的追求中，爱者才能明确洞察到自身的本性与处境。至此，我们才真正理解了神赐给苏格拉底的"识别爱者和被爱者"的独特能力（204c）。在某种意义上，这种能力的真正基础和实质归旨正是"认识你自己"。苏格拉底关于爱欲和善好的探讨表明"认识你自己"乃是哲学家的特权，无论是家庭中的被爱者（吕西斯）还是城邦中的爱者（希波泰勒斯）都无法像爱智慧的哲学家那样清醒而执着地往返于人性的深谷和峰巅。

进一步讲，家庭提供的归属感和城邦营造的政治生活给人性带来了完满而自足、甚至无限而不朽的幻觉，正因为如此，人与人在共同体中的横向联合恰恰构成了每个人洞悉自我的恶的处境、从而实现善的纵向提升的最大障碍。在很大程度上，苏格拉底在《吕西斯》中的主要任务就是要在言辞中解除这一障碍，从而为哲学爱欲提出根本的辩护。[2] 然而，在城邦和家庭这两个人性在回归自我的爱欲中似乎能够完全超越和摆脱的共同体背后，以及在所有共同体的人性根据深处，还隐藏着另一种我们永远无法超越和摆脱的爱，那就是和爱欲有着共同的人性根源、但是指向了不同的实现方向的友爱。友爱是每个自我

---

① Bolotin, *Plato's Dialogue on Friendship*, pp. 171 - 176, 224 - 225.

② 吕西斯的名字在希腊文中有"解除"（λύσις）之意，柏拉图用它作为对话的标题或许正是为了暗示读者，要想洞悉人性的善恶，并且在对智慧的爱欲中实现最符合自然的趋善避恶，就必须解除种种共同体的束缚，回到每一个人的自我。

对另一个自我的根本需要，其根据同样在于人性根深蒂固的不完满。但是和爱欲不同的是，友爱并不将这种不完满把握为恶，从而也并不将它所追求的完满理解为善，而是由于每个人独自的缺失而追求人与人结合的整全。善与恶、缺失与整全，这两组对立正好对应于善好和属己这两个完全不同的爱之根据：爱欲追求的是向善的提升，而友爱追求的是属己的完整。在充分阐释了爱欲与善好的关联之后，苏格拉底在这篇对话的末尾转向了友爱与属己的关联。

三、友爱与属己

在和梅尼克奇努斯对话的开头，苏格拉底说："从孩提时开始，我就渴望得到一样东西，就像其他人想要得到别的东西一样。有人想要得到马，有人想要得到狗，有人想要得到金子，还有人想要得到荣誉，但是我对这些东西都兴趣索然，我极为热切地想要得到的是朋友。"（211d-e）在上一节分析的文本中，苏格拉底极尽其能将两位少年从双向的友爱引向单向的爱欲，最终得出了爱欲的定义，揭示出爱欲和善恶之分的紧密关联。接下来，苏格拉底开始带领两位少年从爱欲返回友爱。

苏格拉底先问梅尼克奇努斯：是否存在一种既不会带来伤害也不会带来益处，从而和好坏善恶完全无关的欲望？对于这个关键的问题，苏格拉底直接给出了肯定的答案："如果坏消失了，那些既不好也不坏的欲望还会继续存在。"（220e—221b）从这个前提出发，苏格拉底着手论证友爱和属己的关联。首先，既然欲望能够独立于好坏而存在，那么"喜爱"（φιλεῖν）和朋友也就能够独立于好坏而存在，这样一来，苏格拉底就找到了"爱与被爱"（τοῦ φιλεῖν τε καὶ φιλεῖσθαι）和"友爱"（φιλία）在"坏"之外的另一个原因，也就是欲望（221b-d）。友爱的原因被归结为欲望，这看上去不仅延续着对单向爱欲的关注，甚至越来越远离了双向的友爱，然而，苏格拉底接下来的一番论证却一举实现了从爱欲到友爱的转化，其关键正是属己观念的提出：首先，凡是有所欲求的，所欲求的都是自己所缺乏的东西；其次，凡是缺乏一样东西,都是因为这个东西被剥夺了;最后,一切被剥夺的东西,原本都是属己的(οἰκεῖον)。① 由此得出的重要结论便是,既然朋友"就自然而言(φύσει)是属于彼此的(οἰκεῖοι)",那么,唯有当爱者在灵魂的习性方面"是以某种方式属于(οἰκεῖος)被爱者的",前者才能够真正地爱后者;反过来说,既然我们必然爱那些"就自然而言属于我们的东西"(φύσει οἰκεῖον),那么,"真正的而非虚假的爱者,就必然会被他所爱的少年爱着了"(221d—222a)。

在以上对"爱与被爱"的另一个原因的探讨中,苏格拉底用欲望取代"坏",其实质是用属己取代"好",从而提出,存在一种不同于爱欲的爱,其根本逻辑不是"因为坏的缘故、追求好的目的",而是"因为属己之物被剥夺而有所缺乏、渴望恢复自身的完整"。从这个逻辑出发,如果一个人的属己之物是另一个人,也就是另一个能够爱的存在,那么前者在爱后者的同时也必将被后者所爱,只要双方都意识到对方真的是自己的属己之物。这是因为作为爱之根据的属己从根本上讲就是一种双向的关系,因而不存在我属于你,但是你却不属于我的情况,尽管我们之中可能只有一方认识到了我和你相互归属的事实。②

柏拉图对于这种属己之爱的最形象、也最有力的表达,当然是他在《会饮》中借阿里斯多芬之口讲述的神话。根据这个神话,人类原本是拥有两张脸、四只手、四只脚的圆形人,由于这种圆形人强大而骄傲,甚至试图"上升(ἀνάβασιν)至天宇"和神比试高下,宙斯就决定惩罚他们,把所有的圆形人劈成了两半(190b-d)。圆形人冒犯天神的上升与蒂欧提玛教给苏格拉底的"爱之阶梯"遥相呼应,暗示了在哲学爱

---

① 从逻辑上讲,这三步论证的第二步("凡是缺乏一样东西,都是因为这个东西被剥夺了")是最关键的,但同时也是不成立的。我们当然能够感到缺乏一样我们从未拥有过的东西,只要我们认为这个东西是好的,而这正是爱欲的根本逻辑。苏格拉底的这一步论证实际上提出了对缺乏的某种新的限定:只有原本属于我们、而后我们又失去的东西,我们才真正称得上缺乏它。因此,基于这种缺乏的爱并不追求自我的完善,而是渴望回到原初的自我,无论这个自我是否完善。当然,这里的"原初"指的不是时间意义上的开端,而是人类最深层的本性。Cf. Price, *Love and Friendship in Plato and Aristotle*, p. 12.

② Cf. Robinson, "Plato's 'Lysis': The Structural Problem", p. 76.

欲向着不朽真理的提升之中，其实隐藏着人性的傲慢，而正是这种傲慢使得友爱成为对于人性残缺处境的唯一补救。[①] 圆形人被劈开所形成的半人不得不看着和另一半分开的伤口，渴望同另一半"彼此交织（συμπλεκόμενοι ἀλλήλοις），长到一起去（συμφῦναι）"，从而愈合这一伤口，恢复完整的一体（190e—191b，191d）。阿里斯多芬进一步强调，这种彼此结合成为一体的欲望是没有任何外在原因的，仅仅是因为两个互为另一半的人"被友爱、归属、爱欲所驱迫"；而且这种欲望拒绝逻各斯的表述，"隐约觉察其所欲，却又难以说清"，只是在神的提醒下，半人们才意识到他们想要的就是回归原初的整全（192b—193a）。在最后的总结中，阿里斯多芬点明了爱与属己的关联："我们应该赞美爱（ἐρώτα），因为在现在的处境中，爱给予我们最大的帮助，引领我们追求属己之物（οἰκεῖον）。"（193d）

　　阿里斯多芬在《会饮》中的发言和苏格拉底在《吕西斯》末尾的发言是连贯一致和相互印证的，苏格拉底阐发的欲求、缺乏、剥夺、属己的层层关系只不过用更为抽象的概念表达了阿里斯多芬的神话：圆形人被劈开，导致每个半人都渴望找回自己失去的另一半，渴望回到属己的整体。更加重要的是，苏格拉底和阿里斯多芬都认为这种基于属己的爱是和善恶好坏无关的，而且都将对属己的爱和对善好的爱截然区分。在《会饮》中，蒂欧提玛对阿里斯多芬的根本批评，正是在于后者从属己的逻辑出发解释爱，从而忽视了爱和善好的关联（205e—206a）。[②] 然而，从属己的视角来看，如果完全依照善好的逻辑，那么宙斯劈开圆形人对于半人来说就根本不是一种惩罚了，而是为每个半人创造了摆脱无可选择的属己之物而寻找更好伴侣的机会。事实上，这正是苏格拉底在《吕西斯》主体部分给出的教导：希波泰勒斯应该摆

---

① 在《会饮》中，蒂欧提玛在发言时反复提及上升的意象：ἐπανιών，ἐπανιέναι，ἐπαναβασμοῖς（193a-d，211b-c）；尤其需要注意的是，作为"爱之阶梯"的核心喻体的ἐπαναβασμοῖς（211c，意为"梯子"）与阿里斯多芬用来表达圆形人过失的ἀνάβασιν（190b，译作"上升"）是同源词。

② Cf. K. Dover, "Aristophanes' Speech in Plato's *Symposium*", *Journal of Hellenics*, 86(1966), pp. 41–50; Price, *Love and Friendship in Plato and Aristotle*, pp. 12–13.

脱他所归属的城邦，吕西斯应该摆脱他所归属的家庭，甚至吕西斯和梅尼克奇努斯也应该摆脱彼此归属的友爱，因为只有消解了一切属己的联合，每个人才能以最彻底的方式回到自身的爱欲，追求智慧这个最高的善好。我们先前提到，家庭和城邦用共同体生活在表面上的完满自足掩盖了人性根深蒂固的有限与缺失，而哲学爱欲的前提和效用就是要揭穿这种掩盖。然而，友爱的情况却与此不同：阿里斯多芬的神话告诉我们，最纯粹的友爱非但没有掩盖人性的真实处境，反而比哲学爱欲更为清醒地认识到了人性的实际状态与其最高可能性之间的距离。① 虽然阿里斯多芬的神话也包含对家庭和政治的影射（191a，192a-b），但是其最根本的意旨无疑是对纯粹友爱的赞美，这种友爱发生于彼此相似的自我和他者之间（192a-b），而且并不追求任何外在于相似者之属己性的其他目的。苏格拉底认为相似者对于彼此是无用的，但是阿里斯多芬反过来指出，每个人的另一半就是他的"第一朋友"。基于属己的友爱，而非家庭和城邦，才是哲学爱欲必须面对的最大挑战。

　　如果我们将《会饮》中的蒂欧提玛、《吕西斯》中的苏格拉底和《会饮》中的阿里斯多芬的视角综合起来——唯有这一综合性的视角才最接近柏拉图本人的立场，那么我们可以说，在爱的世界中，存在两种（在一定的意义上）以自身为目的、因自身之故而被爱的事物，那就是作为至善的智慧和自然意义上的属己之物。进一步讲，正如唯有在对于智慧作为至善的追求中，一切爱欲在人类存在的有限性中的根据才会充分暴露出来，同样地，也唯有在摆脱了一切具体的自然和社会需要、除了相互归属之外别无他求的友爱之中，包括家庭和城邦在内的所有共同体在人性缺乏状态中的根据才会充分暴露出来。在柏拉图看来，每个人朝向自身善好的爱欲和一个人与另一个人相互归属的友爱是两种根本的爱，二者从不同的方向展现了人性的根本处境和终极

---

① 　Bolotin, *Plato's Dialogue on Friendship*, pp. 133 - 135, 187 - 188; cf. M. Nichols, "Friendship and Community in Plato's *Lysis*", *The Review of Politics*, 68(2006)1, pp. 1 - 19.

理想。《吕西斯》对爱欲和友爱之关系的辩证探讨，虽然篇幅短小、论证简要，但是它比柏拉图的任何一部对话录都更为全面地阐明了两条爱的人性线索的关系与张力。就此而言，这部对话为我们理解柏拉图关于爱的完整的哲学思考提供了最好的出发点。

参考文献

Aristotle. *The Complete Works of Aristotle*: *The Revised Oxford Translation*, ed. J. Barnes, Princeton University Press, 1984.

Aristotle. *The Nicomachean Ethics*, trans. D. Ross, ed. L. Brown, Oxford University Press, 2009.

Adkins, A. "'Friendship' and 'Self-sufficiency' in Homer and Aristotle", *Classical Quarterly*, 13(1963)1, pp. 30 – 45.

Adkins, A. "Theoria versus Praxis in the Nicomachean Ethics and the Republic", *Classical Philology*, 73(1978)4, pp. 297 – 313.

Anagnostopoulos, G. *Aristotle on the Goals and Exactness of Ethics*, University of California Press, 1994.

Annas, J. "Comments on John M. Cooper's 'Political Animals and Civic Friendship'" in *Aristoteles "Politik"*: *Akten Des XI* (Symposium Aristotelicum), ed. G. Patzig, Vandenhoeck & Ruprecht, 1990.

Annas, J. *The Morality of Happiness*, Oxford University Press, 1995.

Barden, G. "Aristotle's Notion of *Epieikeia*", in *Creativity and Method*: *Essays in Honor of Bernard Lonergan*, ed. M. Lamb, Marquette University Press, 1981.

Barney, R. "Aristotle's Argument for a Human Function", *Oxford Studies in Ancient Philosophy*, 34(2008), pp. 293 – 322.

Beere, J. *Doing and Being*: *An Interpretation of Aristotle's* Metaphysics Theta, Oxford University Press, 2012.

Berns, L. "Spiritedness and Ethics and Politics: A Study of Aristotelian Psychology", *Interpretation*, 12(1984), pp. 334 – 348.

Bolotin, D. *Plato's Dialogue on Friendship*: *An Interpretation of the* Lysis, *with a New Translation*, Cornell University Press, 1977.

Bostock, D. "Pleasure and Activity in Aristotle's Ethics", *Phronesis*, 33(1988)3, pp. 251 – 272.

Broadie, S. *Ethics with Aristotle*, Oxford University Press, 1991.

Broadie, S. *Aristotle and Beyond: Essays on Metaphysics and Ethics*, Cambridge University Press, 2012.

Burnyeat, M. "'De Anima' II 5", *Phronesis*, 47(2002)1, pp. 28 – 90.

Burnyeat, M. *Aristotle's Divine Intellect*, Marquette University Press, 2008.

Burnyeat, M. "Kinesis vs. Energeia: A Much-Read Passage in [but Not of] Aristotle's Metaphysics", *Oxford Studies in Ancient Philosophy*, 34(2008), pp. 219 – 291.

Charles, D. "Aristotle: Ontology and Moral Reasoning", *Oxford Studies in Ancient Philosophy*, 4(1986), pp. 19 – 144.

Charles, D. "Aristotle's Weak Akrates: What does her Ignorance Consist in?", in *Akrasia in Greek Philosophy*, eds. C. Bobonich and P. Destrée, Brill, 2007.

Chen, S. "The Priority Argument and Aristotle's Political Hylomorphism", *Ergo*, 3(2016)16.

Cherry, K. "The Problem of Polity: Political Participation and Aristotle's Best Regime", *The Journal of Politics*, 71(2009)4, pp. 1406 – 1421.

Clark, S. *Aristotle's Man: Speculations upon Aristotelian Anthropology*, Oxford University Press, 1975.

Cooper, J. *Reason and Human Good in Aristotle*, Harvard University Press, 1975.

Cooper, J. "Aristotle on the Forms of Friendship", *The Review of Metaphysics*, 30(1977)4, pp. 619 – 648.

Cooper, J. "Friendship and the Good in Aristotle", *The Philosophical Review*, 86(1977)3, pp. 290 – 315.

Cooper, J. "Political Animals and Civic Friendship", in *Aristoteles "Politik"*: *Akten Des XI* (Symposium Aristotelicum), ed. G. Patzig, Vandenhoeck & Ruprecht, 1990.

Cooper, J. *Reason and Emotion*, Princeton University Press, 1998.

Curren, R. *Aristotle on the Necessity of Public Education*, Rowman & Littlefield, 2000.

Curzer, H. "Aristotle's Account of the Virtue of Justice", *Apeiron*, 28(1995)3, pp. 207 – 238.

Curzer, H. *Aristotle and the Virtues*, Oxford University Press, 2012.

Dahl, N. *Practical Reason, Aristotle, and Weakness of the Will*, University of Minnesota Press, 1984.

Diels, A. and Kranz, W. eds., *Die Fragmente der Vorsokratiker* (6th ed.), Berlin: Weidmann, 1952.

Dover, K. *Greek Homosexuality*, Harvard University Press, 1989.

Dover, K. "Aristophanes' Speech in Plato's *Symposium*", *Journal of*

Hellenics, 86(1966), pp. 41 - 50.

Eisner, R. "Socrates as Hero", *Philosophy and Literature*, 6(1982)1 - 2, pp. 106 - 118.

Engberg-Pedersen, T. *Aristotle's Theory of Moral Insight*, Oxford University Press, 1985.

Foucault, M. *The History of Sexuality*, *Vol. 2: The Use of Pleasure*, Vintage Books, 1990.

Gadamer, H. *The Idea of the Good in Platonic-Aristotelian Philosophy*, trans. P. Smith, Yale University Press, 1986.

Gonzalez, F. "Socrates on Loving One's Own: A Traditional Conception of ΦΙΛΙΑ Radically Transformed", *Classical Philology*, 95 (2000) 4, pp. 379 - 398.

Grant, A. *The Ethics of Aristotle: Illustrated with Essays and Notes* (vol. 2), Longmans, Green and Company, 1885.

Grönroos, G. "Listening to Reason in Aristotle's Moral Psychology", *Oxford Studies in Ancient Philosophy*, 32(2007), pp. 251 - 271.

Hardie, W. "'Magnanimity' in Aristotle's 'Ethics'", *Phronesis*, 23(1978)1, pp. 63 - 79.

Hardie, W. *Aristotle's Ethical Theory*, Oxford University Press, 1980.

Heinaman, R. "Actuality, Potentiality and 'De Anima II. 5'", *Phronesis*, 52 (2007)2, pp. 139 - 187.

Hitz, Z. "Aristotle on Self-Knowledge and Friendship", *Philosophers' Imprint*, 11(2011)12, pp. 1 - 28.

Hobbs, A. *Plato and the Hero: Courage, Manliness and the Impersonal Good*, Cambridge University Press, 2006.

Howland, J. "Aristotle's Great-Souled Man", *The Review of Politics*, 64(2002) 1, pp. 27 - 56.

Irwin, T. "Aristotle on the Good of Political Activity", in *Aristoteles "Politik"*: *Akten Des XI* (Symposium Aristotelicum), ed. G. Patzig, Vandenhoeck & Ruprecht, 1990.

Irwin, T. "The Sense and Reference of *Kalon* in Aristotle", *Classical Philology*, 105(2010)4, pp. 381 - 396.

Jaffa, H. *Thomism and Aristotelianism: A Study of the Commentary by Thomas Aquinas on the Nicomachean Ethic*, Literary Licensing, LLC, 2011.

Jaeger, W. "Aristotle's Use of Medicine as Model of Method in his Ethics", *Journal of Hellenic Studies*, 77 - 78(1957 - 58), pp. 54 - 61.

Joachim, H. *Aristotle, The Nicomachean Ethics*, Clarendon Press, 1955.

Kahn, C. "Aristotle and Altruism", *Mind*, 90(1981)357, pp. 20 - 40.

Katayama, E. *Aristotle on Artifacts: A Metaphysical Puzzle*, SUNY Press, 1999.

Kenny, A. "The Practical Syllogism and Incontinence", *Phronesis*, 11(1966)2, pp. 163 – 184.

Keyt, D. *Nature and Justice: Studies in the Ethical and Political Philosophy of Plato and Aristotle*, Peeters, 2016.

Korsgaard, C. *The Sources of Normativity*, Cambridge University Press, 1996.

Korsgaard, C. *Creating the Kingdom of Ends*, Cambridge University Press, 1996.

Kosman, L. "Being Properly Affected: Virtues and Feelings in Aristotle's Ethics", in *Essays on Aristotle's Ethics*, ed. A. Rorty, University of California Press, 1981.

Koziak, B. "Homeric Thumos: The Early History of Gender, Emotion, and Politics", *The Journal of Politics*, 61(1999)4, pp. 1068 – 1091.

Kraut, R. "The Peculiar Function of Human Beings", *Canadian Journal of Philosophy*, 9(1979)3, pp. 467 – 478.

Kraut, R. *Aristotle: Political Philosophy*, Oxford University Press, 2002.

Kraut, R. "An Aesthetic Reading of Aristotle's Ethics", in *Politeia in Greek and Roman Philosophy*, eds. V. Harte and M. Lane, Cambridge University Press, 2013.

London, A. "Moral Knowledge and the Acquisition of Virtue in Aristotle's 'Nicomachean' and 'Eudemian Ethics'", *The Review of Metaphysics*, 54(2001)3, pp. 553 – 583.

Lorenz, H. *The Brute Within: Appetitive Desire in Plato and Aristotle*, Clarendon Press, 2006.

Mayhew, R. "Aristotle on Civic Friendship", *The Society for Ancient Greek Philosophy Newsletter*, 197(1996)4, pp. 1 – 13.

McDowell, J. "Virtue and Reason", *The Concept of a Person in Ethical Theory*, 62(1979)3, pp. 331 – 350.

McDowell, J. *The Engaged Intellect: Philosophical Essays*, Harvard University Press, 2013.

Millgram, E. "Aristotle on Making Other Selves", *Canadian Journal of Philosophy*, 17(1987)2, pp. 361 – 376.

Natali, C. "*Nicomachean Ethics VII. 5 – 6*: Beastliness, Irascibility, *Akrasia*", in *Aristotle's Nicomachean Ethics, Book VII: Symposium Aristotelicum*, ed. C. Natali, Oxford University Press, 2009.

Nichols, M. "Friendship and Community in Plato's *Lysis*", *The Review of Politics*, 68(2006)1, pp. 1 – 19.

Nietzsche, F. "Homer's Contest", in *Nietzsche*: "*On the Genealogy of Morality*" *and Other Writings*, ed. K. Ansell-Pearson, trans. C. Diethe, Cambridge University Press, 2006.

Nussbaum, M. *The Fragility of Goodness*: *Luck and Ethics in Greek Tragedy and Philosophy*, Cambridge University Press, 2001.

O'Connor, D. "The Aetiology of Justice", in *Essays on the Foundations of Political Science*, eds. Lord and O'Connor, University of California Press, 1991.

Oudemans, C. and Lardinois, A. *Tragic Ambiguity*: *Anthropology*, *Philosophy and Sophocles' Antigone*, Brill, 1987.

Owen, G. "Aristotelian Pleasures", *Proceedings of the Aristotelian Society*, 72 (1972)1, pp. 135 - 152.

Owen, G. "Tithenai ta phainomena", in *Logic*, *Science and Dialectic*: *Collected papers in Greek philosophy*, ed. Nussbaum, Cornell, 1986.

Pangle, L. *Aristotle and the Philosophy of Friendship*, Cambridge University Press, 2008.

Parry, A. "The Language of Achilles", *Transactions and Proceedings of the American Philological Association*, 87(1956), pp. 1 - 7.

Pearson, G. *Aristotle on Desire*, Cambridge University Press, 2012.

Penner, T. and Rowe, C. *Plato's* Lysis, Cambridge University Press, 2009.

Plato. *Plato*: *Complete Works*, eds. J. Cooper and D. Hutchinson, Hackett Publishing Co. , 1997.

Price, A. *Love and Friendship in Plato and Aristotle*, Oxford University Press, 1989.

Redfield, J. *Nature and Culture in the Iliad*: *The Tragedy of Hector*, Duke University Press, 1994.

Reeve, C. *The Practices of Reason*: *Aristotle's Nicomachean Ethics*, Clarendon Press, 1995.

Robinson, D. "Plato's 'Lysis': The Structural Problem", *Illinois Classical Studies*, 11(1986)1/2, pp. 63 - 83.

Salem, E. *In Pursuit of the Good*: *Intellect and Action in Aristotle's Ethics*, Paul Dry Books, 2010.

Salkever, S. *Finding the Mean*: *Theory and Practice in Aristotelian Political Philosophy*, Princeton University Press, 2006.

Schaefer, D. "Wisdom & Morality: Aristotle's Account of Akrasia", *Polity*, 21 (1988)2, pp. 221 - 251.

Scharle, M. "A Synchronic Justification for Aristotle's Commitment to Prime Matter", *Phronesis*, 54(2009), pp. 326 - 345.

Sherman, D. "Character, Planning, and Choice in Aristotle", *The Review of Metaphysics*, 39(1985)1, pp. 83 – 106.

Sherman, D. *The Fabric of Character: Aristotle's Theory of Virtue*, Oxford University Press, 1995.

Sherman, D. "Aristotle and the Problem of Particular Injustice", *The Philosophical Forum*, 30(1999)4, pp. 235 – 248.

Sherman, N. *The Fabric of Character: Aristotle's Theory of Virtue*, Oxford University Press, 1995.

Shiner, R. "Aristotle's Theory of Equity", *Loyola of Los Angeles Law Review* 27(1994)4, 1245 – 1264.

Simpson, P. "Aristotle's Idea of the Self", *Journal of Value Inquiry*, 35(2001)3, pp. 309 – 324.

Starr, C. "The Decline of the Early Greek Kings", *Historia: Zeitschrift für Alte Geschichte*, 10(1961)2, pp. 129 – 138.

Stern-Gillet, S. *Aristotle's Philosophy of Friendship*, State University of New York Press, 1995.

Stewart, J. *Notes on the Nicomachean Ethics of Aristotle* (vol. 1&2), Clarendon Press, 1892.

Tessitore, A. *Reading Aristotle's Ethics: Virtue, Rhetoric and Political Philosophy*, State University of New York Press, 1996.

Tuozzo, T. "The Function of Human Beings and the Rationality of the Universe: Aristotle and Zeno on Parts and Wholes", *Phoenix*, 50(1996)2, pp. 146 – 161.

Vernant, J.-P. *The Origins of Greek Thought*, Cornell University Press, 1984.

Vlastos, G. "The Individual as Object of Love in Plato", in Vlastos, *Platonic Studies*, Princeton University Press, 1981.

Waerdt, V. ''Kingship and Philosophy in Aristotle's Best Regime'', *Phronesis*, 30(1985)3, pp. 249 – 273.

Wiggins, D. "Deliberation and Practical Reason", *Proceedings of the Aristotelian Society*, 76(1975 – 6), pp. 29 – 51.

Williams, B. "Justice as a Virtue", in *Essays on Aristotle's Ethics*, ed. A. Rorty, University of California Press, 1981.

Yack, B. "Natural Right and Aristotle's Understanding of Justice", *Political Theory*, 18(1990)2, pp. 216 – 237.

Yack, B. *The Problems of a Political Animal*, University of California Press, 1993.

Zingano, M. "Akrasia and the Method of Ethics", in *Akrasia in Greek Philosophy*, eds. C. Bobonich and P. Destrée, Brill, 2007.

陈斯一:"亚里士多德论家庭与城邦",载于《北京大学学报:哲学社会科学版》,

2017 年第 3 期。

陈斯一："亚里士多德对早期自然哲学家的批判和质料概念的生成"，载于《哲学动态》2017 年第 9 期。

陈斯一："从需要到分享：亚里士多德的友爱类型学"，载于《海南大学学报〈人文社会科学版〉》2018 年第 3 期。

陈斯一："亚里士多德论目的、功能与幸福：对包容论的新辩护"，载于《道德与文明》2018 年第 4 期。

陈斯一："柏拉图论爱欲与友爱：《吕西斯》释义"，载于《哲学与文化月刊》，2019 年第 2 期。

溥林：《〈范畴篇〉笺释——以晚期希腊评注为线索》，华东师范大学出版社，2014 年。

黄群："柏拉图《吕西斯》的场景设计"，载于《浙江学刊》2010 年第 2 期。

李猛：《自然社会：自然法与现代道德世界的形成》，生活·读书·新知三联书店，2015 年。

聂敏里："亚里士多德对科学知识体系的划分"，载于《哲学研究》2016 年第 12 期。

聂敏里：《存在与实体——亚里士多德〈形而上学〉Z 卷研究(Z1—9)》，上海：华东师范大学出版社，2011 年。

彭磊："荷马的竞赛与英雄"，载于《中国社会科学报》，2016 年 9 月 20 日。

吴飞：《人伦的"解体"：形质论传统中的家国焦虑》，生活·读书·新知三联书店，2017 年。

吴国盛："自然的发现"，载于《北京大学学报：哲学社会科学版》2008 年第 2 期。

亚里士多德：《尼各马可伦理学》，廖申白译注，商务印书馆，2015 年。

［美］阿伦特(H. Arendt)：《人的境况》，王寅丽译，上海人民出版社，2017 年。

［法］布里松(L. Brisson)：《柏拉图哲学导论》，黄唯婷译，北京大学出版社，2018 年。

［美］伯格(R. Burger)：《尼各马可伦理学义疏：亚里士多德与苏格拉底的对话》，柯小刚译，华夏出版社，2011 年。

［美］盖拉(M. Guerra)："亚里士多德论快乐与政治哲学——读《尼各马可伦理学》卷七"，刘宇译，《城邦与自然——亚里士多德与现代性》，刘小枫编，华夏出版社，2010 年。

［美］麦格琉(J. McGlew)：《古希腊的僭政与政治文化》，孟庆涛译，华东师范大学出版社，2015 年。

［美］萨克森豪斯(A. Saxonhouse)：《惧怕差异：古希腊思想中政治科学的诞生》，曹聪译，华夏出版社，2010 年。

［英］威廉斯(B. Williams)：《伦理学与哲学的限度》，陈嘉映译，商务印书馆，2017 年。

图书在版编目（CIP）数据

从政治到哲学的运动：《尼各马可伦理学》解读/陈斯一著.
—上海：上海三联书店，2023.4 重印
（思想与社会）
ISBN 978 - 7 - 5426 - 6835 - 6

Ⅰ.① 从 … Ⅱ.① 陈 … Ⅲ.① 伦理学－古希腊
Ⅳ.①B82-091.984②B502.233

中国版本图书馆 CIP 数据核字（2019）第 240447 号

从政治到哲学的运动：《尼各马可伦理学》解读

著　　者 / 陈斯一

责任编辑 / 黄　韬
装帧设计 / 徐　徐
监　　制 / 姚　军
责任校对 / 王凌霄

出版发行 / 上海三联书店
　　　　　（200030）中国上海市漕溪北路 331 号 A 座 6 楼
邮　　箱 / sdxsanlian@sina.com
邮购电话 / 021 - 22895540
印　　刷 / 上海展强印刷有限公司

版　　次 / 2019 年 12 第 1 版
印　　次 / 2023 年 4 月第 2 次印刷
开　　本 / 640mm×960mm　1/16
字　　数 / 250 千字
印　　张 / 15.5
书　　号 / ISBN 978 - 7 - 5426 - 6835 - 6/B · 658
定　　价 / 56.00 元

敬启读者，如发现本书有印装质量问题，请与印刷厂联系 021 - 66366565